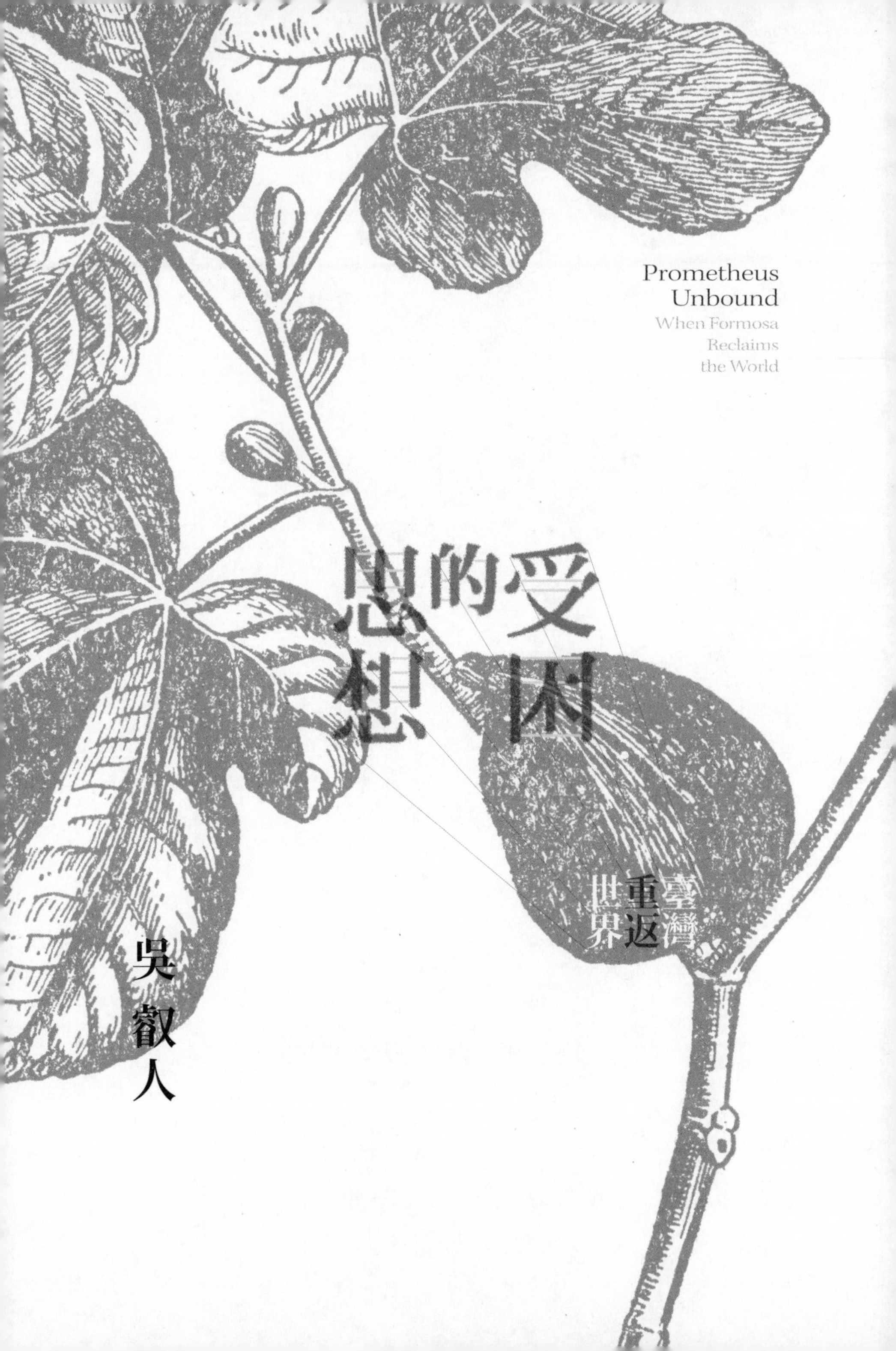

Prometheus Unbound

When Formosa Reclaims the World

受困的思想

臺灣重返世界

吳叡人

Fortitude……is courage over the long haul.

——Benedict O'Gorman Anderson (1936-2015)

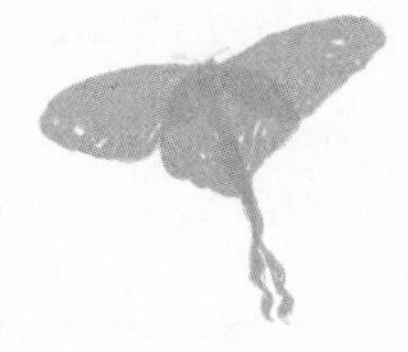

目次

再脫困 II：社會意志的創生

【附錄】

【附冊】

序　在幸福的島嶼上

我是吹落成熟無花果的北風。

——尼采，《查拉圖斯特拉如是說》

這是一卷等待焚燒的書。它記錄著無知者測度歷史，異教徒等待啟示，絕望者希望，瘖啞者歌唱，癱瘓者狂舞，瞽者觀星象，聾者聽驚雷，在沙漠祈雨，在無風帶御風，在暴雪中無氧攀爬兩萬呎岩壁的雜沓痕跡。它是用渺小的理性，貧困的知識，微弱的熱情，以及平庸的生命記錄的，關於受困的編年。受困於命運。大於這一切渺小理性、貧困知識、微弱熱情，以及無關緊要的平庸生命的命運。命運之神在雲端俯視無知者、異教徒、絕望者、瘖啞者、癱瘓者、瞽者、聾者、祈雨者、御風者、攀爬者徒勞的掙扎，問道：

「詩人，你往何處去？」

無知者、異教徒、絕望者、瘖啞者、瞽者、聾者、祈雨者、御風者、攀爬者——詩人回答說：

「我沒有要往何處去，我只是和我的島嶼被覆蓋在一個共同命運之下，祢的凝視，祢永恆不動的凝視，遮蔽了我們的天空，剝奪了我們的世界，我的島嶼也不會飛翔，不會航行，我們的一切掙扎，只為了要回頭凝視祢，凝視祢的凝視。」

而這是一卷等待焚燒的書，意義在灰燼之中。請用你銳利的眼、灼熱的心焚燒我的書頁，那麼或許你會在灰燼中讀到無知者窺得的歷史斷片、異教徒偶然的靈光一現、瘖啞的音符、蹣跚的舞步、瞽者心中的星辰、聾者肌膚感知的春雷、祭禱後如淚水飄落的細雨、瞬間吹過的涼風，還有垂落黑色冰壁的新月，而這一切會構成一個整體，一層一層的整體，一組意義，環環相扣的意義，還有一聲嘆息。詩人說：

「命運啊，這一切構成我和我的島嶼的凝視，向祢的凝視，向祢的凝視的凝視，它產生自微不足道的真實生命，瞬時即逝的永恆記憶，我和我的島嶼的生命，我和我的島嶼的記憶，它終於構成了我們的凝視，對祢的凝視，對祢的凝視的凝視，彷彿我們將穿透祢的覆蓋，奪回我們的天空，重返我們的世界，我們不將它命名為希望，因為絕望者不習於希望，我們稱呼它為一個意志，因為意志是絕望者希望的形式。」

所以受困者不坐困愁城，受困者不等待，受困者站起來，開始工作，而他的幸福與自由將如大風般來臨，吹落島嶼上甜美的，成熟的，等待採摘的無花果。

（二〇一六年六月十九日．南港）

歷史的除魅

脫困

1. 臺灣後殖民論綱
——一個黨派性的觀點

‧‧‧‧‧‧混血的主體建構……臺灣後殖民論述試圖連結差異的歷史意識，建構開放、多元、異質的臺灣主體性之計畫，指出了一個源於本土歷史的理論可能性。

期待實現臺灣人全體的政治、經濟、社會解放。

——解放協會綱領（一九二七）

不，我們不想趕上什麼人。我們想做的，是和全人類一起，和所有人一起，不分晝夜地永遠向前邁進。

——法農（Franz Fanon，一九六一）[1]

一 解放的歷史政治學

1後殖民主義源於反殖民主義；它是反殖民主義的延伸，也是對反殖民主義實踐經驗的批判反省。[2] 後殖民主義與反殖民主義之有機關連意味著：有效的後殖民批判必然植基於特定的殖民

／反殖民經驗分析之中。它也意味著：就任一特定社會而言，「後殖民」的意義繫於該社會之「(被)殖民」與「反殖民」經驗。

2 一個有效的臺灣後殖民論述必須植基於臺灣本土之(被)殖民／反殖民歷史的經驗分析之中。後殖民臺灣的意義取決於殖民(地)臺灣與反殖民臺灣的意義。

3 後殖民主義與本土歷史的關連不僅是經驗的，也是政治的。首先，後殖民主義試圖完成反殖民民族解放鬥爭之志業，即達成政治獨立之後的社會解放與文化批判。[3]其次，為達成此一目標，後殖民主義選擇歷史詮釋做為主要的介入場域。所謂後殖民批判，乃是從當代政治的觀點對本土殖民／反殖民經驗所進行的歷史再詮釋——在某個意義上，它是一種借古諷今的「記憶的政治」或「文化的政治」之激進書寫型式。

4 一個符合臺灣主體立場的後殖民論述——本文稱之為臺灣後殖民論述——一方面必然繼承臺灣反殖民民族主義追求民族獨立的志業，另一方面也試圖**批判**，**批判的繼承**，**再詮釋**，**乃超越**臺灣反殖民民族主義的傳統視野，立基於公平、正義、多元、普遍主義之立場，追求臺灣人全體與一切弱小者真正、徹底的解放。

二　重層的殖民歷史結構

5 臺灣殖民經驗的特徵之一在於：**歷時**的「連續殖民」經驗——清帝國、日本、國民黨，以及**並時**支配結構上的「多重殖民」——殖民母國（外來政權）／漢族移民／原住民。

6「連續殖民」是臺灣在地緣政治上做為多中心之共同邊陲（interface）的結果。比喻而言，臺灣是「帝國夾縫中之碎片」（fragment of/f empires）：歷史上，三個帝國或次帝國核心——清帝國、日本、中華民國——先後將臺灣吸收為帝國之一部，而冷戰則將臺灣置於美國保護下自中國本土流亡來臺之國民黨政權的少數統治之下。[4]

7「多重殖民」主要反映臺灣做為多族群移民社會之性格。歷史上，臺灣經常是母國同時進行剝削與移民的對象。做為殖民地，它兼具「移民殖民地」、「剝削殖民地」與「混合型殖民地」之特性[5]，因此形成殖民母國（外來政權）、不同群體之（漢人、日本人）移民與原住民並存之層級式支配結構。

8「連續殖民」與「多重殖民」先後創造了兩群土著化了（indigenized）或正在土著化中的漢人移民：一九四五年以前遷臺的「本省人」和一九四九年以後來臺的「外省人」或「大陸人」。前者是典型的土著化移民，**同時經驗殖民（對原住民）與被殖民（清、日本、國民黨）關係**。[6]如同南、北美和澳洲的歐裔移民一般，他們在定住臺灣的過程，發展出臺灣人認同（一八六〇年代）與臺灣民族主義（一九二〇年代）。[7]「外省人」為非志願性移民或政治難民，與中國國民黨遷占國家處於結構性共生關係，許多成員對中國母國仍保有認同。[8]

三 差異的後殖民觀點

9臺灣歷史之「連續殖民」與「多重殖民」特徵，意味著吾人難以使用單一觀點來界定臺灣之「後殖民」：不同族群在重層殖民歷史結構中的位置深刻影響了該族群對「殖民」、「反殖民」、「去殖民」與「後殖民」意義的理解。

10從原住民民族解放運動的觀點而言，去殖民意味著擺脫數百年來在不同移入政權下被持續剝奪、宰制之底層附庸地位，達成民族自決之目標。政治上，一九九九年各族代表與民進黨總統候選人陳水扁簽訂《原住民族與臺灣政府新的夥伴關係》條約，可謂臺灣原住民族去殖民化之象徵性起點，但爭取民族自決之解放運動仍在進行之中，去殖民仍舊是未完成的夢想。

11從「本省人」——即土著化漢族移民——為主體的臺灣民族主義觀點而言，去殖民意味著擺脫國民黨外來政權統治，達成「臺灣是臺灣人的臺灣」之民族解放目標。臺灣政治的去殖民化始於一九九〇年代李登輝主政下的民主化與政權本土化，完成於二〇〇〇年之政黨輪替。

12從「外省人」或「大陸人」——即尚未完成土著化之漢族移民——為主體之中國民族主義觀點而言，一九四五年十月二十五日國民黨從日本接收臺灣之日（「光復節」），即已完成臺灣之政治的去殖民化。

13三種去殖民觀點，反映權力位階當中的三個位置，三種歷史意識，以及三種反殖民經驗，也決定了三種當代後殖民批判的議程——或者說，三種當代「文化的政治」的立場。

14從原住民民族解放運動的觀點而言，民族解放——也就是反殖民與去殖民——尚未完成。這個目標是政治的，也是文化的：如法農和 Amilcar Cabral 所指出，民族解放鬥爭必然是文化鬥爭。[9]因此原住民族解放運動，必須同時進行政治與文化的去殖民，同時建構政治與文化的主體性。

如果政治主體性的目標是民族自治（或獨立），則文化主體性的目標是**區隔原／漢**——**去漢化**，以建立民族文化。

15從臺灣民族主義的角度而言，雖然政治的去殖民目標已經達成，文化的去殖民卻遲遲尚未開始，因為殖民者的文化霸權——中國中心主義——尚未被顛覆，「臺灣文化」的優位尚未確立。為今之計，必須開始Ngũgĩ wa Thiong'o[10]所說的「心靈的去殖民」（decolonising the mind）——**去中國化**，重建本土語言文化與歷史的優勢地位。

16從「外省人」／「大陸人」為主體的中國民族主義觀點而言，臺灣民族主義之興起反映「本省人」殘存之日本皇民意識。這意味著儘管經過數十年的中國同化政策，臺灣在文化上的去殖民——**去日本化**——尚未完成，因此當代後殖民批判應著力於對「本省人」之日本意識的批判。

四　多元的歷史教訓

17三種後殖民議程，源於三種歷史意識，三種過去或／與當代的反殖民經驗：臺灣原住民民族解放運動，臺灣民族主義，以及中國民族主義。臺灣後殖民論述的主要課題，不在「融合」這三種互有矛盾之歷史意識，而是在臺灣主體的前提下尋找這三種歷史意識之間**論述結盟**的可能。換言之，臺灣後殖民論述的課題是：經由歷史批判、詮釋與再詮釋，在這三個反殖民傳統之中搜尋可以相互連結的歷史理解與歷史教訓，以建構——以及，**重構**——臺灣解放論述。

18 如果臺灣後殖民論述可視為對臺灣民族主義之批判性繼承，那麼建構三種歷史意識之論述結盟則可視為對臺灣民族主義之重構：一種**激進**的重構，因為它試圖經由吸收異質乃至他者之核心要素以重構傳統。臺灣後殖民論述因此也可視為臺灣民族主義之激進的自我改造：借用臺灣哲學家洪耀勳（一九三六）的哲學警語來說，這乃是經由「**自他合一**」的辯證歷程完成主體形成之道。

19 以所謂漢族裔「本省人」為主體的臺灣民族主義，源起於一九二〇年代抗日民族解放運動，二次戰後由反日轉化為反抗國民黨外來政權的民主／民族解放運動。在臺灣民族主義之反殖民傳統中可以歸納出兩個積極的歷史教訓：一、「反殖民的現代性」之主體建構策略；二、「臺灣人全體的解放」視野的提出。

20 反殖民的現代性：戰前戰後臺灣民族主義一貫的主體建構策略。先後統治臺灣的兩個殖民政權——日本與國民黨——具有類似的折衷主義統治意識形態：二者均試圖調和傳統（本土）與現代（西方），以建立「民族的現代性」，而這正是Partha Chatterjee所謂非西方民族主義的典型思想結構。[11] 在這種「東方式殖民主義」統治下，臺灣民族主義者從一九二〇年代開始即採取與「西方／現代性」進行論述結盟之策略，對日本殖民統治之封建性進行批判，並建構以追求完整現代性為內容之臺灣主體論述。戰後臺灣民族主義繼承並發展此一路線，以日治時期現代化成果為基礎，批判國民黨的新傳統主義，主張臺灣本土之現代精神。此種主體建構策略，可稱之為「**不完整現代性之批判**」或「**反殖民的現代性**」。[12]

21 「反殖民的現代性」與「殖民的現代性」相對，是對「西方／現代性」概念之裂解：反殖民民族主義者選擇與另類的「西方／現代性」——即「**做為解放之現代性**」結盟，和主流之「西方／現代性」——即「**做為規訓之現代性**」——對抗。[13] 在臺灣的歷史脈絡中，這種與另類「西方／現代性」之結盟，表現為經由與殖民母國內部的「另類母國」結盟之間接結盟形態：如戰前臺灣民族主義者與日本自由派及左翼知識人（「另類日本」）之結盟，又如戰後臺灣民族主義者與大陸籍自由主義者（「另類國民黨中國」）之結盟。就此而言，「反殖民的現代性」也是對殖民母國或其文化之裂解或解構。

22 裂解單一之西方／殖民中心概念，而與另類、進步、**非殖民之西方**結盟——這是當代後殖民理論對過去反殖民經驗的一種典型的詮釋策略，如Ashis Nandy對甘地主義的再詮釋，以及Robert Young[14]對「西方內部的反殖民主義」之強調均是。根據此一詮釋，經由解構「東／西二元對立架構」這個本質主義概念，反抗者乃得以從殖民者意識形態支配中解放出來，自由地在不分東西本外國之文化傳統中選擇進步元素，以建構一種非本質化之主體性。Ashis Nandy稱此為**對殖民主義之跨文化抵抗或族群的普遍主義**。[15] Robert Young稱之為**混血的主體建構**。[16]根據Nandy，被殖民者經由發掘被主流殖民意識形態壓抑之「非殖民的西方」，同時也解放了被自身意識形態禁錮之**殖民者**。[17]

23 臺灣民族主義解構殖民中心，與另類「非殖民中心」結盟的「混血」策略，即所謂「反殖民的現代性」，為臺灣後殖民論述試圖連結差異的歷史意識，建構開放、多元、異質的臺灣主體性之計畫，指出了一個源於本土歷史的理論可能性。

24 **臺灣人全體的解放**：戰前臺灣左翼民族運動的思想遺澤。從許乃昌在一九二三年提出「第四階級」論，主張臺灣民族解放運動應以廣大的農工階級為主體開始，歷經一九二六至二七年的中國改造論爭、文協左右分裂、一九二七年民眾黨的成立，到一九二八年臺灣共產黨成立為止，臺灣民族主義的「臺灣人」概念隨著左翼挾「階級民族」觀念步步進逼而持續擴張。一九二七至二八年以後，儘管仍有種種爭議，「臺灣人全體的解放」已成為左右派的共同目標：換言之，兩派均同意臺灣民族運動必須達成「獨立」與「（社會）解放」之雙重目標。[18]

25 當代後殖民主義主張，只有經由社會主義中介之後的民族主義才具有正當性，因為第三世界的經驗告訴我們，只有政治獨立不足以達成社會解放。[19]「臺灣人全體的解放」此一本土左翼傳統視野，從「社會」（階級／分配）而非「國家」的角度，指出一個由下而上連結不同群體，以建構一個較平等、包容的「臺灣人」概念的途徑。

26 臺灣原住民民族解放運動起源於一九八〇年代之臺灣民主運動。這個相對晚近之反殖民傳統最重要的歷史教訓是：在論述上確立原住民之「民族」地位。

27 關於臺灣原住民民族解放運動對原住民民族地位之確立，鄒族汪明輝在一九九九年起草之〈致民進黨總統候選人陳水扁先生建言書〉的第八條，做了簡潔有力的陳述：

> 確認臺灣人為漢民族和原住民族所構成，應全面落實雙民族文化對等政策。[20]

這個反同化主義的「去漢化」自主宣示，透過要求臺灣民族主義者對原住民族地位承認，從根本顛覆了傳統漢人中心的「臺灣人」意義：「臺灣人」如今是原、漢**對等結盟**構成之雙民族共同體或者公民民族（civic nation）。這個「臺灣本位」之原民族自主宣示，指出了一條以弱勢者之主觀能動性建構去中心化的臺灣主體之路。

28在臺灣之「外省人」中國民族主義主要源於一九三〇年代以來中國國民黨的保守右翼中國民族主義，而抗日戰爭的經驗確立日本為其界定自我認同之主要他者。臺灣後殖民論述如何在這個「**非臺灣本位的反殖民傳統**」之中尋得自我改造的歷史教訓？答案在於：儘管經常充滿情緒且失之偏頗，中國民族主義對「去日本化」的執著提醒著今日的臺灣主體論者，戰後的中國殖民主義**和**戰前的日本殖民主義都是批判檢討的對象；臺灣主體性論述必須同時建立在相對於中國**和**日本的自主性之上。

29連續殖民經驗使戰後臺灣民族主義者普遍產生「聯日反中」——即相對肯定前一個殖民者以批判後一個殖民者——之論述傾向。在日本內部，流亡的臺灣民族主義者則因飽受日本親中左翼之壓抑而被迫選擇與友好的日本右翼結盟之策略。島內外歷史條件之制約迫使戰後臺灣民族主義重新與「**殖民的日本**」結盟。這個歷史弔詭的意識形態後果是：**戰後臺灣民族主義至今仍無法發展出自主的日本論述**。當年王育德悲嘆「不惜與魔鬼握手！」的弱小者的無奈，而今竟被譏為「臺灣／日本連鎖的殖民主義」。[21]

30 中國民族主義對「去日本化」的情感性執著並不能協助臺灣人發展自主的日本論述，然而「連鎖的殖民主義」的指控提醒臺灣主體論者，必須思考與「另一個日本」——**主流的，非殖民的日本**——結盟之可能。臺灣人毋須為親日感到內疚，但臺灣人可以選擇要親近哪一個日本——殖民的日本，還是反殖民的日本？在這個選擇之中，蘊藏著臺灣的自主性。

31 從臺灣主體立場而言，「去日本化」意味著：解構「日本」，建構一個進步的臺日同盟——或者「**臺灣／日本連鎖的反殖民主義**」。

五　相互解放之路

32 Ashis Nandy說：「印度不是非西方；印度就是印度。」[22] 同理，**臺灣不是非中國、非日本，非漢族，或者非西方；臺灣就是臺灣**。我們必須解構多重的殖民中心與其製造的虛假對立，**讓臺灣**

可以同時是（自然的）原住民族、（文明的）中國、（和平的）日本、（友愛的）漢族，以及（民主自由的）西方——讓臺灣可以是這一切普世的進步的人道主義價值的總和。

33 經由解構多重的殖民中心，我們同時將臺灣原住民族解放運動、臺灣民族主義、中國民族主義從交錯糾葛的歷史對立之中解放出來。如此我們才能克服從連續殖民與多重殖民之歷史鬼魅中孕生的矛盾意識，重建非本質的，開放的臺灣主體。

34 解構多重殖民中心，相互解除殖民，對等結盟，共同建構開放主體——「期待臺灣人全體的相互解放」：這就是臺灣後殖民論述的**相互解放論**。

（二〇一六年四月修訂增補於草山）

注釋：

1 Frantz Fanon, *The Wretched of the Earth*, trans. Constance Farrington (Harmondsworth: Penguin Books, 1967).

2 Robert J.C. Young, *Postcolonialism: An Historical Introduction* (Oxford: Blackwell Publishers, 2001); Bruce Robbins, "Race, Gender, Class, Postcolonialism: Toward a New Humanistic Paradigm?" in *A Companion to Postcolonial Studies* , ed. H. Schwarz and S. Ray (Oxford: Blackwell

Publishers, 2000), 564.

3 Amilcar Cabral, *Revolution in Guinea: An African People's Struggle* (London: Stage 1, 1969), 86.

4 Rwei-Ren Wu, "Fragment of/f Empires: The Peripheral Formation of Taiwanese Nationalism," *Social Science Japan* 30 (December 2004):16-18.

5 Rwei-Ren Wu, "The Formosan Ideology: Oriental Colonialism and the Rise of Taiwanese Nationalism, 1895-1945," (Ph.D. dissertation submitted to the Department of Political Science of the University of Chicago, 2003) ; Jürgen Osterhammel, *Colonialism: A Theoretical Overview*, trans. S.L. Frisch (Princeton: Markus Wiener Publishers, 1997).

6 "The settler is both colonized and colonizing." A. Johnston and A. Lawson, "Settler Colonies," in *A Companion to Postcolonial Studies*, ed. H. Schwarz and S. Ray (Oxford: Blackwell Publishers, 2000), 360-376.

7 Wu, "The Formosan Ideology: Oriental Colonialism and the Rise of Taiwanese Nationalism, 1895-1945."

8 關於國民黨政權的移民的殖民主義（settler' s colonialism）政治分析，請參照Ronald Weitzer, *Transforming Settler States: Communal Conflict and Internal Security in Northern Ireland and Zimbabwe* (Berkeley and Los Angeles: University of California Press, 1990); Rwei-Ren Wu "Toward a Pragmatic Nationalism: Democratization and Taiwan' s Passive Revolution," *in Memories of the Future: National Identity Issues and the Search for a New Taiwan*, ed. Stephane Corcuff (Armonk, New York: M.E. Sharpe, 2002), 196-218. 後殖民理論家Young亦將國民黨在臺灣的統治描述為一種殖民統治。Young, *Postcolonialism: An Historical Introduction*, 3.

9 Pheng Cheah, *Spectral Nationality: Passages of Freedom from Kant to Postcolonial Literatures of Liberation* (New York: Columbia University, 2003), 213-220.

10 Ngũgĩ wa Thiong'o, *Decolonizing the Mind: the Politics of Language in African Literature* (Portsmouth, N. H.: Heinemann Educational, 1986).

11 Partha Chatterjee, *Nationalist Thought and the Colonial World: A Derivative Discourse* (Minneapolis: University of Minnesota Press,1986).

12「不完整的現代性」為作者提出之概念，而「反殖民的現代性」一語則是社會學家鄭陸霖對作者論證之詮釋，不敢掠美，特筆誌之。關於日本殖民統治之性質與戰前臺灣民族主義之意識形態分析，參見Wu, "The Formosan Ideology: Oreintal Colonialism and the Rise of Taiwanese Nationalism, 1895-1945."

13 關於現代性的兩種概念，參見Peter Wagner, *A Sociology of Modernity: Liberty and Discipline* (London: Routledge, 1994).

14 Robert Young檢討了三種對非西方世界反殖民主義影響深遠，但是源於歐洲內部的「自我批判」(auto-critique）思潮——自由主義，人道主義，以及馬克思主義。參見Young, Part II: European Anti-colonialism ,in *Postcolonialism: An Historical Introduction.*

15 Ashis Nandy, *The Intimate Enemy: Loss and Recovery of Self Under Colonialism* (Delhi: Oxford University Press, 1983), 48, 75.

16 Young, *Postcolonialism: An Historical Introduction*, 345-349.

17 Nandy如此詮釋甘地的反殖民策略：「他不只意識到英國文化必須同時面對做為帝國的責任與身為勝利主體的地位這個根本困境，而且還『利用』此一困境，但他不言明地將自己的終極目標界定為：**把英國人從英國殖民主義的歷史與心理解放出來**。」Nandy, *The*

Intimate Enemy: Loss and Recovery of Self Under Colonialism, 48-49.

18 至少這是臺共、社會民主派與民眾黨的共同觀點。關於一九二〇年代臺灣民族運動左右路線辯論之分析，參見Wu, chapter 3, in "The Formosan Ideology: Oriental Colonialism and the Rise of Taiwanese Nationalism, 1895-1945."

19 「一個未經社會主義中介過的民族主義解放敘事帶來的不是壓迫的終結，而是新型態的壓迫。」參見Young, *Postcolonialism: An Historical Introduction*, 61.

20 轉引自川路祥代，〈臺灣原住民族『知識分子』汪明輝的思想研究〉，《南台應用日語學報》五期（二〇〇五年十二月），頁六七至八七；〈臺湾原住民「知識人」ティブスング・エ・ヴァヴァヤナ・ペオンシ（汪明輝）の思想的研究〉，《南方文化》（天理南方文化研究会）三十三期（二〇〇六年十一月），頁一至十九。

21 森宣雄，《臺湾／日本——連鎖するコロニアリズム》（東京：インパクト出版会，二〇〇一）。

22 Nandy, *The Intimate Enemy: Loss and Recovery of Self Under Colonialism*, 73.

2. 民主化的弔詭與兩難？

——對於臺灣民族主義的再思考

……新興的臺灣民族主義，如何能夠完成國家認同的整合，而不造成民主的倒退。

……民族主義的思考，確實提出了重要的主張——只要它能夠將自己從血緣和土地的修辭解放出來，並且認知到反省與選擇，和歷史與命運同等重要……

——Yael Tamir[1]

所有形式的政治多元論，不管其個別特性為何，都提出了如何結合多樣性（diversity）與統一（unity）的問題。

——F.M. Barnard[2]

緣起：民族主義與民主化的兩難？

從八〇年代後半期以來，民主化的開展將臺灣社會逐步推向一個權力高度分散的情境。這是一個溫和的，改良主義的過程，我們並未看到與傳統的全面絕裂，然而，我們確實觀察到，各種社會力在逐漸擴大的政治空間中一一湧現，對舊體制（ancien régime）——國民黨的威權統治——下的價值與制度，從政治參與到經濟、社會和文化領域，進行廣泛而嚴厲地批判。不過，臺灣終究未曾經驗法國大革命一般的激烈變革與新舊勢力對決，在這塊土地上進行的溫和民主改革中，新的勢力、制度、價值逐漸擡頭，但是舊有勢力與價值並未完全遭到整肅或清算。他們轉換了存在的形式，以新社會的一員重新出現在臺灣歷史的舞臺上，在他們曾大加撻伐的民主體制翼護下，繼續參與資源的競逐。我們可以說，這場仍在進行中的民主化的效應之一是，多元論逐漸取代一元論，成為當代的主導性規範，只不過這個新生的社會多元性，呈現的是新舊勢力雜然並存的折衷狀態。

值得注意的是，臺灣這一波民主化所誘發的社會分化，迅速地擴散到國家認同的領域之中。由民進黨主導的主流反對運動，以「臺灣共和國」的訴求，直接挑戰了舊體制的合法性基礎——「中華民國」的符號、意義與邊界，並且動員了可觀的社會支持，成為最強大的反體制力量。然而，我們不應忘記，這終究不是一場革命；新國家認同的出現，在相當程度上是民主改革的產物而非原始動力。[3]在新舊並陳的多元社會裡，新興的臺灣國家認同，迅速地疏離了許多懷抱舊認同的人，而這種國家認同的競爭關係，在幾次選舉的社會動員中，又進一步被提升到彼此對抗的態勢，乃至延伸為族群對立。對於民主化為何會導致國家認同分裂的解釋，超出了本章範圍；但是今日臺灣隱然成形的社會分裂，不由令人思及政治學家Phillippe C. Schmitter的提醒：「民主最根本的前提，是一個預先存在的，具有合法性的政治單元。」[4] **臺灣民主化面臨的弔詭**（paradox）**是：民主化誘發了國家認同的分裂，而國家認同的分裂，卻反過來侵蝕了民主鞏固的前提——一個共同認可的政治秩序的疆界。這個弔詭，似乎又將臺灣的政治發展，推向一個兩難：民主化成果的鞏固，繫於國家認同的整合，但是歷史經驗卻提醒我們，除非使用強制力，並且犧牲個體自主與社會多元性——換言之，以民主自身為代價，國家認同的整合，往往難以達成。換言之，臺灣似乎正面臨一個典型的民族主義（認同整合）與自由主義（多元民主）的兩難。**

認同整合意味選擇單一的認同對象，並設法形成社會共識。本章企圖站在新的臺灣國家認同——也就是**臺灣民族主義**——的立場，為上述的兩難，思考脫困之道。它是一篇為特定立場的辯護辭（defense of a partisan view）。臺灣民族主義的基本涵義是，在臺灣的所有住民，應該形成一個具有連帶感的民族（nation），並在這個「臺灣民族」的基礎上，建立獨立的主權國家。在此意義下，國家認同的整合與民族形成是同義的。本章欲探討的主要問題是，新興的臺灣民族主義，如何能夠完成國家認同的整合，而不造成民主的倒退。換言之，它試圖探討臺灣民族主義如何能在尊重個體自主和多元性的前提下，透過非強制性（non-coercive）的方式，形成政治共識，整合國家認同。

重構臺灣民族主義的論述

朝向非本質主義的民族主義

想要兼顧整合認同和多元民主，臺灣民族主義首先必須放棄蘊含於其傳統意識形態中的本質主義預設——這個預設主張，臺灣「民族」，是一個人類有機體，它具有一種特殊的、不變的「民族本質」(national essence)，表現在一個同質的文化，如共同的血統、語言、風俗、習慣或價值體系等；這個民族的形成，是臺灣歷史發展水到渠成的必然結果，而做為臺灣民族的一員，是一種毫無選擇，不可逃避的宿命。論者早已指出，「民族」並非自然的人類有機體，而是政治過程的人為產物。民族的形成，是一個政治理念誘導政治行動的過程——民族主義者為實現民族主義「文化／意志／國家的重合」理想的政治過程。由於在真實社會中，這三者的「自然」重合並不存在，民族主義理想的實現，往往必須仰賴大規模的社會工程與政治動員——亦即所謂「民族建構」(nation-building)，也因此包含了巨大的強制與暴力。[5] 證諸世界各地的民族主義運動史，我們可以清楚地看出，有機論的「民族」理念，由於其濃厚的一元論色彩，極易導致威權主義的政治後果。[6] 要想避免重蹈其他民族主義運動的覆轍，臺灣民族主義必須揚棄本質主義的理論預設，另尋出路。

民族做為一種穩定的同盟

然而，一旦放棄了這個「民族本質」的預設，臺灣民族主義還能成其為民族主義嗎？答案是肯定的。在西方民族主義思想史中，我們確實可以找到另一種非本質主義的「民族」理念，也就是赫南（Ernest Renan）在他著名的演說〈**什麼是民族？**〉（Qu'est-ce qu'une nation?）中對民族一詞下的定義：「**民族的存在，……是一個每日舉行的公民投票。**」[7] 我們以為，這個「公民－領土」模型的民族理念[8]，是妥協多元與統一，建構非本質主義的民族主義論述的唯一途徑，因為，在「每日的公民投票」這個激進的意志主義視野（voluntaristic vision）當中，「民族」不再是歷史必然的存在，而是多元民主競爭下的偶然結果。換言之，異質的組成分子間對於應該如何界定他們的民族——其疆界、意義、象徵，及利益——而發生的競爭與衝突，從一開始，就構成了「民族」這個觀念與現象本身「不可分割」的一部分。「每日的公民投票」的修辭，不但認知到「民族」是政治過程建構（construct）出來的產物，也為這個政治過程，設定了民主規範的約束。德國政治哲學家施密特（Carl Schmitt）曾指出，蘊涵在「政治的」（the political）此一概念中的，是永恆存在的衝突可能性，因此，政治的本質，就是永不休止的「敵／我」區隔。[9] 準此，我們可以說，民族做為一種民主程序的政治建構，它的內涵與疆界，自然也面臨永恆存在的，來自各種不同的立場或觀點的，或隱或顯的挑戰。

走筆至此，我們或許可以大膽——但合理地——將「**民族**」**重新理解為一種相對穩定的民眾結盟關係**。建立在前述施密特對政治做為一種在永恆存在的衝突中建構敵／我關係的詮釋基礎上，比利時裔的「激進民主」理論家 Chantal Mouffe 指出，所有的政治行動，都是在建構同盟，在界定「敵人」的過程中，塑造集體認同（collective identities）。[10] 如此，則「每日的公民投票」做為「民族」存在的體現，可以視為一種以建構整個政治共同體為目的，跨越階級、族群、性別等界線的，極大範圍的結盟與集體認同塑造行動。比起其他較小範圍的結盟關係，這種「民族」的同盟無疑是較為穩定的，因為，做為整個政治秩序的基礎，它的建構與成形，需要一段較長時間共同行動的歷史過程。然而，視「民族」為一種異質分子的「結盟」關係，隱含著這些組成分子仍然保有一定的自主性，而他們的關係也是可變的：不論是結構條件（如戰爭、移民或急速的社會變遷等）的誘引，或是組成分子對自身利益、認同的認知發生變化，都可能導致這個同盟的瓦解或重組。

民族做為共同世界

如果我們將「民族」理解為一種相對穩定的同盟關係，那麼，一個關鍵的問題是，這個同盟團結的基礎在哪裡？或者，用盧梭的話，它的社會紐帶（social bond）是什麼？

英國政治哲學家 Brian Barry 曾指出，赫南民族理念的核心要素，是民族組成成員間的互信

（trust）——一種使他們願意透過合作，以解決共同體範圍內部公共生活所衍生的各種問題（如物質或精神資源的分配）的穩定互信關係。同一民族成員之所以為「同一」民族，最主要的原因不是他們分享了共同的語言、宗教、習慣，而在於他們分享了一套足以使他們產生對彼此行為穩定的相互期待的，公共生活的互動模式。[11]換句話說，赫南「民族」理念的核心，是一套**共享的政治文化**。這個觀點，**意味著將「民族」這個Michael Oakeshott所謂在公、私領域間相互滲透、重疊的曖昧觀念，轉換成一個純粹的公共領域的概念**。[12]這也是另一個英國的社群主義政治哲學家David Miller提出的「最低綱領」式（minimalist）的「民族」的定義：公共的文化（public culture）的體現。[13]

這種定義背後的論述策略是明顯的：它意圖將「民族」設定為一種「共同立場」（common ground），從而調和多元和統一的需求——它是各種不可能化約、統一的，各族群、階級、性別或其他群體豐富、多元的文化相互交會、重疊的領域，一個為組成社會的異質群體所共同認可的意義架構。在這個由共享的公共文化所統一起來的「民族」當中，多元的力量彼此競爭、衝突、對立、溝通、談判，或者妥協。每一個公共決定（public choice）所表達的，不是本質性的、客觀存在的共同利益（common interest），而是對繼續共營共同生活的意願，再一次的更新或確認。

更重要的是，在這樣的「民族」理念中，不同的組成個體（或群體）的自主性與特殊性將獲得尊重，因為，把他們聯繫在一起的，不再是客觀存在而不可變動的，「神聖」的「民族本質」，而是一種成員間的互信與合作意願。因此，不同的個別利益（或關於共同利益的見解）、身分認同、團體隸屬，與歷史意識，可以並存，甚至競爭。「民族」的共同性，不在於客觀的文化特徵，而在於它代表了漢娜・鄂蘭（Hannah Arendt）所說的「**共同世界**」（common world）的一種**在地**形式，體現在一組使得共同行動成為可能的政治體制、規範與價值之中。[14] 這個看法，因此將我們從過去對於追尋統一的、客觀存在的「民族本質」——如民族性、「共同」歷史、「共同」血緣、「共同」文化等——的執迷當中解放出來。正如鄂蘭所提醒的，「多元性」（plurality）是人類所處的基本情境（human condition）之一，除非我們使用暴力，否則在多元民主規範的制約下，企圖塑造一個定於一尊的文化、價值體系與歷史敘事注定是徒勞的，而任何一組取得支配地位的論述，它的優勢也不會永久穩定，因為不同，乃至對立的論述，將隨時起而挑戰這個支配性論述對理解、解釋現實的有效性。

所以，雖然我們應當珍視任何自主的文化創造，因為這些創造性活動確實累積了寶貴而豐富的精神資源，足以為「民族」造像，但我們也毋須相信它們因此就「發現」了隱藏在「民族靈魂」中，不可變動的本質。雖然我們重視對於共同的歷史記憶的搜尋，但也毋須汲汲於建構一套「正統」的民族歷史敘事——這只會成為神話，而非歷史，因為，人的多元性也表現在不可化約的，多元、豐富，乃至矛盾的複雜歷史意識；正統史觀的建立，意謂一種刻意的挑選與遺忘的過程。不同於赫南「對歷史的選擇性遺忘是形成民族的重要基礎」的論證，筆者認為，扭曲歷史未必有助於真正的團結，因為我們已經身處一個無法一手遮天的年代，而歷史的扭曲，不管它出於何種型式，都構成了一種壓迫的型式，而這更可能造成的，是社會的衝突。[15] 相反的，多元並存的歷史意識不會妨礙共同感的產生；因為，它將強迫我們認知到多元歷史經驗的存在，從而使我們習於將自身經驗相對化，而這種相對化的能力與意願，才是最堅強的結合基礎。

我們可以如此論證，「民族」做為一個「想像的共同體」（imagined community），它的主要基礎是一種共同的社會心理狀態（結合的意志），它是一種建構，而非虛構。[16] 一個民族存在的真實性（authenticity）與其連續性（continuity），不在於一個完全同質的共同文化，或集體利益，以及一套單一的歷史敘事之中，而是根植於所有成員公共生活所構成的「共同世界」的存在之中。鄂蘭的一段話，為我們到目前為止所構思的「民族」理念，下了適切的注腳：

在一個共同世界的種種條件下，那保證其實在性的，主要不是組成該世界的所有人的「共同性質」，而是因為雖然基於不同的立場以及由此得到的不同觀點，每個人談論的，仍然是同一個對象。[17]

讓我們試圖擬想這幅圖像：無法化約的，多元而異質的個體／群體，從不同的角度，以不同的立場，不約而同地將他們關切的目光，交會在這個「共同世界」——也就是「民族」——之上。

臺灣民族的造像

前面的討論，隱然已為我們勾勒了一個新的「臺灣民族」的理想形像：它是一個由異質的個體或群體——包括不同族群（原住民諸族、福佬、客家、大陸系、新移民，以及其他任何潛在或實存的族群），不同階級，不同性別（或性傾向），以及在其他任何可能的基礎上分化出來的群體或個人——在臺、澎、金、馬領土的共同空間中，依照多元民主原則建立的政治共同體。這個共同空間的形成，以及這些不同個體或群體之先後到來，齊聚一堂，並非出於歷史的必然，而是諸多歷史的偶然因素積累或相互作用的結果。這些最初因不同的偶然，以及自願或非自願的因素聚集到這個空間的人們，由於在相當時間的共同生活，並共同經歷許多影響到所有成員命運的事件，逐漸產生一種對彼此的互信，以及想將在這塊土地上的共同生活永遠延續下去的意願。這種逐漸形成的互信和共同生活的意願，促使他們進一步形成更緊密的合作與同盟關係，以便能夠實現對共同生活的期待。這些群體的組成內容，既是出於偶然，當然也是可變的，因此，「真／假臺灣人」的問題，並不存在；只要具有在這個共同空間中與他人繼續共營生活的意願，他（她）就是臺灣人。而臺灣民族的記憶，不是任何一個單一群體的記憶所能壟斷；它是所有成員對他們的共同空間的歷史記憶的整體。[18]

然而，正如同他們之共聚於臺澎金馬，並非出於任何歷史必然律之驅動，他們是否能夠使這個在歷史過程中形成的同盟與合作關係，在未來無限延續下去，也沒有任何歷史規律的保證。臺灣民族，是可能因各種內外在變數的影響，而重組或解體的。唯一使這個合作能夠克服干擾因素，延續下去的力量，是成員的意志，而成員們是否願意留在這個同盟，繼續合作的意志，最主要又繫於他們對這個同盟的正當性（legitimacy）的認知。所以，**維繫臺灣民族的關鍵，在於成員是否能夠持續創造具有正當性的政治**。

臺灣民族主義，是為創造和維繫臺灣民族這個同盟和合作關係的意識形態與政治運動。它的主要任務，是尋求、更新合作的基礎。這個基礎，不應存在於單一、本質性的民族利益、歷史或文化的概念之中，因為任何這些冠以「民族」的修辭，至多反映階段性的共識而已。相反的，臺灣民族主義所應真正致力的，是搜尋、創造與維繫使得每一個這種階段性共識的形成，都具有正當性的因素。而這個搜尋過程，在民主規範的制約下，不能不是「由下而上」的。

不斷革命論：民主化做爲民族形成的手段

如果，依照前面的討論所顯示的，民族主義只要放棄它本質主義的預設，未必不能包容多元民主的價值，那麼，臺灣的民族主義（國家認同）與民主化的兩難，似乎也並非毫無救贖之道。

首先，我們認為，民主化本身可能就是一種民族形成（解決國家認同分歧）的重要機制

（mechanism）。這個論證的基礎是，「參與」（participation）會增強成員對政治共同體的認同感。盧梭在《論波蘭政府》（*Considérations sur le gouvernement de Pologne*）一書中，曾為波蘭貴族獻策，主張唯有建立一套完全開放給每一位國民的民主政府，使他們有完全的自由與均等的機會，向上流動，才能在被封建等級制切割得四分五裂，並且對國家強烈疏離的波蘭人民中，誘發出對國家的效忠感，並整合為一體。[19] 當代女性主義政治哲學家Carole Pateman更進一步指出，盧梭，以及深受其影響的彌爾（J.S. Mill）和費邊社的G.D.H. Cole的政治思想中，包含了一個共同的論證：參與具有教育與整合的功能，它能擴展個別公民的視野，使她／他認識到其他的公民，以及一個更大的共同體的存在，並且意識到她／他是這個共同體的一員。[20]

另一位偉大的政治思想家與歷史社會學家托克維爾，在論及為何在美國，不同種族、背景的人們能夠形成一個富於公共精神的國家時，如此評論：「我說，使人們對他的國家的命運發生興趣的最有力的方法——也許是唯一的方法——是讓他們分享治理這個國家的權力。」連繫多種族美國的關鍵紐帶，是「每個人在其領域，都積極地參與社會的治理」。[21] 二十年後，他在《舊制度與大革命》（*L'Ancien Régime et la Révolution*，一八五六）一書中，對於民主參與的整合功能，做了更雄辯的申論：

事實上，唯有自由，才能使公民擺脫孤立，促使他們彼此接近……只有自由，才能使他們溫暖，並一天天聯合起來，因為在公共事務中，必須相互理解，說服對方，與人為善。只有自由才能使他們擺脫金錢崇拜，擺脫日常私人瑣事的煩惱，使他們每時每刻都意識到他們彼此都屬於一個高於他們，而又包含他們的，更大的整體——祖國……[22]

這個論證的另一個說法是，充分的政治流動，有助於減低某種程度的社會差異，並促進同質化的形成。現代民族主義理論重鎮之一，英國社會人類學家與哲學家蓋爾納（Ernest Gellner）早就指出，這種他稱之為「social entropy」（社會熵，意指一種充分社會流動的狀態）的社會學效應，是民族認同得以形成的必要條件。如果，這個參與民主（participatory democracy）的論證是有效的，則臺灣的國家認同整合與民主化，就未必是一個兩難之局了。相反的，經由民主化持續不斷的推動，將公共參與加以擴大、深化，容納更多元的利益與意見，或許反而會有助於成員之間共同感的形成，並且強化他們對這個正在積極參與的政治共同體——也就是「臺灣」這個共同世界——的認同。

上述的討論，旨在提出一個思考方向，它並未解決一個重要的經驗問題：最能有效整合臺灣內部分歧的「參與」或「權力分享」的具體型式是什麼？這個問題，超越了本章有限的意圖，然而，筆者願意在此提出兩個原則：第一，民主參與的擴大不應局限於純制度性的政治安排，如協合式民主（consociationalism）之類的菁英協商，它也必須保障非制度性政治參與的空間。自主的，非制度性的政治參與，如社會運動與社會對話空間（輿論），是防止制度性政治寡頭傾向的重要力量。第二，民主化的意涵必須深化到社會民主的層次。如果，參與民主的論證意味以普遍、同質的「公民身分」（citizenship）來整合社會分歧，這個公民身分顯然必須具有更多實質的內容：它必須足以矯治——或至少是緩和——因社會差異導致的不平等。這個說法背後的假設是，「**平等**」**構成集體認同的重要基礎**。民主化不能只有程序性的意義，它還必須達成分配正義（distributive justice）的實質目標。

全民統一戰線：由下而上的臺灣民族主義

從實踐策略的層次思考，臺灣民族主義的民族形成目標，與民主化也可以是並行不悖，甚至相輔相成的。

多元的、非本質主義的臺灣民族主義，承認在臺灣社會力低度發展的特殊歷史背景下，「政黨」扮演了催化、形成「臺灣民族」這一民眾同盟的重要角色。然而，它並不認為由「政黨」來壟斷這個歷史任務是合適的。這個重新構造的民族主義運動，應該是一個由下而上開展的社會全民統一戰線（societal united front），在這個戰線中，政黨扮演的是所有參與的社會力量的政治代表的角色。政黨必須理解，它和各種社會力間是一種對等的結盟關係，它必須尊重後者個別的自主性，不應試圖加以介入、控制。

首先，政黨介入、控制社會力的能力本來就有極大的局限性。比較常見的情況是，它不僅無法有效收編社會力，反而使被它滲透的領域喪失自主性，轉化成黨派的附庸，而這意味著政黨認同的政治分歧（political cleavage）擴散到其他領域，成為最顯著的分歧。其結果是，社會容易陷入單一的，也因此是最易形成分裂性對立的狀態。與此相反的，維持，乃至發展自主的社會力，一方面可以較有效地動員草根的社會支持，進而在基層的群體認同中，播下更高的「臺灣」認同的種子。另一方面，社會自主性的開發，會創造更多的社會性認同（social identities），如階級、族群、性別、社區等，這些多元併發的認同將彼此切割，並與政黨認同相互切割，造成「分歧交錯」（cross-cutting cleavages）的狀態，可以減緩臺灣因過度選舉動員造成的單一，因而也更尖銳的政黨認同對立，以及由之衍生的族群和國家認同對立。交錯的分歧，可以減低臺灣社會中極端主義傾向出現的機率，因而有助於民主的鞏固。用哲學家Michael Walzer的話來說，只有當社會存在多元、複雜的社會團體網絡，我們才有可能「馴服」（domesticate）具有威權、極端和狂熱傾向的民族主義——不管那是中國的，還是臺灣的。[23]在這種批判的結社主義（critical associationalism）——也就是確保一個充滿多元、自主的社會群體的公民社會的存在——的規範下，臺灣民族主義不得不耐性、理性地尋找自主社會力的結盟基礎，也因此才不會導致民主的倒退。

政黨不應過度介入社會運動的另一個理由是，政黨做為一種制度性的政治領域，很容易產生官僚化與寡頭傾向，並且試圖控制、掌握社會力，而這將會壓抑或阻礙民間自主性認同的形成。在反省歐洲社會運動經驗時，義大利社會學家Alberto Melucci指出，一個反省與批判性認同的形成與鞏固，必須仰賴不受控制與壓抑的社會空間。[24] 政黨，做為社會力量的政治代表，同時也意味權力重新集中在政黨菁英的手中。一個「由下而上」形成的臺灣認同，不能不是一個經過反省而形成的認同，而「反省」預設一個自主空間的存在，在這個空間之中，社會力與政黨進行對話、溝通、協調，甚至相互批判。政黨菁英因「代表」(representation)的弔詭與領導(leadership)的必要而掌權，這使得一個能夠反映不斷湧現又時時變動的社會利益與認同的自主空間的存在，變得更加不可或缺。

結語：限制與可能

這篇論文的一個初步的結論是，只要我們適當地重構臺灣民族主義的論述，臺灣的民族形成與民主化非但不必然演變為兩難之局，後者還可能成為推動前者的重要機制。然而，我們也應謹記政治學家Adam Przeworski的提醒，內涵在民主本質的，是競逐結果的開放性與不確定性。民主體制之所以能夠維持，不是因為每一次的公共決定發現了真正的共同利益，而是由於持異議的少數相信在同一體制下，他們在未來有成為多數的機會。[25] 因此，以民主化做為解決國家認同分裂的論證，有一個重要的內在限制：最終會形成怎樣的國家認同，是不確定的。臺灣民族主義者必須接受這個結果的不確定性，並擁有足夠的耐性與信心，以更大的努力，來爭取臺灣民族認同的確立。畢竟，當我們把「民族」理解成「daily plebiscite」（每日的公民投票）時，我們其實已經明白，沒有任何選擇是真正終局的，也沒有任何選擇是不可逆轉的。

儘管如此，臺灣民族主義者還是有理由對一個新的臺灣國家認同的確立，感到樂觀的。在臺灣，民主化雖然引發了國家認同的衝突，但這個衝突，一如民主化以及其他的政治活動，仍然是發生在一個「既有的合法政治單元」，也就是位於臺灣這個主權獨立的國家之內的——儘管它使用的符號依然是「中華民國」。臺灣認同問題終將得以解決的基礎之一是，它主要還是對這個國家符號與象徵意義的齟齬，而一個預先存在，並且具有合法性的政治邊界，給予了透過民主方法解決這個齟齬所不可或缺的要素——時間。[26]當所有的人們在這個邊界內，獲得愈來愈高的政治、社會參與的機會，當他們充分地實現了自由的向上流動，當他們在參與民主生活的過程中，日益習慣以這個邊界內的人做為他們最自然的夥伴，這個政治邊界的合法性，將日益升高，而這正是最終形成以臺灣為範圍的「想像的共同體」堅實的礎石。[27]一個既存的主權政治疆界給予臺灣以民主化的空間與時間，而民主化的開展，則將住民整合到一個共同空間之內，為他們灌輸堅強的臺灣意識。

艾瑞克森（Erik H. Erikson）在《新認同的諸面向》（*Dimensions of a New Identity*，一九七四）中

指出，一個真正的認同必須具有**不證自明**（self-evident）的特質——它必須在現實的三個方面，獲得肯定：第一、事實性（factuality），這個認同必須涉及一組可以驗證的事實；第二、它必須涉及一組歷史經驗，人們能夠由之體會到一種統一的現實感，並受其驅動，投身於具體的任務；第三，實現性（actuality），即此一認同，具有將人們結合在一起行動的可能。[28]我們認為，新的臺灣國家認同，建立在「臺灣」這個不同群體共享的公共空間的現實基礎上，正擁有「中國認同」所最欠缺的，不證自明的力量。只要我們堅持在臺灣推動民主化，「臺灣」這個國家象徵在未來的「daily plebescite」獲得穩定的確認，應是水到渠成之事。

容我們在此預想，有一天，生機勃鬱的民主，將成為新興的臺灣民族最堅強的團結紐帶。

注釋：

1 Yael Tamir, *Liberal Nationalism* (Princeton: Princeton University Press, 1993), 12.

2 F.M. Barnard, *Pluralism, Socialism, and Political Legitimacy: Reflections on "Opening-up" Communism* (Cambridge: Cambridge University Press, 1991), 3.

3 或許更精確的說法是，民主改革誘發了原本潛藏於臺灣社會內部的分歧國家認同。在國民黨殖民式的遷占國家統治下，臺灣的民主運動不可避免地具有族群動員特質，而其論述確實包含了一個歧異的國家認同，但這個新國家認同長期被鑲嵌或壓抑在「民主」的主流敘事中，直到九〇年代初期才獲得公開、正式與獨立的表述，也才開始被完整地闡釋、發展與傳播。當然，海外臺灣獨立運動的視野在八〇年代與臺灣民主運動的融合，也是日後新國家認同擡頭的重要外部因素。

4 Philippe C. Schmitter, "Dangers and Dilemmas of Democracy," *Journal of Democracy* 5:2 (April 1994):65.

5 Ernest Gellner, *Nations and Nationalism* (Ithaca: Cornell University Press, 1983), 55-62.

6 Anthony D. Smith, "State-making and Nation-building," in *States in History*, ed. John A.Hall (Oxford: Basil Blackwell, 1986), 263.

7 Ernest Renan, "What is a Nation?" trans. Martin Thom, in *Nation and Narration*, ed. Homi K. Bhabha (London: Routledge, 1990), 8-21.

8 關於「公民領土」模型的民族觀和前述有機論的民族理念的簡要討論，請參照吳叡人，〈命運共同體的想像：人民自救宣言與戰後臺灣公民民族主義〉，收於黃國洲等編，《臺灣自由主義的傳統與傳承》（臺北市：彭明敏文教基金會，一九九四），頁五七至八六。

9 Carl Schmitt, *The Concept of the Political*, trans. George Schwab (New Jersey: Rutgers University Press 1976), 25-37.

10 Chantal Mouffe, *The Return of the Political* (London: Verso, 1993), 19.

11 這是芝加哥大學的兩位政治學者，David Laitin與Jim Fearon於一九九三年春季在「Politics and Culture」課上，運用理性選擇（rational choice）模型發展出的「文化」的定義。

12 Oakeshott認為nation的概念同時包含了兩種人類組合型態的特性：*societas*（注重道德律和傳統行為規範的組合）與*universitas*（注重共同目的和實質目標的組合）。參見Homi K. Bhabha, "Introduction," in *Nation and Narration*, 2.

13 David Miller, "Community and Citizenship," in *Communitarianism amd Individualism* , ed. Shlomo Avineri and Avner de-Shalit (New York: Oxford University Press, 1992), 85-100.

14 Maurizio Passerin D'Entreves, *The Political Philosophy of Hanna Arendt* (London: Routledge, 1994), 147.

15 哈伯瑪斯說得好：「知識的可謬性與詮釋的衝突不但不能促進認同的形成與意義的創造，反而使歷史意識變得更有問題。」見Jürgen Habermas, "Historical Consciousness and Post-Traditional Identity: The Federal Republic's Orientation to the West," in *The New Conservatism: Cultural Criticism and the Historian's Debate* (Oxford: Basil Blackwell, 1989), 259.

16 Benedict Anderson, *Imagined Communities: Reflections on the Origin and Spread of Nationalism, Revised Edition* (London: Verso, 1991).

17 Hannah Arendt, *The Human Condition: A Study of the Central Dilemmas Facing Modern Man* (Chicago : The University of Chicago Press, 1958), 53. 本段譯文出自漢娜．鄂蘭，《人的條件》（臺北市：商周，二〇一六），頁一一〇至一一一。

18 當我們將空間的要素加入「民族」的概念時，我們就接觸到法國年鑑學派史家布勞岱爾（Fernand Braudel）的「**地理時間**」——也就是人與環境互動的歷史——的概念。這意味著我們應認真思考將自然史（臺灣島誌）重新帶入臺灣民族歷史論述之中。其次，「歷史記憶的**整體**」的主張意味我們必須在新的民族歷史論述中對社會史，也就是布勞岱爾所謂「**社會時間**」，著墨更多。只有結合地理、社會與個人時間（事件史）的歷史論述才能使我們掌握到一個民族不可化約的豐富性。布勞岱爾未完成的作品《法蘭西的認同》（*L'Identité de la France*）就是企圖實踐上述理念的民族史。參見Fernand Braudel , *On History*, trans. Sarah Matthews (Chicago: The University of Chicago Press, 1980), 3-4. 已故的曹永和教授受布勞岱爾影響而提出的「臺灣島史」概念，可視為此種空間性歷史思考的本土先驅。參見曹永和，〈臺灣島史研究的另一途徑——「臺灣島史」概念〉，《中央研究院臺灣史田野研究通訊》十五期（一九九〇年六月），頁七至九。

19 Jean-Jacques Rousseau, "Considerations on the Government of Poland, and on its proposed reformation," in Jean-Jacques Rousseau, *Political Writings*, trans. and ed. Frederick Watkins (Madison: University of Wisconsin Press, 1986), 245-267.

20 Carole Pateman, *Participation and Democratic Theory* (Cambridge: Cambridge University Press), 24-41.

21 Alexis de Tocqueville, *Democracy in America*, trans. George Lawrence, ed. J.P.Mayer (New York: Harper & Row, 1966), 236-237.

22 Alexis de Tocqueville, *The Old Regime and the French Revolution*, trans.by Stuart Gilbert (Garden City: Doubleday & Company, 1955), xiv.

23 Michael Walzer, "Civil Society Argument," *in Dimensions of Radical Democracy: Pluralism, Citizenship, and Community,* ed. Chantal Mouffe (London: Verso, 1992), 101.

24 Alberto Melucci, "Social Movements and the Democratization of Everyday Life," in *Civil Society and the State: New European Perspectives* , ed. John Keane (London: Verso, 1988), 249-260.

25 Adam Przeworski, *Democracy and Market: Political and Economic Reforms in Eastern Europe and Latin America* (Cambridge: Cambridge University Press, 1991), 12-37.

26 這是臺灣的「民族問題」一個重要特徵：在這個土地上已經存在一個享有排他主權的國家——雖然這是由外來國家經由土著化過程形成的。相較之下，世界上絕大多數的民族運動的目標卻是在追求這樣一個國家。這個「事實獨立」的狀況使臺灣民族主義運動得以迴避掉國際政治上尖銳而困難的領土變更問題，而能專注於內部整合與追求國際法理承認。

27 這種社會流動正是安德森所說的使邊界產生意義的「朝聖之旅」(pilgrimage)。參見*Imagined Communities*, chapters 4 & 7.

28 Erik H. Erikson, *Dimensions of a New Identity* (New York: W.W.Norton & Company, 1974), 33.

> 永久擺脫那糾纏福爾摩沙的國家暴力陰魂，轉化為真正的自由人的結合。

3. 國家建構、內部殖民與冷戰
——戰後臺灣國家暴力的歷史脈絡與轉型正義問題的根源

二次戰後在臺灣發生的長期人權侵害現象（一九四七—一九八七），主要是由系統性的國家暴力所造成。我們可以從三個相互關連、乃至重疊的歷史脈絡之中，觀察與理解戰後臺灣國家暴力的性質（見本章附表）。第一個脈絡是**中國本土的國家建構工程**所涉及的政治暴力。該脈絡所涵蓋的時間，由一九四五年終戰到一九五四年「中國共產黨臺灣省工作委員會」（以下簡稱「省工委」）被全面瓦解為止。這段期間出現的國家暴力形式有兩種：第一是戰後初期因中國政府吸收、統治臺灣這個新領土過程引發的暴力，主要表現在一九四七年的二二八事件及其後的軍事鎮壓與清鄉，此種暴力的性質主要是民族或族群的衝突——亦即清除抗拒新國家統治的本地統治階級。第二是後二二八時期中國本土國共內戰向臺灣新領土的延伸，主要表現在一九四九年到一九五四年之間，史稱「白色恐怖」時期（見本章附錄）的整肅與獵殺，其暴力的性質主要是階級衝突，以及隱藏在階級衝突中的民族衝突。

第二個脈絡是**國民黨在臺灣的國家建構工程**，涵蓋的時間從一九四九年到一九八七年。這段時間出現的國家暴力形式也有兩種：第一是國民黨外來少數統治體制的確立與鞏固所引發的暴力，其性質主要是民族或族群衝突（反臺獨）；第二是前一階段中國內戰的延長所引發的暴力，其性質主要是階級衝突（反共）。第三個脈絡是**全球冷戰**，涵蓋時間從一九四七年到一九八九年。特別在一九五〇年韓戰之後，美蘇對立的冷戰二元結構確立，國民黨為了鞏固在臺灣的統治對臺灣社會所施加的種種國家暴力，事實上成為美國霸權所默許乃至鼓勵的作為。

一 中國國家建構工程所施加的暴力：從二二八到白色恐怖（一九四九～一九五四）

從一九四五年八月十五日二次大戰終戰之後，在盟軍的默認之下，臺灣被納入中華民國控制範圍。中華民國政府於十月二十五日成立行政長官公署，正式展開在這塊新領土上的國家權威建構工程（state-building）。這也是自現代國家（modern state）——亦即建立在「直接統治」基礎上的國家形式——於一九一一年出現在中國本土以來，中國政權首度將其國家權威延伸到臺灣。在此之前，臺灣人所經驗的第一個現代國家，不是中國，而是日本的明治國家。從此時起一直到一九五四年的十年間，中國國民黨主導的中華民國政府在中國本土和臺灣，持續進行建構統一的國家權威的政治工程，並且在此過程中，對中國本土和臺灣兩地社會都施加、並誘發了巨大的政治暴力，對兩個社會的人權造成重大傷害。

在這段期間，國民黨國家先後對臺灣施加了兩種類型的國家暴力。首先出現的是二二八事件對臺灣人的鎮壓與事件後的清鄉屠殺。這是中國國家統治並試圖吸收臺灣這塊新領土過程中，清除不合作或反抗中央權威的在地菁英以確保對該領土控制的暴力形式。終戰初期，臺灣人不只在文化上本來就與中國本土有明顯差異，在國家與民族認同上也處於不穩定與流動的狀態。在這個認同與文化差異的既有基礎上，陳儀的行政長官公署又繼承日本殖民統治的形式，因此造成臺灣與中國本土之間一種「**內部殖民**」（internal colonialism）的不平等關係。二二八事件爆發主因之一，是對這種內部殖民主義的反彈，因此具有反殖民的民族／族群衝突性質。與此相對，下令派兵鎮壓的中國中央政府事實上也將二二八事件認知為分離主義，因此鎮壓二二八的國家暴力帶有明顯的民族或族群衝突色彩。

第二種暴力形式：中國國民黨從一九四九年到一九五〇年代中期在臺灣進行大規模肅清左翼分子的行動，也就是一般所稱的「五〇年代白色恐怖」。這是中國內戰向臺灣蔓延的結果，因此可以視為中國本土內戰的延伸。在這過程中，有大量臺灣本地人與中國大陸籍人士被以「匪諜」名義逮捕、處決或監禁。大陸籍人士涉及白色恐怖案件者，有許多是軍方人士，他們是蔣介石清除非嫡系分子，重整國家機器的犧牲者。本地籍的受害者，絕大多數涉及中共「省工委」在臺灣活動的相關案件。省工委在二二八之後，利用臺灣民間普遍不滿國民黨的心理積極進行組織發展，試圖將後二二八時期臺灣人對祖國的不滿情緒，引導向或者左／右的階級衝突，或者民主／獨裁對立的認知，從而將臺灣人反對派收編到中共民族解放陣線之中。在這群涉入省工委及其外圍組織的臺灣人之中，有部分知識分子是基於意識形態的自主選擇而加入組織，也有部分人士是純粹為了抵抗國民黨的實際考量而加盟；但是恐怕更大多數的人，是在國、共兩個國家爭奪臺灣人忠誠的慘烈過程當中的無辜受害者。

表面上，「白色恐怖」的暴力形式主要涉及「左右」或「階級」問題，不過二二八事件誘發的民族／族群衝突並未消失，因為中共省工委並沒有能力於短時間內在臺灣人之間塑造廣泛的「紅色中國」認同，因此實質上採用了類似結合少數民族所使用的「**統一戰線**」策略，以「**臺人治臺**」口號為連結臺灣人的主要訴求。因此，在五〇年代白色恐怖時期，臺灣社會中的民族／族群衝突因素依然存在，只是被包裹或隱藏在省工委的統一戰線訴求之中而已。

整體而言，我們可以說二二八時期的國家建構暴力創造了稍後臺灣被迅速捲入中國內戰的社會基礎。不過，二二八的國家暴力不只在臺灣激發了對「紅色中國」的認同，也同時誘發了臺灣民族主義的想像，也就是戰後臺灣獨立運動的出現。不過，缺乏外部奧援與組織力量，使臺獨運動者無法如中共省工委一般，在臺灣社會建立相對廣泛的群眾基礎。他們或者只能以菁英的流亡運動形式存在於島外（如廖文奎、廖文毅兄弟的臺灣民主獨立黨），或者只能進行個人式的行動（如郭振純）。這是五〇年代白色恐怖階段臺獨案較少的主要原因之一。[1]

二　國民黨在臺灣建構國家權威所施加的暴力：遷占者國家與內戰的延長（一九四九～一九八七）

一九四九年年底，中國國民黨政權在中國內戰中潰敗，正式撤退到臺灣。此後，國民黨政權一方面持續前一階段的「白色恐怖」整肅，一方面開始進行黨國體制的改造與政權社會基礎的創造工作。一九五四年，當國民黨達成全面掃蕩省工委的目標的同時，也透過土地改革在臺灣農村創造了最初的本土社會基礎（另一種詮釋是：國民黨透過土改建立了對臺灣農村的有效控制）。另一方面，經由二二八和五〇年代白色恐怖的整肅，清除了忠誠心可疑的本地籍菁英階層之後，國民黨也透過一九五〇年代初期的省議員選舉，重新創造一批效忠於政權的新本地菁英，成為其基層協力者。五〇年代中期，國民黨已經初步建構了一個以外省統治集團為核心的少數統治體制。

做為一種政治學者 Ronald Weitzer 稱之為「**遷占者國家**」（settler state）[2]、或者南非社會學者 Heribert Adam 稱之為「**移民的殖民主義**」（settler colonialism）[3] 的統治型態，國民黨少數統治體制最重要的支柱之一，就是依賴軍警與特務系統的**恐怖統治**。國民黨在一九四九年五月二十日起宣告臺灣戒嚴，進行清剿共黨行動；但在五〇年代中期省工委已全面瓦解之後，卻持續戒嚴，並在戒嚴令下凍結憲法對人權的保障。五〇年代後期以降，在內戰的名義下，國民黨的國家暴力事實上已經悄然由內戰的敵人——共產黨，轉向內部的異議分子。這種以外部敵人名義進行內部鎮壓的國家暴力形式，一直持續到一九八〇年代後期才終止。

我們可以將這個階段，理解為國民黨在臺灣建構與鞏固國家權威的時期。這個臺灣國家權威建構工程所涉及的暴力主要也有兩種形式。首先，做為一種具有殖民主義性質的外來少數統治體制，國民黨政權制度化、乃至政治化了臺灣的族群認同，因此不可避免地使族群成為最具動員潛力的社會分歧。這是六〇年代以來臺灣本地反對運動大多以族群、乃至民族主義動員的形式出現的主要制度性因素。[4]從政治暴力的角度觀之，這種殖民體制不可避免地誘發了以族群或民族認同為基礎的反對力量，因而用以鎮壓本地反對者的國家暴力，也就不可避免地帶有族群或民族壓迫的性格。六〇年代以來，臺灣獨立案件逐漸增多，有的甚且頗具規模（如蘇東啟案、全國青年團結促進會案等），這正是國民黨少數統治體制下的結構性必然結果。

第二種暴力的形式是對左翼分子的鎮壓，這是前一階段國共內戰的延長。正如前述，省工委的瓦解使國民黨將其反共的國家暴力轉向內部的異議者。五〇年代中期以後，涉及「匪諜」案者似乎大多為外省異議分子（如柏楊案）或冤案（如崔小萍案）。六〇年代末期、七〇年代初期以來，隨著受到全球新左翼運動——包括中國的文化大革命——洗禮的新生代知識分子出現，於是新的具有意識形態性質，主張「左統」的「匪諜」案也隨之增加（如陳映真案、戴華光案、成大共產黨案等）。

整體而言，在這個階段，新的國家體制孕生了新的政治反對形式以及相應的國家暴力形式。

我們也同時觀察到「臺灣獨立」與「左翼統一」兩種反對形式，不過與五〇年代白色恐怖時期不同，涉及臺灣獨立的案件逐漸成為這個階段的主流之一。我們認為，這是國民黨少數統治體制所造成的制度性後果。

三、國民黨國家暴力之結構性支持因素：全球冷戰，一九四九～一九八七（一九八九）

如果放在國際政治的脈絡中觀察，中國國民黨（與中國共產黨）戰後在中國本土和臺灣進行國家建構工程對兩地社會所施加的政治暴力，並不是孤立的國內或區域性事件，而是在二次戰後美蘇兩大集團對峙的冷戰結構中出現的全球性現象。換言之，冷戰結構的出現與形成，是使國民黨（與共產黨）在中國和臺灣進行以國家暴力為基礎的政權建構工程可能的結構性條件（enabling structural condition）。

全球冷戰結構在戰後初期的一九四七年左右即已逐漸形成；同一時間，國共內戰也漸趨激烈，這背後當然有美、蘇兩大陣營的介入與支持。美國雖在一九四九年曾經決定放棄國民黨，然而一九五〇年六月韓戰爆發又重新鞏固了冷戰陣營的界線，使美國重新支持敗退臺灣的國民黨政權。正是在美國的支持下，在臺灣的國民黨政權得以從容進行內部整肅與權力鞏固；換言之，就時間長度而言，對臺灣社會各族群都造成深刻傷痕的五〇年代白色恐怖暴力，有三分之二是在美國的默許之下進行的。此後，「自由中國」的「執政黨」國民黨利用戒嚴體制在臺灣所進行的長期恐怖統治，也同樣是在美國的默許（甚或同意？）下進行的。正是在這個全球冷戰的結構中，我們觀察到五〇年代以後——我們是否應該說「二次大戰以後」？因為國民黨接收臺灣乃是得到美國默許，而它在二二八事件的屠殺既沒有引發美國的干預，也沒有導致美國援華的中止——在臺灣所發生的國家暴力的國際性格：在包含臺灣在內的許多不幸的案例中，人民所承受的國家暴力往往是地緣政治的函數。

已故的偉大歷史社會學家Charles Tilly（一九二九—二〇〇八）曾說，對人民而言，現代國家的起源，是一種「**不請自來的強制勒索保護費集團**」（racketeering），而二次戰後形成的國際主權國家體系，則是「**既有國家合夥創造新國家**」的結果。[5] 臺灣人戰後的國家暴力經驗，以無數人的鮮血、破滅的生命、夭折的青春，謙遜地印證了智者悲劇性的洞見。如今我們經由驚愕、不信、痛心與掙扎的認識過程，終於理解了**國家的暴力起源**；然而理解之後，我們必須使死亡的悲劇轉化為生命的力量——必須嘗試以智慧、信念與行動，努力馴服那潛伏在政治生活之中，潛伏在我們靈魂深處的暴力，讓它永遠不再現身。因此我們必須持續耕耘、深化臺灣民主，使普世人權的價值成為臺灣政治共同體不可動搖的礎石，使普世人權的觀念成為臺灣意識永恆不變的核心。如此，也唯有如此，我們才能永久擺脫那糾纏福爾摩沙的國家暴力陰魂，轉化為**真正的自由人的結**

合。那麼，我們也才會說，我們也才能說：我們因身為臺灣人而感到光榮，感到驕傲。

（二〇一六年四月修訂於草山）

「白色恐怖」簡史

所謂「白色恐怖」一詞源於法國大革命時期，最初指涉一七九四年熱月政變後，部分南方保皇派對雅各賓黨人恐怖統治的報復行動，以及一八一五年波旁王朝復辟後，法國政府對革命黨人的血腥報復行動。因波旁王朝的家徽是白色百合，所以保皇派所實施的恐怖鎮壓被稱為「白色」恐怖，以與先前雅各賓黨人的恐怖統治區隔。由於雅各賓黨人在大革命時期以紅色旗幟為象徵，荷蘭史家布林克（Jan ten Brink）在《羅伯斯比爾與紅色恐怖》（*Robespierre and the Red Terror*，一八九九）一書中遂將雅各賓恐怖統治期間，最血腥的最後六個禮拜稱為「紅色恐怖」。

二十世紀以後，隨著國際社會主義運動的發展，西方政治語彙中「紅色恐怖」與「白色恐怖」也開始並列，指涉（社會主義）革命與反革命衝突所引發的兩種政治暴力。一般而言，「紅色恐怖」指涉社會主義或共產主義革命分子為掃除舊勢力所施加的政治暴力；而與此相對，「白色恐怖」則指涉反對革命的保守政權對社會主義革命者的暴力鎮壓行動。一九一七年俄國革命後爆發內戰，內戰中白軍屠殺社會主義者，以及內戰後布爾什維克黨人對反革命派的血腥整肅，就是當代政治中「白色恐怖」與「紅色恐怖」現象的原型。

隨著社會主義革命的全球擴散，類似的政治暴力現象也出現在許多不同國家，如德國、芬蘭、匈牙利、保加利亞等國。中國國民黨一九二七年四月十二日在上海的清共行動，被左翼史家稱為「白色恐怖」，就是俄國革命以來全球左翼革命與右翼反革命衝突所引發的政治暴力的另一個例證。

俄國革命以來，全球左右衝突所引發的政治暴力，大體可區分為兩個階段。第一是俄國革命爆發後，兩次大戰之間。前述各國的「白色恐怖」即屬於這一階段。第二是二次大戰結束後，全球冷戰形成的格局下，反共右翼政權對左翼人士的整肅行動。國民黨一九五〇年代初期在臺灣大規模肅清左翼分子，就是冷戰前期全球「白色恐怖」最典型的案例之一。

大約同一時期，同樣的清共行動，也發生在韓國（一九四八年濟州島「四・三」事件、一九五〇年南韓政府處決十萬名左翼人士事件）、日本（一九四九－五〇年間日本政府與美國占領軍司令部聯手進行的公部門赤色分子整肅行動（レッドパージ，亦稱赤狩り）），以及美國本土（四〇年代後期眾議院的「非美活動委員會」以及稍後的麥卡錫主義時代對左翼人士的鎮壓）。

在臺灣，所謂「白色恐怖」一般有兩種界定方式。第一種，也是比較通俗而廣義的界定方式，將「白色恐怖」理解為在戒嚴時期（一九四九——一九八七），或者從一九四七年三月國民黨對二二八事件的武力鎮壓開始到一九八七年解嚴（一說到一九九二年修正《刑法》第一百條）這段時間，國民黨政府對各種政治異議人士所施加的系統性政治暴力行動。第二種是狹義的界定方式，則是從冷戰，特別是冷戰前期的國際政治觀點，將「白色恐怖」限定在五〇年代初期（一九四九—五四）國民黨的大規模肅清左翼行動。為了凸顯「革命vs.反革命」以及「左右對抗」的歷史脈絡，並與政權穩定期鎮壓異己的暴力形式加以區隔，本文對「白色恐怖」採取比較狹義的界定方式。

附表：戰後臺灣國家暴力的三個脈絡（**1947～1987**）

	1945　47　49	54	87　89
1	中國國家建構工程所施加的暴力 *吸收、統治新領土 民族／族群問題 （中國的內部殖民主義） （二二八事件與清鄉） *中國內戰 階級／民族問題的交錯	（白色恐怖）	
2		國民黨在臺灣建構國家權威： *少數統治體制的確立與鞏固 （來自中國的遷占者國家） 民族／族群問題（反臺獨，六〇年代以降） *中國內戰的延長 階級問題（反共）	
3		→ 冷戰： 國民黨國家暴力之國際政治的結構性支持因素 （一九五〇—七〇年代）	

（製表 吳叡人）

注釋：

1 關於從二二八事件前後到五〇年代白色恐怖期間臺灣的國家暴力性質與民間抵抗型態（包含省工委與獨立派）的詳細分析，參見吳叡人，〈三個祖國——戰後初期臺灣的國家認同競爭，一九四五—一九五〇〉，蕭阿勤、汪宏倫主編，《族群、民族與現代國家：經驗與理論的反思》（臺北：中央研究院社會學研究所，二〇一六），頁二三至八二。

2 Ronald Weitzer, *Transforming Settler States: Communal Conflict and Internal Security in Northern Ireland and Zimbabwe* (Los Angeles: University of California Press, 1990).

3 Heribert Adam, *Modernizing Racial Domination: South Africa's Political Dynamics* (Los Angeles: University of California Press, 1971).

4 Rwei-Ren Wu, "Toward a Pragmatic Nationalism: Democratization and Taiwan's Passive Revolution," in *Memories of the Future: National Identity Issues and the Search of a New Taiwan*, ed. Stephane Corcuff (London: M.E. Sharpe, 2002), 196-218.

5 Charles Tilly, "War-making and State-making as Organized Crime," in *Bringing the State Back*, ed. Peter Evans, Dietrich Rueschemeyer, and Theda Skocpol (Cambridge: Cambridge University Press, 1985), 169-191.

在帝國夾縫之中

受困

4. 賤民宣言
——或者，臺灣悲劇的道德意義

我們並非天生的良善公民，也不是尊貴的王者之族；是困境迫使我們學習美德與技藝，圍堵逼使我們面向世界。

在世界史之中，唯有那些已經形成國家的民族才值得我們關心。

——黑格爾，《歷史哲學講義》

歷史是一場我想要從中醒過來的惡夢。

——Stephen Dedalus 語，喬依斯，《尤利西斯》

一

帝國主義時代，強權夾縫中的弱小民族的出路是民族自決。二十世紀兩次大戰的民族自決浪潮造就今日的主權民族國家體系，然而這是一個矛盾、偽善而保守的體系。它在帝國強制劃定的邊界之內宣告民族獨立。它揭櫫普遍的原則，卻從事選擇性的實踐。它誕生於帝國之瓦解，卻護衛現存的國家邊界。二次戰後的主權民族國家體系，因此並非民族主義（nationalism）原則的實現，而是國家主義（statism）理念的擴散。所謂「The United Nations」不是捍衛**全人類**永久和平的自發性民族邦聯，而是壟斷國家形成權，維持現實權力平衡的主權國家加特爾組織（cartel of sovereign states）。

當代主權民族國家體系內部的權力分布極不平均，然而所有成員國享有形式的平等，因此小國得以在設定的遊戲規則下進行國家的合縱連橫，以逃避或緩和來自大國或強權的壓力。這是前一波反殖民民族主義運動的遺澤：它沒有完成民族解放的目標，但它賦予了**部分**弱小民族以獨立主權國家的**政治形式**，使這些弱小民族得以運用主權國家的保護殼，持續進行民族解放的鬥爭。與此相對，未能在反殖民民族主義浪潮中建立自己國家的弱小民族，則大多被永久排除於當代主權民族國家體系之外，無路可出。當新帝國以民族國家形式借屍還魂，並以「民族」或「解放」之名對這些「歷史領土」或「無主地」虎視眈眈的今日，他們只有受困、掙扎、坐以待斃，或者盲目等待某種歷史偶然的發生——比方說，帝國的突然崩解。

在帝國夾縫中，弱小者試圖反抗：有國家者合縱連橫以尋找出路，無國家者，或者有國家而不受主權國家體系承認者，則孤立無援飽受羞辱。在帝國夾縫中，不同型態的弱小者民族主義正在發榮滋長，方興未艾。奴隸還在反叛，理性尚未完成，然而帝國的主宰者們卻忙著宣告歷史的終結——這就是當代臺灣悲劇的世界史根源。

二

彷彿十九、二十世紀之交的歐洲，當代東北亞也是潛伏著民族主義衝突與民族國家對峙的危險地帶。三重結構性因素，決定了**當代東北亞的民族主義格局**：未完成的區域性民族解放工程，逐漸喪失平衡的多極體系地緣政治結構，以及不平均的資本全球化。

三

首先，東北亞民族國家形成的歷史運動尚未完成。當代東北亞的民族國家體系是帝國主義與民族主義長期交鋒的產物，它形成於十九世紀中葉到二十世紀後半的一個半世紀之間。在西方帝國主義壓境下，日本以官方民族主義的形式率先於一八七〇年代完成民族國家之轉化，並向周邊地區進行帝國主義擴張，試圖取代傾頹的中華帝國。一九四五年戰敗，帝國解體，日本本國在一九四五－五二年之間淪為盟軍占領地。在美國主導的外來統治下，日本被強制賦予和平憲法，剝奪軍備權，並且納入舊金山和約體制，成為實質上的美國附庸。中國在一八九五年甲午戰敗後才開始由帝國轉化為民族國家，然而它必須歷經半世紀的反帝群眾民族主義與戰爭動員，直到一九四九年才在中國本土完成統一民族國家的建構。儘管如此，中國在冷戰時期始終被美國圍堵於東亞大陸，壯志難伸，也未能完成兼併臺灣之目標。在韓國，從封建王國向民族國家轉化的胎動出現於十九世紀末期，但是現代韓國民族意識，是在日本殖民統治期的反日民族主義動員過程中成熟的。然而統一的民族意識並未建立統一的民族國家：一九四五年日本戰敗之後，韓半島分別為美、蘇占領，一九四八年，南、北韓分別在美、蘇主導下各自建國。在臺灣，日本殖民統治在一九二〇年代激發了最初的臺灣民族主義，但是一九四五年的強制領土移轉，以及一九四九年中國國民黨在臺灣建立流亡的中華民國政權，限制了臺灣民族主義的進一步發展。諷刺的是，歷經半世紀無母國的殖民統治，以及八〇年代以來的民主化之後，流亡的中華民國逐步本土化，形成「中華民國在臺灣」這個折衷形式的領土國家。

從民族主義觀點而言，東北亞地區過去一個半世紀的國家形成處於一種**受挫的**，**未完成**的狀態。中國民族主義強烈渴求修補受傷的尊嚴，恢復帝國時代的榮耀，並且完成民族解放的最後工程——「收復」臺灣。日本民族主義渴望擺脫美國附庸地位，洗刷侵略者汙名，成為一個具有自主國防力量，以及與其經濟實力相稱之政治地位的「正常國家」。韓國民族主義渴望完成兩韓統一之悲願，以邁向區域強權之路。臺灣則在日益成熟的民族國家意識驅動下，努力追求成為被主權民族國家體系接納的「正常國家」。有如十九世紀末葉歐洲的「統合民族主義」(integral nationalism)時代一般，二十一世紀初期東北亞的民族主義者們依然熱血沸騰，因為受挫的夢想必須完成，受壓抑的熱情必須宣洩。這些受挫的熱情指向一個共同主題——**國家正常化**，然而各國國家正常化的目標之間充滿或隱或顯，直接或間接的矛盾衝突。東北亞民族主義者們相互猜忌，彼此掣肘，我們依舊走在歷史的正午，驚懼地等待暴力的發生。

四

其次，東北亞地緣政治結構正在逐步誘發帝國的衝突。中國經濟與軍事力量的日益壯大，正在將東北亞的地緣政治結構，由九〇年代的平衡多極體系，轉化為不穩定、不平衡的多極體系。換言之，日益壯大的中國勢將尋求區域霸權的地位，而潛在性區域霸權的出現，已經開始引發新一波的合縱連橫。為防制中國成為東北亞霸權，美國與日本正在逐步強化軍事同盟，並且收編臺灣。為逃避中國之興起，臺灣尋求加入美日同盟，或者成為其附庸。為抗拒美國對東北亞乃至韓半島的干預，韓國選擇與新興中國結盟之策略。戰略學者John Mearsheimer的「**攻擊的現實主義**」（offensive realism）主張，國際政治的無政府結構，迫使無攻擊意圖的強國必須選擇以攻擊做為防禦。當代東北亞不穩定的多極體系，正在逐步誘導美、中兩強進行對彼此先制攻擊之準備，並且也逐步將周邊鄰國捲入這場正在發生的結構性衝突之中。

五

第三，不平均的資本全球化擴張，導致全球規模的資源、財富與權力之不平等分配，以及位處邊陲的新興國家之發展困境，從而刺激了邊陲對中心的反彈。邊陲對中心反彈的主要型態，就是民族主義。邊陲的後殖民民族主義表現在兩個層次：一方面，邊陲地區的政治菁英必須運用官方民族主義與民族國家制約外來資本，以進行本地的資本積累與社會整合；另一方面，邊陲地區的群眾也經常動員民族主義與本土文化符號，由下而上地向國家要求政治參與、經濟重分配與社會正義。儘管面臨菁英操控與民粹主義之風險，民族主義依舊是後殖民邊陲合法性最高，最具有群眾基礎之意識形態。以韓國、新加坡，以及近二十年來的中國、泰國為代表的東亞發展型國家，就是後殖民民族主義的一種特殊類型。面對日益擴張深化的資本全球化，發展型後殖民民族主義並未退縮；它的典型策略是，將全球化論述「挪用」為發展國家經濟利益的工具。

六

東北亞的當代是民族主義、民族國家，以及帝國的年代：長期受壓抑的區域性民族主義能量等待宣洩，新帝國擴張引來舊帝國干預，傲慢的資本全球化入侵激發了在地的官方與群眾性民族主義。在東北亞的民族主義格局下，國際政治的遊戲規則仍然是**權力平衡**的古典現實主義原則。帝國強權彼此猜忌，各自結盟，並且不時裹脅弱小，做為爭霸的棋子。小國的選擇，只有與不同帝國強權遠交近攻，合縱連橫，或者接受裹脅、兼併、支配。**在東北亞的民族主義格局下，小國沒有逃離帝國強權掌握的選擇**。

這是國際政治經濟與歷史發展的**結構性**邏輯，不因個人主觀意志而轉移，更不因觀念論者的理論建構而改變。竹內好**理想化**「中國」與「亞細亞」的目的在重構**日本民族主義**——所謂「正常」或「健全」的日本民族主義，而當代東北亞各國的新亞細亞主義或「東亞」論述的目的則是在重構各國民族主義的意識形態基礎，以為某種**相對進步**的區域主義或民族國家結盟形式鋪路——比方說，以拋棄歷史恩怨的中、日、韓三國為核心的「東亞共同體」。無論是竹內好，或者部分源於竹內好的當代新亞細亞主義，都是**進步民族主義**的變形。這些戰後亞細亞主義的目的**在馴服，而非揚棄**民族主義。他們並未挑戰主權民族國家體系對國家形成權的壟斷，也無法超越權力平衡的現實主義原則。這就是為何**在種種戰後亞細亞主義的主張中，我們從來就找不到臺灣的位置**：因為臺灣甚至還沒有取得參加這場**進步遊戲**的資格——主權國家的身分（sovereign statehood）。然而只要中國不放棄想要領有臺灣的復國主義（irredentism）主張，臺灣就不可能取得主權國家資格，也就不會有機會參與任何形式的東亞共同體。包容的亞細亞主義理想，終究必須遷就強權政治的現實，而成為另一個**排除弱者**，**乃至可能合理化未來帝國擴張**的意識形態。就此而言，當代亞細亞主義甚至不如八十年前孫文的大亞細亞主義，因為孫文「濟弱扶傾」的主張同時挑戰了帝國主義、強權政治，以及主權國家原則。無論如何，**唯思想主義**（intellectualism）不能解決盤根錯節的歷史政治問題。政治問題，終究必須回到政治領域中尋找答案。早在近三十年前，海外中國思想史家林毓生就已經提出這個銳利的洞見了。

七

歷史遺留的政治問題沒有唯思想主義的答案。在東北亞民族主義格局下，新帝國呼之欲出，舊帝國盤桓不去，而小國或者在夾縫中機會主義地合縱連橫，等待變成另一個大國，或者根本無路可出，坐困愁城。而不論是帝國強權的爭霸，或者弱小國家的求生，都在日益一日地強化彼此的民族主義。這就是東北亞近代史遺留下來的政治難題，它是多重因素匯聚形成的結構性難局，沒有唯思想主義的解決方案，否則康德早在二百一十七年前的〈永久和平：一個哲學的考察〉（一七九五）中就為我們預先提出解答了。

八

帝國夾縫中的弱小者沒有逃離帝國的選擇。已經掌握主權國家形式的小國，「如蛇蠍般精明，如鴿子般溫馴」地周旋於帝國強權之間，遠交近攻，有時尚且熱烈扮演帝國的打手與看門人，防止被帝國挾持的更弱小者奪路逃生。那些尚未擁有主權國家形式，或者擁有但卻不被主權國家體系承認的更弱小者，則甚至沒有與帝國周旋談判結盟的本錢。人為刀俎，我為魚肉：他們的命運是被帝國挾持，成為帝國爭霸的棋子。他們的民族生命史是他律的，外部決定的。他們的民族主義原本就是帝國爭霸，連續殖民的偶然產物，而他們的民主則是掙脫他律宿命，追求自主的謙遜渴望。然而當代弱小民族的民族主義是**未完成而且不可完成的**，他們透過「每日舉行的公民投票」建構的民主必須是**不完整而且不可完整的**，因為完成的民族主義追求自己的主權民族國家，完整的民主追求自我決定的主權人民（sovereign people），而這將破壞區域的權力平衡，干擾帝國爭霸的布局。當代帝國主義者稱呼此種未完成而不可完成的弱小民族困境為「現狀」（status quo）。必須理解的是，當代帝國主義者未必是天生的惡棍——他們是結構性誘因下的擴張主義者。俾斯麥說，普魯士必須「打垮那些波蘭人，直到他們喪失一切希望，倒地死亡；我非常同情他們的處境，但是如果我們想要生存，我們別無選擇，只有消滅他們」。對的，帝國夾縫中的弱小民族，或者被裹脅成為爭霸的棋子，或者在與自己無關的爭霸過程中被獲勝的帝國吞噬。這是**結構性的存在悲劇**：沒有好人壞人，超越善與惡之外，由強者與弱者共同演出的「無路可出」（*huis clos*）的悲劇。

Formosissima Formosa! ——從在世界史現身的那一刻起，是否臺灣就注定將扮演那美麗而徒勞的受困者，永恆的賤民？

九

臺灣悲劇的道德意義之一是，做為主權民族國家體系的賤民階級之一員，我們和所有其他被排除的賤民之存在，見證了國際政治中牢不可破的現實主義真理，以及所有無視於這些賤民處境的理想主義宣稱與道德教條之偽善。做為臺灣人，我們不得不是結構性的懷疑主義者。我們不得不重估一切高尚的價值。

十

臺灣悲劇的道德意義之二是，結構性的懷疑主義並不導致虛無主義；相反的，懷疑主義導致一種**疼痛而清醒**的生存慾望——不是希望，而是生存慾望。不只如此，那種生存慾望不是醺然的，而是疼痛而清醒的，不是超越的，而是現世的。賤民時刻承受的羞辱踐踏使他疼痛，疼痛卻使他保持清醒。賤民永遠面臨的毀滅陰影使他渴望生命，渴望存在，存在於這個殘酷、無意義的、荒謬的，然而又如此美麗的現世。這種疼痛而清醒的生存慾望，是一種向無意義的殘酷現世要求意義，要求**承認**的慾望，那是賤民追求「自由」的形式。

「正因這條道路受到阻礙，我們才要往這條道路繼續前進。」（《卡繆札記》）是的，因為我們別無選擇。儘管世界放逐了我們，我們卻更執拗地面向世界，因為這也是我們的世界，我們唯一的世界。

十一

賤民的困境強迫成就了道德的民族，然而困境的道德意義**不會**終結困境，道德主義也**不會**解放賤民。在帝國強權眼中，賤民困境沒有任何實踐的意義——它屬於某種**悲劇美學**的範疇：「旁觀那必然毀滅的命運，我們優雅地輕嘆，我們世故的靈魂獲得淨化。啊賤民的悲劇，救贖了帝國的墮落……」

那麼，賤民自己又有什麼出路？有什麼救贖？

十二

悲劇的命運需要悲劇式的救贖啟示——比方說，艾斯奇勒斯的《被束縛的普羅米修斯》。遠古人類能預知自己必然的毀滅，而這使他痛苦而絕望。為了救治預知死亡的痛苦之病，普羅米修斯給了人類兩個禮物：**盲目的希望與火**。盲目的希望使人類不再預見死亡，火則帶來**技藝**，而技藝將人類帶離不見天日的洞穴，使人擁有理性，成為自己的主宰。然而這是不完整的理性，不徹底的救贖。艾斯奇勒斯借普羅米修斯之口寫道：「**技藝遠比必然脆弱**」——完整的理性如陽光般彰顯真實，然而出了洞穴的人類只能在星光之下，勉強辨識，但卻無法洞察生命之真相。人類的代表伊娥訴說，如今她更加痛苦，卻又不知痛苦的根源，她向普羅米修斯要求第二次的救贖。被捆縛在懸崖上的普羅米修斯預言，第二次的，也是真正的救贖來自日後的王者之族，伊娥的第十三代子孫。他們將從對普羅米修斯預言的記憶之中覺醒，學會德行、禮法，並且理解城邦秩序。然後他們會推翻宙斯仰賴的強制與暴力的僭政，建立最初的**城邦共同體**。

十三

普羅米修斯預言的啟示是，悲劇命運的解脫，必須經驗兩重救贖，兩次技藝的傳承與修習：第一次是**製作**的技藝，第二次是**城邦的技藝**，所謂 statecraft。歷史早已傳給我們製作的技藝，因此我們如此善於製作行商，然而現在我們必須進一步學習**治理**的技藝。我們必須在政治現實的結構性困境中，修習、砥礪、磨練治理的技藝。**我們必須在不公正的世界中，創造一個公正的城邦**。然而公正的城邦是否能夠帶領賤民突破帝國的圍堵？沒有人知道。但我們確知的是，公正的城邦是一把火炬，照亮帝國的荒蕪與偽善。我們並非天生的良善公民，也不是尊貴的王者之族；是困境**迫使**我們學習美德與技藝，圍堵逼使我們面向世界。**被迫向善**——這是賤民的道德系譜學，**奴隸復仇**的另一種型態。

所以賤民所能期待的解放，不是結構性的解放，而是精神的自我強韌，以及尊嚴的自我修復。還有**蓄勢**，為不可知的未來歷史蓄勢，當帝國突然崩解，或者當帝國揮軍東指……

為自由蓄勢，或者為有尊嚴的死亡蓄勢。

十四

「風來自由心」——南明朱氏的最後血胤在一六八三年臺灣陷落之際寫下的絕筆。請容許我將這句詩，獻給這個不道德的世界中所有受困的，並因此被迫向善的，堅強而驕傲的賤民。

二〇〇七年八月三十一日深夜初稿成於南港

二〇一六年四月第三度修訂於草山

參考書目

Aeschylus. *Aeschylus II*. Translated by Seth Bernadette and David Greene. Chicago: The University of Chicago Press, 1956.

Barry, Brian. "Statism and Nationalism: A Cosmopolitan Critique." in *Global Justice*, ed. Ian Shapiro and Lea Brilmayer, 12-66. New York: New York University Press, 1999.

Cheah, Pheng. *Inhuman Conditions*. Cambridge, Massachusets: Harvard University Press, 2006.

Hegel, G.W.F. *Introduction to The Philosophy of History*. Translated by Leo Rauch. Indianapolis & Cambridge:

Hackett Publishing Company, 1988.

Kant, Immanuel. *Political Writings*. Edited by Hans Reiss and Translated by H.B. Nisbet. Cambridge: Cambridge University Press, 1991〔1970〕.

Lin, Yu-sheng. *The Crisis of Chinese Consciousness: Radical Antitraditionalism in the May Fourth China*. Madison: The University of Wisconsin Press, 1979.

Maier. Charles S. *Among Empires: American Ascendancy and its Predecessors*. Cambridge, Massachusetts: Harvard University Press, 2006.

Mearsheimer, John J. *The Tragedy of Great Power Politics*. New York: W. W. Norton & Company, 2001.

Plato. *Protagoras*. Translated with notes by C.C.W. Taylor. Oxford: Clarendon Press; New York: Oxford University Press, 1991.

Shin, Gi-wook. *Ethnic Nationalism in Korea: Genealogy, Politics, and Legacy*. Stanford, California: Stanford University Press, 2006.

浅羽通明。《ナショナリズム——名著でたどる日本思想入門》。東京：筑摩書房，二〇〇四。

小熊英二。《〈民主〉と〈愛国〉：戦後日本のナショナリズムと公共性》。東京：新曜社，二〇〇三〔二〇〇二〕。

5. 比較史、地緣政治，以及在日本從事臺灣研究的寂寞——回應班納迪克．安德森

臺灣做為複數帝國中心的共同邊陲，這樣的地緣政治結構，既催生了臺灣民族主義與臺灣人認同，但也禁止其完成。

（原文 Comparative History, Geopolitics, and The Lonely Business of Doing Taiwan Studies in Japan: A Response to Benedict Anderson，譯者胡宗香／修訂吳叡人。）

0 寫在前面

安德森教授今天的演講在某種意義上，是他和我最初在二〇〇三年展開的蘇格拉底式對話的延續，當時他剛讀過我在芝加哥大學的博士論文，我的論文既受到他的現代經典《想像的共同體》啟發，也對之有所批評。我的導師和我之間有兩個主要差異。第一個是有關日本帝國本質的純粹學術性問題。我認為日本帝國與歐洲諸帝國不同。他認為沒有什麼不同。第二個差異比較政治化——或者說比較個人：面對中國崛起，臺灣民族主義還有任何機會嗎？我懷抱存在主義式的悲

觀，但我的導師抱持黑格爾式的樂觀。我們的對話持續一段時間了，誰也沒能說服對方。我親愛的導師今天又來了，又再一次試圖以他對世界史的驚人知識與強大的希望感說服我、安慰我。我讀了又讀他的講詞，決定這一次我要接受他的善意——但只是他一部分的善意，因為我仍然相信日本帝國與歐洲帝國頗為不同。我現在決定接受的是他的預測，亦即假以時日臺灣終將找到以臺灣為主體的出路，以及他提出的處方，亦即出路將來自真正的自我認識。

然而這不代表我會輕易投降。我不會的。在我讓步之前，我會再努力一次，試圖證明我的絕望與悲觀事實上至少有一部分是因為我的導師而起。(「都是你害的，Ben！」)因此，與其詳細分析現代帝國與民族主義，我寧願談談安德森教授的方法論，也就是比較歷史分析所牽涉的知識、道德與政治意涵。然後，我會依循安德森教授今天所開的「通往救贖的自我認識」這個處方的精神，申論我對日本的臺灣研究的幾點看法。

1「永遠像奧林帕斯諸神一樣思考！」：比較歷史的解放力量

安德森教授研究民族主義的途徑或方法論可以說是一種比較史，或是比較歷史社會學，但它又不只是一種比較史，而是以全球為範圍的比較史。也就是說，那是一種世界史式的比較分析。這種途徑最關鍵的特色之一，是以鳥瞰的眼光看歷史，看到大局，看到相似的事件與現象不僅在不同地區各自向前開展（unfold diachronically），彼此之間也有共時性的連結。如此一來，在特定地方發生的事件，往往也同時成為一個更大的世界史過程的一部分，而這個過程有可以辨識的機制與模式，因此也是可以解釋的。在他幾年前寫給我的信中，安德森教授提醒我要「永遠像奧林帕斯諸神一樣思考！」（always think Olympian!），因此我們不妨稱這種方式為「奧林帕斯山頂的觀點」（a view from the top of Olympus）。我們剛剛聽到的演講，正是他眺望自奧林帕斯山頂的神奇觀點典型的示範。

我認為，對於臺灣與臺灣研究而言，這種全球比較歷史的方法隱含了重要但互相衝突的涵義。在一個意義上，它具有解放與鼓舞的力量，但在另一個意義上，它卻帶來限制而且令人沮喪。請容我以我對臺灣民族主義的研究為例說明這個論點。

首先談山頂觀點解放人心的效果。從我學術生涯的開端，比較政治與歷史社會學方法就深深形塑了我對民族主義的一般性問題，以及對臺灣特殊處境的思考，至今依然如此。這種方法有幾個特色：首先，永遠要比較；其次，將認同形成的過程歷史化（historicize）；第三，尋找某些通則、模式與類型上的可能性（即使有限或只是局部）。這三個特色加起來，就產生一種強大的「相對化」（relativizing）或除魅效果。舉例來說，從山頂的觀點看來，臺灣民族主義這個似乎很獨特的問題，很快就被剝除了它神祕難解因而顯得神聖或邪惡的獨特性（神聖或邪惡端視個人政治立場而定），成為一個完全可以解釋的社會學現象。時間上，它是特定的歷史過程——亦即現代民族國家的形成——的產物。空間上，它是幾個特定區域在特定歷史時期互動的結果，亦即在東亞或世界現代史上，民族國家形成與擴張的進程中核心與邊陲間互動的結果。

我對比較歷史的意識在我開始翻譯《想像的共同體》、並且與班納迪克．安德森有了個人交往之後，變得清晰許多。他教導我的格言，「永遠像奧林帕斯諸神一樣思考！」從此成為我思考臺灣（與日本）時的圭臬。這個方法對我的思想與心靈產生了奇妙的解放效果：它幫助我避免了各種形式的狹隘「本土觀點」（native's points of view），也將我從太過個人的政治參與所滋生的怨憤中釋放出來，因而得以將臺灣放在較大的脈絡中，並且隔著一段距離來看。不僅如此，隨著「世界」（the world）出現在我的視野之中，我得以將中國相對化，擺脫根深蒂固的華夏中心主義以及其民族主義後設敘事的枷鎖——一旦論及臺灣，許多當代西方社會科學家與人文學者的思考都為這個枷鎖所困。多虧了比較歷史帶來的解放，我終於能夠將我的臺灣研究直截了當地定義為「**現代臺灣在世界史中的興起**」（the emergence of modern Taiwan in world history）。有很長一段時間，這種解放效果對我在知識與情感上產生非常正面的影響，因為我終於能夠擺脫長久以來糾纏著我的「祖國」（臺灣）與「帝國」（中國）的雙重魅影。

但事情當然不會總是這麼美好。現在我來談談比較歷史的限制效果。

2 奧林帕斯凝視下重被禁錮的臺灣

中國崛起成為現實後，全球比較史的視野所引發的較負面心理效應，變得益發清楚而尖銳。在前一個時期，比較歷史分析幫助我瞭解臺灣民族主義的歷史形成以及其結構性起源——也就是說，我理解到臺灣是一個不同帝國夾縫中的民族國家形成案例。然而矛盾的是，同樣的方法，同樣從奧林帕斯山頂望下的觀點，現在卻讓我看到了這個歷史結構幾乎不可能打破的現實：也就是說，帝國興衰起伏，來來去去，但這不會改變臺灣永遠困在帝國之間，因而無路可出的地緣政治事實。**換言之，臺灣做為複數帝國中心的共同邊陲，這樣的地緣政治結構，既催生了臺灣民族主義與臺灣人認同，但也禁止其完成**。我在書寫〈賤民宣言〉（Pariah Manifesto）時充溢心中的哀傷，自此像毒藥一般逐漸滲透到我的整個身體和靈魂。當我年少、天真、充滿無由的希望時，我是如此深愛卡繆和他筆下的薛西弗斯，而如今我即使沒有多了智慧卻也長了年歲，和我的導師一起不知怎麼跌跌撞撞地爬到了山頂，而且從那裡瞥見了福爾摩沙被鎖在那無從逃脫的，致命而命定的景致之中。現在我終於明白薛西弗斯的絕望有多深，他的抵抗有多荒謬。

我的導師的比較史視野解放了歷史中的臺灣，但卻隨即將這座島嶼重新禁錮在另一個更大的，我們稱之為地緣政治的歷史牢籠中。Quo Vadis Formosa?（福爾摩沙，妳往何處去？）

3 在日本從事臺灣研究做爲一種救贖？

比較歷史分析給了臺灣在世界知識地圖上的一席之地，卻接著在世界現實政治（*realpolitik*）的地圖上抹去了它的位置。該如何化解自山頂觀得的這兩種啟示的矛盾對立呢？我困惑而悲觀，但今天我的導師教導我要有耐心，要懷抱希望，因為看似命運的東西，其實只是意外的產物，而終有一日那看似天衣無縫的結構將出現裂痕，我們將會覓得出路。在此之前，我們不該坐等結構出現裂痕，而是要採取行動衝破牢籠。他提醒我們，一個適當的行動方式，是去創造一種堅實而**不傲慢**（non-arrogant）的自我認識，並據以在知識與政治的世界中確立、伸張自我。

這個充滿希望的預斷有多少說服力？我真的不知道，因為我們是如此深深糾結於歷史**之中**，以致無法清楚看見未來。然而從他開出的行動處方中，我確實看到救贖的可能，一條脫離困境的道路。就是在這裡，在日本的臺灣研究進入了我們的討論視野之中，而且具有高度的切題性。

如果在臺灣進行的臺灣研究是某種形式的自我認識，一種試圖由內部定義臺灣的知識，那麼在日本進行的臺灣研究，便是企圖由外部定義臺灣的知識。但是，在日本從事臺灣研究對臺灣有什麼意義？臺灣人為什麼要在乎日本人對臺灣的觀點？我有一個簡單的答案：因為要創造堅實而不傲慢的自我認識，我們就需要這兩種對臺灣的想像的融合。我們需要認識臺灣，也需要認識世界，而在日本的臺灣研究既是臺灣通往世界的橋梁，也是回到臺灣自身的橋梁。借用漢娜．鄂蘭最喜愛的隱喻來說，在日本的臺灣研究對臺灣既代表世界，也代表家園。我現在來解釋這句謎一般的陳述。

讓我們攀至奧林帕斯山頂，從那裡花點時間俯瞰下方。我們看見什麼？我們看見，全世界**唯有**日本擁有臺灣研究的悠久本土傳統，以及一個全然誕生自本土，自主且活躍的臺灣研究學會，成員是智識程度極高而嚴肅的專業研究者。北美的NATSA（North American Taiwan Studies Association，北美臺灣研究學會）是主要由臺灣籍研究生組成的論壇，而散布於美國與歐洲的幾個小型臺灣研究學程幾乎都由臺灣政府主導成立或贊助。（在中國，臺灣研究仍是國家地緣政治策略的政策工具，少有自主性與專業可言。）這個事實當然反映了臺灣在世界政治中的邊緣位置，但我們也不要忽視了事實的另一面：儘管日本國內其他主流學科對臺灣研究的邊緣化引發許多研究者的抱怨和憤恨，然而就目前而言，在日本的臺灣研究做為一個**學科**，是在臺灣以外，**全世界同類學科中根基最穩固、實力也最堅強的一個**（而且在許多方面比臺灣好得多）。

毋須說，臺灣研究這個學門在日本相對堅強的實力源自殖民主義，正如英國、法國與美國的區域研究一樣——源自要支配臺灣這片新領土的意志。但無論如何，即使殖民主義早已遠離，臺灣研究已經在日本生根，今日更已發展成為一個獨一無二的開放「場域」，吸引許多臺灣研究者前來，以具有知識意義的方式，針對臺灣相關主題與臺灣以外的世界互動、對話。雖然說來悲哀，不過對許多臺灣研究者而言，在日本的臺灣研究可能是在臺灣以外，他們唯一能夠談論他們心愛的臺灣，而不會感覺遭到排拒或忽視的場域。對他們許多人而言，那個場域**就是**世界。

然而那也是帶我們回到臺灣靈魂深處的橋梁或門戶，因為不管我們喜不喜歡，現代臺灣是透過——甚至是藉由——日本這個至關重要的中介（mediation）而形成的。如果臺灣曾經是日本的一部分，那麼日本則至今仍是臺灣不可分割的一部分，想要真正瞭解複雜難解的臺灣，就不可能迴避日本與日本對臺灣的觀點。（在我看來，我們必須深入歷史尋找答案，才能瞭解為什麼臺灣是日本震災後全世界捐了最多錢給日本的國家。）這裡我談的是兩種有關日本的知識：有關日本的一般性知識，以及日本有關臺灣的知識。臺灣人對後者已經瞭解很多，對前者則仍所知甚少。我深信，要深化臺灣的自我認識，在臺灣的日本研究，其重要性不輸在日本的臺灣研究。

總結來說，對臺灣而言，在日本的臺灣研究既是臺灣知識分子參與世界的場域，同時也是他們認識自己的必要中介。因此，參與在日本的臺灣研究，對臺灣而言就是以世界為家（at home in the world）。在家，但是在世界之中，意思是要尋求建構一個面對而非拒斥世界的臺灣認同——唯有如此，我們才能將安德森教授今天為臺灣開的那份「**不傲慢**的自我認識」的處方，轉化為現實。就這層意義而言，我們可以說在日本的臺灣研究代表了臺灣自圍困中獲得救贖的一種可能、一條出路。坦白說，理解了這一點並未稍減我的悲觀，但奇妙的是我覺得快樂得多、也堅強得多了。親愛的Ben，我現在的情況就像你愛引用的愛爾蘭人貝克特（Samuel Beckett）的那句話一樣：我走不下去了，但我會走下去。（I can't go on. I'll go on.）

以上所說，都是關於在日本的臺灣研究對臺灣而言的重要性，但是對於日本這樣一個如此執迷於成為超級強權、成為世界第一的國家，在日本從事臺灣研究到底有什麼重要性呢？對於「世界第一的日本」(Japan as No.1）而言，研究臺灣的意義何在？是某種殘存的殖民支配意志在作祟嗎？還是有某種**高於**權力意志的東西？比方說，某種**道德**意識在發揮作用？我以這個問題結束我的發言，並且希望我在日本**寂寞**地研究臺灣的親愛朋友們有以教我，予我啟發。

（二〇一六年四月二十日修訂於草山）

* "De courage, mon vieux, et encore de courage!"

——寫給Ben的一封信

Dear Ben,

很久很久沒有寫信給你了——自從五年前冬天母親開始生病以後，就停止了吧。這五年中我自己經歷了不少事情，臺灣也有了天翻地覆的變化，還發生了一場號稱「太陽花」的準革命呢。去年十一月在Johns Hopkins見面，時間太短，你身邊又總是圍繞著仰慕的後輩們，我除了幫你撐傘拿書包之外，什麼也來不及說。前些日子把今年春天寫的〈黑潮論〉翻成英文，才想到說應該寄給你看看，讓你知道我從寫了那篇〈賤民宣言〉以後的思想發展，順便跟你報告一下這幾年來的一些事情，結果卻聽說你又不知道跑到哪裡去了……

Ben，你現在到底在哪裡呢？一個人悄悄從印尼回到曼谷了嗎？還是又跑到你泰柬邊境的那個村子裡，和當地的小孩們一起悠閒地過年了呢？唉，到哪裡都好，只要平平安安就好，你膝蓋痛，別再四處亂跑了。

兩個禮拜以來都在整理以前和你的通信，印起來厚厚一疊，一封一封讀，很多往事浮上心頭，自己十多年來的精神歷程彷彿也清晰地重現了。然後，這幾天和東京的白石隆學長通信，他寄了幾篇最近寫的文章給我，都是從東南亞研究，特別是印尼研究的脈絡裡討論你的學問的。讀了他的文章，我突然驚覺到我接觸你，認識你，乃至受你影響的過程，和他這樣正統康乃爾現代印尼研究計畫（Cornell Modern Indonesia Project）出身的門生比起來，是多麼地「體制外」，但同時也是多麼地個人啊。我們不僅是在「你的印尼」之外認識的，我們的交談內容也總是會逸出學院界線之外，遠遠地擴散到了政治、電影、人生、海涅的詩，甚至愛情。Dear Ben，回想起來，這些年來我一直在信中不停地向你發問呢，但我的發問總是會忍不住從知識的困惑延伸到臺灣的困境和個人的困境——包括我那微不足道、痛不欲生的，tragic-comic的失戀，而臺灣與我個人的困境最後總會重合在一起，於是在這些書簡當中，一個渺小個人的存在苦惱變成了臺灣的世界史處境的縮影或隱喻。信中的我讀起來像一個受詛咒的薛西弗斯，悲情地仰望崇高的奧林帕斯山。然而你從不厭煩，有問必答，不僅親切地啟迪我以知識，給我許多溫暖的安慰和鼓勵，還會講很多很多笑話給我聽，教我用戲謔與自嘲，化解世間這一切不可忍受的荒謬，和我可笑過剩的自我意識。所以每次讀你的信，總是一邊戰戰兢兢地反覆深思，但一邊又要忍不住捧腹大笑，於是悲情完全消散，大我小我紛紛讓位，只剩下某種對大寫的「歷史」澄澈的釋然。然而笑聲方才收斂，你又會突然正襟危坐地指著我那篇憂傷的〈賤民宣言〉說：「把臺灣變成一個像樣的好國家不是烏托邦，只是需要持續不懈的工作。」於是薛西弗斯只好再度起身推動那塊巨石，只是這次臉上帶著一絲自嘲的、戲謔的、體悟的笑容。

Dear Ben，在認識你之前，我在芝加哥大學就先認識了許多了不起的老師，他們大體上塑造了我日後的知識傾向，然而這間經院實在太嚴肅，老師們可敬而不可親，或者親切而不親近，我被包裹在一個巨大而疏離的古典精神氛圍中，過著敬畏、孤獨的求道生活。開始翻譯《想像的共同體》是我解放的第一步。你那恣意而自制的美麗文字釋放了我被芝加哥學派的社會科學與哲學深深壓抑的，詩的感性。然後我認識了你這個人，這個為我傳道授業的經師，為我解惑的人師，關愛我的父兄，與我長夜把酒傾談的摯友，甚至與我一同為臺灣，為弱者戰鬥的同志——認識了你，dear Ben，這個超越經院成規，以詩丈量世界的，奇妙的越界者和說書人，讓我體內長期被壓抑的所有浪漫主義能量，所有歷史熱情一齊爆發，衝決了一切學術體制的規訓，和我多年在經院禁錮中習得的教養全面交融，於是在最後那段經院歲月裡，我才終於能夠寫出我的《The Formosan Ideology》，和芝加哥和解，和自己和解。Dear Ben，偶爾我會遺憾自己「血統不純」，不是你在康乃爾的門下生，像白石隆學長一樣，但其實更多時候我慶幸自己不純的血統，慶幸自己是這樣帶著芝加哥的美麗與哀愁，風暴般地碰撞到你的——碰撞到你，然後我就有如歌德筆下漂泊的Wilhelm Meister一般，終於在你的星空下完成了修業時代。

不知不覺又失控了，dear Ben，這說明我的文字修為實在太淺，然而你說除此之外，我又該如何描述你之於我的巨大意義呢？你一定會說，我們就只是好朋友啊。不過當然不只是這樣而已。我手中這一大疊累積了十六年的通信，讀起來簡直像是一段段蘇格拉底和弟子的對話啊——當然，我們的對話要更熱鬧，更好笑，而且也更有人情味，因為你幾時聽見蘇格拉底會安慰失戀的弟子說「可是只有患相思病的牡蠣才會孕育珍珠啊」呢？Ben，我把這些信再印一份，寄給你吧。你讀讀這些珠玉般的話語，就會知道自己身上畢竟留著Jonathan Swift和葉慈的愛爾蘭血液了。

這次重讀我們的通信，我驚訝地發現我竟然早在一九九九年就向你表達一種身為臺灣人的「受困」焦慮，並且向你求救了。以後幾年間，這個主題好幾次出現在我寫給你的信中，並且成為我們之間兩次在日本公開對談的主題。事後看來，「受困感」（sense of being besieged）竟構成了我們這些年對話中反覆出現的主要動機（leitmotif）之一。最初，我是在試圖掙脫北美學界無所不在的中國意識形態羅網，並且回應後現代主義思潮對主體形成的攻擊，想為臺灣在世界知識地圖上找一個獨立位置的苦鬥中，體會到這種受困感的。那時候，你教我用一種「奧林帕斯山頂上的思考」，站在世界史與比較史的高度觀看臺灣，我也確實因此找到了臺灣獨特的歷史軌跡，並且寫出了一篇「奧林帕斯式的」博士論文，擺脫了中國民族主義史學幽靈的糾纏。然後，隨著中國在二〇〇〇年代初期崛起，乘著資本全球化的浪潮進逼臺灣，我的受困意識再度浮現，而且更強烈，強烈到了要問你「how not to become a cynic」的地步，因為一百多年前馬克思經驗過的那種巨大的、非人性的結構力量，以一種更凶猛、辯證的方式重新現身在這個時代。更糟的是，我在這時候讀了芝大老師John Mearsheimer的現實主義名作《大國政治的悲劇》（*The Tragedy of Great Power Politics*），第一次深切體會到地緣政治位置如何像一個牢籠，緊緊地禁錮著處在帝國夾縫中的福爾摩沙。此後幾年，我的受困感與悲觀主義日益加深，因為我想不出在資本與帝國夾擊下，我們能有什麼出路。〈賤民宣言〉就是這段悲觀主義時期受困意識的結晶。二〇一一年春天，我在親歷東日本大震災和福島核災，驚魂甫定之時，藉由在日本臺灣學會年會回應你的基調演講之際，總結了我這段奧林帕斯山頂的精神歷程，並向你提出最尖銳的質問：

「山頂上的比較史視野將臺灣從中國史解放出來，然而又把它關進另一個地緣政治的囚籠之中。Quo Vadis Formosa?[1]」

對於這個問題，其實連上帝也只能保持沈默吧。Dear Ben，然而對於我這無理而無禮的質問，對於我因天生感傷、容易陷溺的性格而日益加深的受困與悲觀意識，你卻慷慨地、溫暖地，而且智慧地做了回覆。你的回應是兩重的。一方面，你依然站在奧林帕斯山頂，提醒我不要就急著下山，要站久一點，要冷靜觀察，就會看到一個毫無疑問的歷史趨勢，也就是古老帝國的裂解。現實主義者眼中不可動搖的結構，從長期歷史的角度看，其實只是持續移動、正在裂解的冰河，被禁錮的靈魂，終究會一一突圍而出。所以，奧林帕斯山頂的視野是辯證的：解放、受困、然後再解放。所以〈賤民宣言〉的經驗論證是站不住腳的，你說。另一方面，你又給了我一個個人的，存在主義式的回應：現實主義無法改變現實，只有政治的道德主義才能改變現實。然後你還不忘提醒我Gramsci的那句話：optimism of the will!

老實說，我不確定這回我有沒有被你說服——大概只有一半吧。古老帝國內部或許充滿矛盾，危機重重，然而資本主義新自由主義全球化的浪潮卻創造了外部擴張與帝國重生的契機；老式的、粗暴的領土兼併固然已經失去正當性，但是Ronald Robinson和John Gallagher所描述的那種以自由貿易和經濟力進行支配的「非正式帝國」（informal empire）卻又再度成為新帝國主義的擴張典範。當然，邊陲的抵抗動能依然存在，而且日益增強。如同Dani Rodrik所說，資本的新自由主義全球化的結構性矛盾為新一波邊陲民族主義創造了動員條件。所以，做為抵抗的民族主義會繼續存在，但帝國也不會輕易消亡——而且，帝國的數目正在悄悄增加，我覺得我們已經進入了一個新的帝國主義年代了。

Ben，這是我最近的一點讀書心得。我知道你從來不是要給我簡單的，有如天啟般的答案，而是要逼我思考，找出自己的答案，這就是我最近的想法。還是很悲觀，但卻不再那麼悲愴了。奧林帕斯山頂上冷冽的風，讓我發熱的頭腦稍稍降溫，我的心情也沈靜下來了。我不知道自己還剩下多少意志的樂觀主義，但我的悲觀，變得比較理性了。

Ben，其實我的受困感在這些年當中已經不知不覺地發展，或者演化成一種多重受困的感受與認知，變得有點複雜了。如果仔細整理一下，大概可以區分為三個層次吧。我所感受的第一重受困，是歷史的，結構的：臺灣所處的「帝國夾縫」的地緣政治位置，使它的行動自主性受到很大的限制，而資本的新自由主義全球化則加深或惡化這個地緣政治的困境。這是我最「古典」的受困感。第二重的受困感則是知識的，個人的：面對如此複雜的歷史情境，我深深感到自己知識能力的嚴重不足——不要說提出「突圍」或「出路」的行動方案，我連正確分析當代歷史情境的能力都付之闕如。照理說，這應該是要結合幾個世代，不同學科的知識人共同思考的課題，然而新自由主義的另一項輝煌戰果是，它使學術生產徹底功利化與瑣碎化，因而瓦解了學院知識分子的歷史意識與宏觀思考的格局、能力，甚至興趣。這個情況在臺灣的人文與社會科學界尤為嚴重。你知道我在知識上的專業訓練主要在比較政治、歷史分析與思想史，這些知識協助我理解了一點十九、二十世紀的民族國家與帝國型態，但卻無力透視這個新的資本與帝國的年代。Dear Ben，我意識到，或者感知到問題之所在，但卻無力分析或解釋它，也得不到多少協助，只能在黑暗之中，孤立無援，笨拙地、凌亂地到處越界，搜尋答案。或許我可以把這一層的受困，稱為「困而知之」吧，儘管我離「知」還如此遙遠。

我的第三重受困感也和知識有關，但比較不是知識本身，而涉及知識的政治——一種所謂「進步意識形態結構」的受困，而支撐這個結構的，則是中國革命創造的歷史意識與世界觀。Dear Ben，你當然知道我有很強的臺灣認同，也主張臺灣應該獨立自主，不受任何強權宰制。這些年來，我儘管能力微薄，也一直努力嘗試發展一個符合普世進步價值立場的臺灣主體論述——一種接近於薩伊德所說的「自我批判的民族主義」，或者法農所說的「具有社會內容與國際精神的民族意識」的想法。我不認為這種後殖民的進步民族主義論述有多特別，但它至少有理論根據，邏輯上說得通，並且也頗能呼應臺灣社會二十年來本土化、民主深化與公民社會成熟的發展趨勢。不過，一旦這樣的想法被放到某種特定的國際脈絡中——主要是國際的進步左翼體制的觀點中，似乎就會突然出問題，被打成「右派」論述，因為這個體制的主流見解似乎認為，不管你社會政策多左，族群政策多進步，性別政策多多元，反正只要主張臺灣獨立，就是右派，就是反動。在這個僵硬的觀點之中，「進步臺獨」、「左翼臺獨」的選項是一種oxymoron，不可能存在。這些年來，我在東亞、北美，以及歐洲，接觸過不少抱持這種想法的各國進步左翼知識人，也讀過不少這樣的作品，這些經驗，讓我意識到除了地緣政治和資本主義之外，臺灣同時也被一個可以稱為「進步意識形態結構」所圍堵。

My dear Ben，你應該很清楚其實我根本不在意是否被歸類為「左」或者「進步」之類的。就如Steven Lukes那句著名的雙關語：「what is left?」（什麼是左派？／還剩下什麼？）所提示的，在我們這個時代，連「左」這個名詞自身都需要進行廣泛、深刻的檢討、釐清與重構了，貼標籤的意義實在不大。我比較遺憾的，是這個「進步左翼」（加括弧的）偏見結構一筆抹煞了臺灣人民百年來追求掌握自身命運，追求自由、平等與多元價值的高貴的歷史努力，並且否定了臺灣人民與世界連結，將這段追求與實現普世進步價值的珍貴經驗貢獻給這個世界的可能性。這個偏見不僅抹煞了應為人類共有的珍貴進步遺產，同時也妨礙了一個可能貢獻於人類共同未來的進步連結的形成。用鄂蘭的話來說，這個偏見不公平地剝奪了臺灣人屬於、參與這個共同世界的權利。

最初，我以為這主要是一個知識問題——只要好好講清楚，誤解就會自然冰釋。然而在經驗了很多次溝通挫折之後，我開始覺得這其實是政治問題——中國的強大實力壓倒了一切關於臺灣正當性的論述與實踐。但是這幾年的反省，讓我體認到權力政治背後，還有一個強大的，根深蒂固的意識形態——用你的話說，impervious to argument[2]的意識形態存在，扭曲或掩蔽現實，並且干擾人們的溝通與連結。Ben，然後我讀了霍布斯邦那本精采的自傳《趣味橫生的時光》(*Interesting Times*)，對這個問題有了更深的理解。在自傳中，他說明自己在一九五六年赫魯雪夫聯共二十大演講公開史達林罪狀後，雖然轉向了義共的歐共主義路線，但仍然保有英國共產黨籍的原因：他少年時代在維也納所受到的社會主義啟蒙，是一九一七年俄國革命所激發的偉大夢想的餘波，這份初衷之情使他即使喪失了共產主義信念，依然終生沒有放棄共產黨員身分。於是我恍然大悟，理解到歷史上的偉大革命會如何形塑一整個，甚至好幾個世代知識分子的道德情感、政治想像與觀看世界的方式，並且形成一個穩定結構，制約後來者的道路與選擇，不管這個結構如何日益偏離歷史發展的軌跡。如果一九一七年的俄國革命形塑了戰中與戰後初期世代歐洲知識分子的世界觀，一九四九年的中國革命則深刻影響了整個冷戰，乃至後冷戰時期國際進步左翼知識人對中國與世界的理解方式。時至今日，關於東北亞，關於臺灣海峽，中國革命所創造的歷史意識依然對這些知識人發揮著巨大的影響力。革命早已被背叛，然而革命卻尚未過去。

（Dear Ben，你屬於歐洲新左翼的世代，然而你生命中那場偉大的革命，不是一九六八，而是一九四五至一九四九年蘇卡諾的印尼獨立革命吧。）

Dear Ben，以上就是我的受困精神史。（你大概會想說，別活得那麼辛苦吧……）對我而言，每一個層次的受困都是一道險峻的高牆，然而最終極的障礙，不是地緣政治與資本主義，因為帝國間的矛盾是我們求生的縫隙，資本會滋生它的對立面，不是知識的不足，因為我們可以越界求索、假借與創造，甚至隨機應變地 improvise[3]，也不是革命的幽靈，因為我們已在用自己的革命來驅魔；最終極的障礙，Ben，是歷史本身——或者應該說，是時間本身，因為如同艾略特所說，「唯有經過時間始能克服時間」，而我們身在歷史之中，時間之中，我們經驗時間點滴的過去，但是我們永遠來不及克服時間。Dear Ben，巨大的冰河正在緩慢崩解，然而在解放之日到來以前，我們需要仰賴意志，仰賴信念，行走一段漫長的艱辛，因為我們已經沒有彌賽亞，然而沒有了彌賽亞，信念的根據是什麼呢？

我猜想，dear Ben，這就是為什麼這麼多年來你在信裡寫了那麼多次和「勇氣」有關的字眼給我的原因吧：bravery、fortitude and courage，還有這句讓我落淚的話：

As the French comrades say, "de courage, mon vieux, et encore de courage."[4]

你明白，正如同你的好朋友和無政府主義同志，我的另一位知識英雄James Scott也明白，對弱者而言一切都是困難的，抵抗不是一種美學姿勢，而是生存的必要，你明白，正如同James Scott也明白，弱者抵抗是一種歷史的伏流，在這次和下一次的爆發之間，是漫長的羞辱、征服、忍耐、蓄勢與等待，而這一切都歸結到存在的問題。
所以你才會送給我們臺灣人那句美麗的Samuel Beckett吧：

I can't go on. I'll go on.

然而你知道嗎？在去年雨傘革命爆發前夜，我把你這句話鄭重地轉送給勇敢的香港人民了呢。在那場傾城之戰，有一群熱情的年輕人借用了你的《想像的共同體》，為難產中的香港政治主體命名，召喚它的現身。你看，my dear Ben，偉大的天朝帝國邊陲，福爾摩沙西南海岸的彼方，如今又降生了一個 imagined community 了——不是複製，而是平行的原創！所以我們縱使依然孤獨，卻已經不再孤立無援。WE cannot go on, and yet WE will go on. Ben，我們這個時代的革命已經沒有先知，沒有神祇，沒有英雄，更沒有黨中央，we are but a bunch of losers holding out hands for each other，然而我們有笑容，懂得嘲諷與自嘲——我們幾乎和 Ben Anderson 一樣愛開有水準的玩笑。而且，而且我們讀過 *Imagined Communities*，他×的沒有刪節過的，最美麗的完整版！My dearest Ben，請容我敬你一杯熱清酒，並且誠摯地邀請你加入我們這場克服時間，裂解冰河的，偉大的革命。

如果已經沒有彌賽亞，So be it!

"Before revolution this is happiness," says Adrienne Rich, but revolution IS happiness.

跟你一開講，就停不下來，而且必定失控，從散文寫成詩，從嚴肅變成瘋狂，從政治經濟學變成無政府主義。這當然是我們向來聊天的模式，因為我們可以從臺北開車一路聊到東北角，再經過九份淡水聊回臺北，或者從臺南成大一路聊到高雄八五大樓，和陳菊市長那面美麗的大看板合照後再搭高鐵一路聊回臺大旁的福華會館。反正你的好奇心永無止境，看到什麼就問，我也太過嚴肅，滿腹沒完沒了的「公共知識分子」問題要請教大師。不過，也是因為我實在很久很久沒跟你說話，所以變得太想念你了吧。我知道你一定不會生我的氣，但我還是決定就此擱筆。對了，最後跟你說一件事：這幾天整理以前的舊照片，找到一張你以前在十八王公橋畔那尊黑狗銅雕前拍的照片，看起來很神氣，很像你信中說的那群lumpenproletariat[6]——那群信仰「dog temple」的「乞丐、娼妓、小偷和流氓」——的老大。我準備把照片放大裱起來，掛在我的研究室牆上，沾你一點福氣。我會加洗一張給你，另外也會把我的這張一起寄過去，請你記得要先簽了名再寄回來給我啊。這回就寄到南港的Cynical Academy吧，他們都認得我這個悲傷的犬儒。

寫著寫著，竟然從二〇一五年十二月三十日的深夜寫到了二〇一五年十二月三十一日的凌晨一點了，算一算時間，我已經整整認識你十六年六個月又八天了呢，真是光陰似箭啊。親愛的Ben，另一個歷史變局前夜的臺灣正在寒冬裡沸騰，然而此刻你已經在邊境那個「收養你的村落」裡舒舒服服地準備就寢了吧。你就好好躲在這裡休息一陣子，喘口氣，等明年春天潑水節的時候我再到曼谷找你，到時我再帶一張（有版權的）《賽德克・巴萊》給你，不過你可別看了又說要學賽德克語啊。

Warmest Regards,

叡人

2015.12.31 南港

PS：康乃爾刺客 Peter 跟你問好，我的「祕密兄弟」豪人要我提醒你，你還欠他五個打火機……

注釋：

1 拉丁文，意為「臺灣往何處去？」，取自臺灣哲學家廖文奎在一九四六年以法文寫成的文章標題。

2 爭辯無用。

3 即興而作。

4 法文，可譯為「要勇敢，兄弟，而且要更勇敢」或者「要堅強，兄弟，而且要更堅強」。本句同時也帶有「別放棄」、「要撐下去」的鼓舞意涵。如依法文正式語法，句中的「要勇敢」一語應作du courage，安德森在信中寫成de courage，是口語用法。

5 美國女詩人Adrienne Rich說，「在革命到來之前，這就是幸福。」然而革命**就是**幸福。

6 流氓無產階級。

二〇〇四年十二月十四日，安德森在中研院臺灣史研究所演講「Early Globalization: Anticolonialism, Anarchism, and Cosmopolitanism in the late 19th Century」，與談人為本書作者吳叡人，這是兩人在臺灣第一次相聚。

一個尼采式康德主義者的夢想

冉

(I)

日本：「我即他者」

6. 反記憶政治論

——一個關於重建臺日關係的歷史學主義觀點*

在當代臺灣，「回歸歷史研究！」是一種對記憶過度政治化的謙遜抵抗。

歷史的特異性，並不就是那被認定為極端非人性的道德的特異性。這個被Nabert稱之為無法辯護的，還有被Friedlander稱之為無法接受的，由過度的惡所孕生的〔道德〕特異性，當然和可以辨認的歷史特質是無法切割的；但是它涉及的是某種……道德判斷。我們因此必須行經完整的歷史學的平面，才能確立那涉及歷史判斷的特異性概念。

——Paul Ricœur, *La mémoire, l'histoire, l'oubli*, III-III, L' Historien et le Juge[1]

殖民地支配不管獲致多優秀的成果，原本在道德上就應該被無條件批判。基於我自身過去許多駭人聽聞的經驗，我個人也毫不猶豫地憎惡、譴責日本對臺灣的統治。然而，就這個在世界史的某個階段必然會出現的社會、政治與經濟的制度——也就是殖民地體制——而言，在基於道德論或個人感情上的評價之外，也非對個別的施政加以客觀地比較性評價不可。而且比較的評價可以從橫〔空間〕與縱〔時間〕的兩面來進行。

——王育德，《台湾：苦悶するその歴史》[2]

在日本對權力之偏重普遍滲透於人際交往之中，無所不在……政府體裁既成，政府中人為人民之統治者，人民為被統治者。治者與被治者之別於焉產生，治者為上為主為內，被治者為下為客乃至為外。上下主客之別應判然視之。此二者概為日本之人際交往中最顯著之分界，應謂宛如我文明之兩要素也。自古至今雖曾與眾多種族交往，然所到之處終究均歸結於此二元素，一無獨立保有自家本性之物。

——福沢諭吉，《文明論之概略》，卷の五第九章，「日本文明の由来」[3]

1.

一種**右翼民族主義同盟**的形式，主導了二十、二十一世紀之交臺灣與日本的政治關係，它建立在臺灣獨立派與日本右翼「反中」的共同地緣政治利益，以及「殖民地肯定論」的意識形態基礎之上。此一臺、日右翼同盟，源於一九九〇年代臺灣的民主化與本土化浪潮中浮現的複雜的臺灣人歷史意識。另一方面，臺、日右翼民族主義同盟的出現與壯大，激發了一個由部分臺灣反獨左派知識人與部分日本左翼知識人組成的，鬆散的左翼同盟。從意識形態光譜觀察，直到幾年前為止，臺、日關係大體形成了「臺灣獨立派—日本右翼」與「臺灣反獨派—日本左翼」相互對峙的微妙態勢。

2.

一九九〇年代中期以來，隨著臺灣民主化的迅速開展，以及李登輝氏的掌權，在臺灣與日本兩國開始出現重新理解、評價戰前日本殖民統治時代歷史之動向。此一動向之中原本潛藏著廣闊多樣的發展可能性，**並不必然**導致「殖民地肯定論」這種狹窄的結盟形式。相反的，它其實有可能成為重建某種良性、對等，而且進步的臺日關係的起點。當然，在外交的層次上，由於日本政壇的左翼勢力向來親中，對臺灣不假辭色，因此臺灣官方別無選擇，必須與右翼勢力中之反中派交往。這是地緣政治的現實制約，非戰之罪。然而在社會輿論與意識形態層次上，臺灣其實擁有與日本主流社會，乃至進步勢力連結的堅實基礎，因此也擁有更多選擇空間，毋須跟隨地緣政治現實起舞，操作取悅日本右翼的「殖民地肯定論」。

首先，新的歷史認識動向之主要驅力，是臺灣的民主化。臺灣人對自由、民主的勇敢追求，贏得了長久以來無視於臺灣人民，並且習於將臺灣等同於蔣介石政權的日本主流媒體如《朝日新聞》等的注意與敬重。日本主流論壇對臺灣民主的注意，暗示著一種迥異於冷戰時期之保守反共同盟的，植基於「自由」、「民主」與「人權」等進步價值的新的臺、日關係之可能。其次，這個動向的背後，有著在國民黨政府壓制之下，被迫沈默了半世紀之久的戰前世代臺灣人要求發聲的社會心理基礎。這群戰前世代的臺灣人與同世代的日本人擁有許多共同，或者重疊的文化記憶。這個共同或重疊的文化記憶，一直是維繫、溝通臺、日兩國人民情感的珍貴資產。第三，主導臺灣民主化過程的李登輝總統個人複雜、多面，而且深刻的特質，可能成為連結臺灣知識菁英與戰前世代的日本知識人的橋梁。李氏經由舊制臺北高校與京都帝大教育形成的戰前教養主義背景，被徵召參戰的體驗，以及戰後初期的反省與左傾經驗，使他與日本戰中期知識人具有十分近似的精神歷程。就某個意義而言，我們可以說，**儘管戰後臺、日分隔，已成異國，但是李登輝和以丸山真男等人為中心的所謂「岩波自由人」或「戰後民主派」知識集團，其實共享了知識與道德實踐的語言**，而我們不應忘記，「戰後民主派」是形塑日本戰後民間主流論壇的關鍵力量。這種戰中期知識人的共同精神世界，是連結臺、日知識分子共同進行思考、反省與實踐的重要精神遺產。

整體觀之，臺、日共同的民主價值，以及兩國戰前世代共同的文化記憶，精神歷程，與反省經驗，使我們有理由相信，至少在社會的層次上，九〇年代的新歷史認識浪潮之中，確實存在著某種足以促成健全、進步的臺、日民主同盟之契機。換言之，分處不同戰略位置，但是追求、捍衛臺灣獨立自主之共同目標的臺灣民族主義者，其實擁有在「國家」與「社會」領域分別使用不同論述策略的選擇：**雖然在地緣政治上不得不與反中派進行現實主義結盟，但是在輿論與意識形態上卻有可能突破現實制約，開拓與主流社會，乃至進步勢力的連結。**

3.

令人遺憾的是，此一具有多樣乃至進步潛力的歷史認識動向，卻被旅居日本的臺灣民族主義者有意識地利用，並且逐步將之引導至臺灣獨立派與日本右翼勢力意識形態結盟的單一方向。兩國右翼民族主義同盟的結盟基礎有二。首先是共同的反中國意識。必須注意的是，此處的反中國意識，超越了地緣政治上的反中國，進一步發展成本質主義式的反中國人論。比方說，柏楊為民族自省而寫的作品《醜陋的中國人》，被操作成反中國人論的宣傳品。其次是殖民地肯定論。在日臺灣民族主義者有意識而極其靈巧地將戰前世代臺灣人素樸之親日情感——即臺語所謂「日本精神」（リップンチェンシン），移花接木地詮釋成日本右翼民族主義式的「日本精神」（ニホンセイシン），並且由此推衍出肯定日本殖民統治的結論，從而創造了臺灣獨立運動與日本右翼結盟的意識形態基礎。小林善紀的《台湾論》[4]是在日臺灣民族主義者運用此一策略，直接與「教科書修改之會」的日本新右翼結盟——或者相互利用，進一步剪裁、簡化、操作殖民地時期歷史的意識形態戰略之集大成者。二〇〇一年，這部漫畫形式的通俗歷史論著在臺、日引發的軒然大波，則是此一策略最大的宣傳戰果。長期觀察、同情在日臺灣獨立運動的日本學者森宣雄在當時就已經對這個靈巧、緻密的意識形態操作過程，提出了銳利深刻的分析。[5]自此而後，以「殖民地肯定論」為論述核心的右翼親日路線，儼然成為主導臺、日關係的主流意識形態。此一**策略性的歷史認識**，透過計畫性的通俗歷史論著的大量傳播[6]，在臺、日兩地持續擴散之中。

相對的，臺日右翼同盟的擴張也激發了臺、日之間**另一種結盟**的出現：二〇〇一年《台湾論》在臺灣出版中文版的風波，誘發了臺灣反獨左派知識人與日本左翼知識人的合作反制。他們經由雙方一系列的跨國座談與出版行動，對《台湾論》進行嚴厲批判，隱然形成一個鬆散但大致可以辨識的臺、日左翼意識形態同盟。主導者之一，臺灣籍的文化研究學者陳光興稱此同盟為「臺日批判圈」。[7] 另一方面，掀起論爭的臺獨運動者與小林本人也毫不示弱，他們隨即針對種種批判，提出反論與辯解。[8] 必須注意的是，這次意識形態衝突是一場失焦的論爭：反獨左派站在道德和抽象理論的制高點批判殖民統治並順勢批判臺獨，而許多**長期同情弱勢運動，絕對無法稱為右翼的臺灣民族主義者**，則將此種批判理解為對臺灣主體性的攻擊與壓抑。他們從未無條件肯定殖民統治，而他們對《台湾論》的辯護，也大多出於被壓抑主體的反彈，以及對自身尊嚴與認同的維護，與殖民主義無關。**然而進步臺獨派由於完全專注於受傷害的民族情感，以至於對殖民統治問題幾近完全沈默，而對殖民統治問題的沈默，則使他們無可避免地被收編到在日臺灣獨立運動者與日本右翼所設定的右翼民族主義論述架構之中，從而在表面上證明了反獨左派「臺獨＝右翼＝殖民地肯定論者」這個簡化圖式的正確性**。換言之，進步臺獨派對殖民統治問題的沈默，使他們喪失了自我命名的權力，成為被反獨左派與臺獨右翼「代表」或「再現」(represented) 的客體。

4.

臺、日之間的意識形態關係，二十餘年來大致被以下兩個相互對峙的跨國同盟所壟斷：右翼民族主義者與反獨左翼。關於所謂「臺灣人」形象、思考與價值之再現，也大體都被這兩個同盟所壟斷。

表面上，兩個同盟對峙的焦點是歷史——也就是關於日本殖民統治時期的評價問題，然而**雙方其實從未針對臺灣殖民地時期歷史、日本帝國史，乃至比較殖民主義史的各個面向進行任何專業、具體、完整、深入的對話或辯論**。右翼民族主義同盟模仿所有庸俗官方民族主義的做法，採取通俗史論的形式，將複雜、多層次，而且兼具明暗兩面的歷史簡化、剪裁成單一正面的陽光敘事。反獨左翼同盟則完全遺忘馬克思如何潛心鑽研世界史的典範，還有毛澤東「有調查才有發言權」的教訓，專好使用缺乏經驗內涵的概念或理論，對所知甚少的「他者」進行抽象的道德審判。**前者粗暴，後者傲慢，但是兩者同樣無知**——或者說，兩者都無意追求對歷史比較完整、客觀的知識。雙方對歷史真相都不感興趣，他們感興趣的，其實是關於歷史問題的**立場**，也就是應該如何記憶的問題。右翼民族主義者要求將日本統治時代記憶為光明之時，因此將戰前世代臺灣人再現為受惠於日本文明統治之正直、誠實、博雅的現代公民。反獨左翼要求將日本統治時代記憶為黑暗之時，因此將戰前世代臺灣人再現為受到異民族汙辱、損害與欺瞞而不自覺的，毫無反思能力，並且令人悲憫的扭曲靈魂。

而那些因過度專注於受傷的民族情感以至於遺忘了思考殖民統治問題的，無論如何也不應被稱之為右派的，眾多善意的，乃至進步的臺灣民族主義者們呢？他們要求將日本時代記憶為他們的父祖被剝奪了的青春與童年，並因此將他們父祖再現為國民黨統治下無法發聲的「底層階級」（subaltern class）。這個對父祖單純的愛護之情原本可以無關政治，然而在左右統獨對峙格局中，即使是如此單純的善意也終於被收編到右翼民族主義者的光明殖民神話之中。

5.

這是一場沒有歷史的歷史論爭，反歷史的歷史衝突。隱身在「歷史」煙霧背後的，是政治——記憶的政治。依其各自政治立場的需要，臺灣人的日本殖民統治經驗或者被詮釋為現代性的光榮表記，或者被詮釋為虛假意識的可恥根源。「日本人」和「臺灣人」成為各取所需的空洞符號，「殖民主義」成為沒有經驗內涵的空洞概念——至於「歷史」，則被掃地出門，因為記憶的政治需要的不是「歷史」，而是「歷史意識」，或者歷史的意識形態。歷史消失了，然而歷史意識形態的對立卻被持續複製。我們觀察到，右翼民族主義同盟的馬基維利主義與反獨左翼同盟的道德主義之間的持續對峙，已經大幅縮小了臺灣與日本連結形式的選擇空間。**在表象的層次上，如今彷彿所有獨派都是殖民地肯定論者，而所有反獨派都是具有「反思」精神的「批判」知識分子**。我們不得不認為，這是臺灣民族主義者在政治上的錯誤，道德上的失敗，以及知識上怠惰的結果。

一個不爭的事實是，日本左翼、日本主流政壇與日本主流媒體，曾經在戰後漫長的時間之中欺壓在日臺灣獨立運動。在日臺灣獨立運動者對日本左翼媚中輕臺的偽善，日本政府為協助國民黨逮捕遣送柳文卿、陳玉璽等回臺的為虎作倀惡行，以及日本主流媒體的長期漠視臺灣，有著刻骨銘心的體認。這是這群曾經深受六〇年代全球左翼運動洗禮，並且主導創立國際特赦組織日本分會（Amnesty Japan）的前人權運動者選擇與日本右翼結盟的心理背景。[9] 關於這點，我們必須對他們給予同情的理解。

6.

然而同情的理解不等於同意他們的選擇，因為即使是在日臺灣人處境最困難的七〇年代，他們也不是完全孤立的。首先，我們必須重新提醒這個事實：七〇年代中期臺灣島內的黨外民主運動展開以來，日本就有一群市民運動工作者與進步知識分子終始密切關心、支援這個運動，並且積極救援因民主運動受難之政治犯，同時努力喚起日本社會對臺灣人反抗獨裁政權奮鬥的注意。這就是著名的「臺湾の政治犯を救う会」（臺灣政治犯救援會，一九七七—一九九四）。這個團體主要由爭取臺灣人原日本兵權利團體（林景明氏を囲む会〔林景明氏支援會〕）與日本本地之人權（アムネスティ日本〔國際特赦組織日本分會〕、人権を考えるエスペランチストの会〔思考人權的世界語主義者之會」）與和平運動團體（ユネスコ東京（東京聯合國教科文組織協會）），雖然勢力未必強大，然而發起人與主要幹部陣容非常堅強，有多位日本市民社會、進步學界、法界乃至政界的錚錚之士。例如，列名發起人（呼びかけ人）的有：

市川房枝（一八九三—一九八一，婦女運動者、無黨籍参議院議員）、猪俣浩三（一八九四—一九九三，社會黨衆議院議員、國際特赦組織日本分會首任理事長）、清水知久（一九三三—二〇一〇，日本女子大學教授、從原住民觀點研究美國史的歷史學者、反戰和平運動、反美軍基地運動参與者）、田中直吉（一九〇七—一九九六，國際政治學者、東海大學教授、日本國際政治學會理事長）、向山寛夫（一九一五—二〇〇五，臺北一中出身、勞動法學者、戰後日本臺灣史研究先驅、國學院大學教授）等人。[10]

擔任救援會主要幹部者（世話人）有：

大島孝一（首任代表世話人，一九一六—二〇一二，東京女子學院院長、日本戰没學生紀念會・海神會常任理事、基督徒政治聯盟副委員長、和平運動家）、川久保公夫（首任代表世話人，一九二〇—二〇〇二，西洋經濟史學者、國際特赦組織日本分會副理事長、大阪市立大學教授、大阪經濟法科大學學長）、大野正男（一九二七－二〇〇六，最高法院法官、砂川事件、羽田空港事件等辯護律師）、岡本愛彥（一九二五－二〇〇四，出生於朝鮮、ＮＨＫ記者、社會派電視劇與電影導演、關懷在日朝鮮人課題、日本社會黨、大阪經濟法科大學教授）、可兒裕二（首任事務局長，東京聯合國教科文組織協會－和平運動、無政府主義者）、中平健吉（一九二五－二〇一五，東京高等法院法官、律師、曾參與七〇年家永三郎教科書訴訟。擁護人權之進步派法曹代表人物、國際特赦組織日本分會支部長）、宮崎繁樹（明治大學法學部教授、日本國際人權法先驅、參與反部落差別運動）、柳瀨馨（思考人權知識界語主義者之會－日本聯合國教科文組織協會聯盟成員，無政府主義者）、渡田正弘（林景明氏支援會成員，現以廣島為根據地從事連結亞洲反核運動的公民運動）[11]

上述名單說明，從七〇年代臺灣民主運動發軔之際，在日本市民運動、基督教會、進步法曹與知識圈中就出現了堅強的支持友人。事實上，「**臺灣政治犯救援會」的成立可以說是日本七〇年代人權運動的一環，而七〇年代人權運動又是六〇年代日本新左翼運動比較不受左翼教條扭曲的正面遺產之一**。救援會聲援臺灣民主運動的動機，一方面出於普世人權的理念，另一方面則是對日本殖民統治臺灣的反省，與對臺灣孤立處境的同情。一九七六年為救援被國府逮捕的陳明忠、黃華、楊金海等民主運動者，首任代表世話人川久保公夫當時發表在《朝日新聞》上令人動容的一段話，清楚道出了這批「親臺進步派日本人」想法：

在美中接近、日中建交的情勢之中，臺灣問題像左右被拍來拍去的乒乓球一般被輕忽地敷衍，但這裡有一千六百萬活生生的人要持續地活下去。我國的輿論對於臺灣人民的實際處境與他們的願望實在太過無情，甚至完全無視。日本人應該把目光轉移到在孤立無援之中為追求人性而奮戰的人們的身影之上吧。就算是做為對過去漫長的占領時代中日本人對臺灣人民加諸的罪行的補償之一端也好，難道不能對這些政治犯……的境遇，以簽名、請願等方式，設法伸出救援之手嗎？[12]

正是部分由於「臺灣政治犯救援會」這類與臺灣民主運動共感的日本人士的努力，一種「進步的日臺關係」的可能性才在七〇年代中日親善的巨大歷史浪潮中被保存下來。時序進入九〇年代，臺灣民主化的成果終於開始改變日本輿論態勢，臺灣人爭取民主自由的奮鬥，開始贏得日本主流社會，甚至進步知識分子圈普遍的注目與尊敬。一個民主、自由、進步、獨立的臺灣的可能性，已經開始進入日本主流社會的視域之中。「臺灣政治犯救援會」所播的種，終於開花結果，而這個團體也因達成使命，而在一九九四年解散。到了這個階段，儘管地緣政治的現實迫使臺灣仍然必須在外交層次上與日本的反中右翼勢力交往，在社會的層次上，民主臺灣其實已經開始擁有更大的空間，更多元的選擇。在這個新的態勢之中，臺灣與日本之間原有的歷史淵源，確實可能成為建構一個社會與價值層次的臺、日民主進步同盟，極其珍貴的情感與心理基礎。

7.

事情當然沒有這麼簡單。**臺、日之間的歷史淵源，儘管深厚，其道德意義卻是曖昧、兩義的，因為它建立在殖民支配的不平等基礎之上**。正因臺日淵源在道德上是曖昧的，因此也就可能被引導到不同的連結方向。要使臺、日的歷史淵源成為重建臺、日民主進步同盟的助力，必須經過一次**深刻的知識與道德上的努力**，也就是對這段歷史重新進行一次**冷靜、嚴謹、客觀的檢視與評價**。這確實是一個艱鉅困難的任務，但卻也是一條值得走的道路，因為它的目的不是要炮製廉價膚淺的「媚日」和「哈臺」，而是要重建臺灣人自尊、自重的主體性，並喚起日本人對臺灣的責任感與道德意識。遺憾的是，在這個關鍵時刻，臺灣的歷史學者與其他人文社會學科的專業知識分子，卻無力承擔這個重要的知識與道德使命。專業知識分子在關鍵時刻集體缺席，取而代之的，卻是信仰現實主義的專業政治工作者，也就是在日臺灣獨立運動者。這群久居日本，嫻熟日本語文與政情、民情的政治人物，對於當代日本右翼，乃至後泡沫時期一般日本人渴望自我肯定的心理需求瞭若指掌。為了迎合，乃至操作、利用這種心裡，他們拋棄一切知識與道德考量，將戰前世代臺灣人的日本經驗導向「殖民地肯定論」的詮釋方向。這是一條便捷的道路，因為它迎合既有的社會心理，也因此它確實在短期內就獲致了重大的宣傳戰果。然而這也是一條危險的道路，因為「殖民地肯定論」的短線操作所訴求的不是日本人的道德自省意識，而是**殖民的潛意識**（colonial unconscious）。換言之，「殖民地肯定論」的歷史操作策略，事實上創造了一種**日、臺之間的新殖民關係**。[13]

8.

從臺灣主體性的立場，我們應該如何突破右翼民族主義同盟與反獨左翼同盟對臺日關係的意識形態壟斷，創造足以促成平等、民主、進步的臺日同盟的思想空間呢？這篇文章提出一個可以稱之為**歷史學主義的觀點**：儘管似乎為時已晚，**臺灣的歷史學者與其他人文社會學科的專業知識分子必須從政治人物手中取回他們對歷史的專業發言權**。取回專業發言權，並不意味著介入政客和「批判知識分子」之間關於記憶的政治鬥爭；相反的，它要求專業知識分子**退出記憶政治的戰場**，然後正面承擔起十年前曾經逃避或無力承擔的使命——對日本殖民統治下的臺灣歷史進行冷靜嚴謹的專業研究。一方面，這個使命是知識的，因為他們的歷史研究必須遵從學術研究的規範而非政治的邏輯；另一方面，這個使命同時也是道德的，因為符合學術研究規範的嚴謹勞作將會壓縮政治操作的空間，並為客觀公允的歷史評價提供適當的經驗基礎。

歷史學主義**不是**一種認識論的立場：它對人類理性沒有實證主義式的天真幻想。相反的，它是一種**實踐的**立場：它是一種為了矯治臺灣社會「**過剩的歷史意識，過少的歷史知識**」弊病的策略。在臺灣——某個意義上，甚至在日本，乃至整個當代東亞——戰前歷史之所以成為記憶政治衝突的場域，主要的原因之一就是我們對日本殖民統治的具體歷史所知太少，但是意見卻很多。因為歷史知識太少，所以意見和立場取代事實，而臺灣住民又有著多元分歧的歷史經驗，於是以個人局部經驗或情感為基礎的意見、立場，乃至成見、偏見，取代了歷史知識，成為我們理解、評價過去的根據，其結果，當然就是爭執不休，永無寧日。這種對歷史有立場而無知識的狀態，於是為別有懷抱的各種「**歷史企業家**」(historical entrepreneurs）提供了操作記憶政治的絕佳條件。

在臺灣，乃至東亞各國都非常盛行的若干西方知識領域，如文學批評、文化研究與後殖民批評所具有的強烈政治性格，以及這些領域對「殖民主義」所抱持之**非歷史的，乃至反歷史的認識**，則進一步加深了記憶政治的混亂。一方面，這些領域高度自覺的「介入」(engage）傾向，使他們喜好對涉及複雜歷史糾葛的政治問題，如殖民主義，如民族主義，如文化認同，進行大膽直接的詮釋、評價，乃至批判，然而在另一方面，這些領域的研究者大多沒有充分的歷史知識，因此他們的詮釋與批判，經常是概念先行的，抽象的，而且是道德主義的。當代傑出的比較殖民主義學者Frederick Cooper指出，這些領域的學者成功地使世人注意到殖民主義在世界史之中的位置，然而他們所認識，並且大力譴責的「殖民主義」其實沒有具體的經驗內容，而是一種「**大約存在於一四九二年到一九七〇年代之間的，一般的殖民主義**」(a generic colonialism—located somewhere between 1492 and the 1970s)。[14] Cooper 一針見血地指出，在評論這個抽象的、大寫的、普世永恆不變的「殖民主義」(the Colonialism)時，他們「**運用了非歷史的方法論來回答那些根本就是歷史的問題**」(ahistorical methodologies are deployed to answer questions that are unavoidably historical)。[15] 想要站在一個高度——一個道德的阿基米德點，以知識介入、批判政治，然而不幸的是自身的知識不足以支持偉大的批判，於是立場又取代了知識，阿基米德跌落人間，然後我們會看到如此**陳腐而令人生厭的結局**：在已經混亂無比的記憶政治戰場上，又出現了一批戰士——一批更驕傲的道德十字軍。

關於歷史，我們不是知道的太多，而是知道的太少。矯往必須過正，不過正不足以矯往，在當代臺灣，「回歸歷史研究！」是一種對記憶過度政治化的謙遜抵抗。

9.

歷史學主義並不迴避評價與批判，但它主張在評價與批判之前，必須先盡力去理解與認識。只有植基於堅實歷史認識之上的評價，才是負責任的評價：這是歷史學主義所主張的**批判的責任倫理**。

10.

比方說，我們應該如何理解、評價在戰前世代的臺灣人之間常見的親日情感呢？「批判」知識分子似乎大多傾向於認為這是一種缺乏「反思」能力，沒有主體思考的虛假意識。[16] 老一輩臺灣人對日本文明的高度評價，甚至被一位評論者詮釋為一種自己建構出來的「軍國主義現代化烏托邦」。[17] 與此相對的，王育德教授則認為「親日」是一種高度自覺，具有清晰主體性的抵抗策略：

現在，臺灣的人們為何會如此親切地歡迎款待日本人呢？是因為日本人做了好事嗎？豈有此理，當然不是這樣的。臺灣的人們啊，是透過對日本人的親切來嘲諷中國人的。蔣介石總是說：「日本人是壞蛋。日本人的教育不好。殖民地支配一無是處。」並且教導臺灣人說，日本人是壞人。然後反過來說，我們現在做了這麼好的事情，把所有壞事都怪在日本人身上。臺灣人沒辦法直接當著他的面說：「沒這回事！」啊。因為沒辦法說出來，所以故意在日本人來的時候歡迎款待他們。蔣政權雖然臉色不好看，但也沒辦法阻止。這是一種嘲諷啊。[18]

將「親日」情感理解為虛假意識或許並非全無所見，然而對臺灣人前輩的遭遇採取一種高姿態的「批判」立場，預設一個嚴厲的道德尺度，卻又無法提出具體的經驗內容，其結果只是將被觀察者「他者化」或者「東方主義化」而已。專研臺灣的和歌書寫族群以及高砂義勇隊的人類學者黃智慧指出，日語世代的臺灣人應該被理解為一種被剝奪聲音的「底層階級」(subaltern)的類型，因為在國民黨政權壓制下，他們生命的後半處於完全無法公開發聲的瘖啞狀態。[19]「Can the subaltern speak?」後殖民學者Spivak的質問引發了理論家無止境的辯論，然而印度籍歷史學家Prasenjit Duara卻明快地回應，「**這是一個經驗問題，不是理論問題！**」[20]如果發聲與自我表述是主體性的重要指標，那麼被剝奪語言，被禁止自我表述的日語世代臺灣人屬於「底層階級」之一員乃是一個經驗事實。**面對這群親身承受殖民統治重擔的前輩族群**，「批判」知識分子實在應該多一點人類學精神，少一點左派教條，多一點同情，少一點傲慢：面對如此複雜的歷史經驗，沒有同情，就很難有理解，而沒有理解，就無法公正評價。

另一方面，王育德先生對「親日」的策略性解釋確實也有其合理性，因為「用前一個殖民者來批評後一個殖民者」是**連續殖民情境中被殖民者特有的武器**。不過我們必須注意，在這種反殖民抵抗策略之中，同時包含了兩個成分：首先是「親日」做為「策略」的自覺；其次是，前殖民統治所強加的價值或其一部分，確實已經構成了行動者自身主體的一部分。換言之，欲操作此種抵抗策略，雖然不必然，但確實可能遭遇批判了後一個殖民者，但卻又陷入前一個殖民者羅網之中的陷阱。因此，**我們必須要有另一個高於前殖民者的尺度，做為衡量、檢證、評價，以及「取捨」前殖民統治遺產的標準，才能建構被殖民者真正的主體性**。這個尺度固然必須是**民族的**——因為它必須維護臺灣人的尊嚴，不能再次導致對任何殖民者的屈從與諂媚，然而它更必須是屬於**全人類的**——因為它必須以普遍主義的進步人道價值，制約民族的狹隘與自戀。為了建立這個尺度，我們必須有高度的批判性自覺——是自我批判，而不是批判歷史的受害者。

11. 關於戰前世代的親日情感，無論是追尋同情的理解，或者批判性的自覺，我們都必須立基於冷靜、客觀的歷史研究成果之上。在記憶政治的聲音與憤怒之中，有誰曾經靜下心來傾聽這段質樸而深刻的話語呢：

一個世代不是靜止的，他們在時間之流中成長，因此要對他們的集體心態有所掌握，必須像追蹤一個人的生命歷程一樣，設法瞭解他們所處的環境，以及隨著生命的成長，他們和同樣也在變動中的環境間的相互關係。在這裡，我們最應該注意的是，戰爭期世代最具被塑性的年紀，也就是前面提及的formative years，一般稱為青少年期。不過，讓我們來看看他們的童年。如果把入學以前的歲月算成童年的話，他們的童年，早者在一九二〇年代，晚者在三〇年代度過，這是日本統治臺灣五十年中最安定的一段時期，近代化措施逐漸齊備，社會治安良好。……到了這個世代達到入學年齡時，傳統書房教育式微，初等教育日趨普及，臺

> 灣公學校及齡兒童入學率，在一九二七年到一九三七年之間，由二九・一八%提高到四六・六九%，也就是說在一九三七年將近一半的臺灣兒童接受殖民統治當局提供的近代式小學教育。根據研究，這段時期公學校教育質量方面都具有相當的水準。……
>
> 在近代社會，由國家提供的近代式普遍教育對學童的影響相當深遠，它不只傳授一套系統知識……對塑造兒童的道德感、國家觀念、歷史知識、一般價值觀也都起了決定性的作用。……因此，近代學校是造成一個社會同質化的重要機制之一；也是締造兒童集體的共同經驗的一個主要場域。日本殖民統治時期臺灣公學校教育，由於教材、教法和教師品質等種種因素的配合，達到相當高的成效。以此，接受公學校教育的臺灣人，在認知上有其一致性，並具有共同的學校經驗，是可以預期的。在傳播媒體不發達的時代，在非宗教國家，除了學校之外，誰能使得所有學童都唱同樣一首歌、認識同一人物、背誦同一篇文章呢？
>
> ……一九三七年七月七日日本發動蘆溝橋事變，展開對中國的軍事侵略。在中國，這是歷史上八年抗戰的開始，在臺灣，則是皇民化運動如火如荼進行的八年，也是臺灣人捲入日本對外征戰的開始。蘆溝橋事變之後，臺灣進入了「非常時期」，就像字面上所說的，這是一個「非常」時期，一切平常的做法都改變了。不管我們今天懷著怎樣的觀點來看待這段歷史，在歷史現場的人有他們自身的體驗和感受。

對我們興趣所在的這個世代而言，他們其實經歷了兩個時代大變動。首先，一九三七年到一九四五年這八年，迥異於前四十餘年的殖民統治，殖民當局大力推行皇民化運動，試圖改造臺灣人為日本人。為達到此一目標，各層政府透過各種組織，如青年團、部落振興會等，致力於對各階層的教育活動，提倡愛國精神和皇國思想。這是日本在臺殖民統治所未曾見到的全面的、密集的愛國運動。這種無所逃於天地之間的愛國教育對當時的青少年應該最有影響的了。

更重要的是，這是戰爭時期，整個社會籠罩在濃厚的戰爭氣氛中。戰爭關係生死，是嚴肅且嚴重的事情。常識告訴我們：一個內部有重大分歧的國家往往可以因對外戰爭的關係，人民同仇敵慨而團結一氣。臺灣人和日本人處於同一戰爭情境，同生共死……，在戰爭末期，一起經歷物質的極端匱乏與盟軍的空襲，這在在有助於內部的凝聚力，使得民族的分際變得模糊了。

此外，由於皇民化運動標榜「內臺一如」，又根據皇民化的論理（邏輯），臺灣人可以透過特定的途徑成為名實相符的日本人，因此，從制度上泯除民族界線、撤銷差別待遇變成不得不採行的措施。公小學校制改為國民學校、實施義務教育、徵兵、撤廢保甲制度都是這個邏輯下的產物。不管統治者真正的動機何在，日本統治的最後八年可以說是臺灣人和日本人在「論述上」，甚至在實際情境上，最平等的一段時期。對大部分尚未踏入社會的臺灣青少年而言，這是他們所認識的世界。

一九四五年八月十五日日本無條件投降，結束了在臺灣的殖民統治。對當時大多數的臺灣青年而言，是不可置信的。在日本本土，我們看到人們頹然跪在二重橋前的廣場，也有縱情大拭其淚的，但是我沒有看過臺灣在「玉音放送」後的照片。我無法揣想臺灣人當時的典型反應。不管如何，這個變動是巨大的，對臺灣人，尤其是不再有機會重新接受教育的臺灣青年，產生無與倫比的衝擊。[21]

娓娓道來的平實語言，毫無「理論」焦慮，然而讀來卻讓人豁然開朗。這是一位臺灣歷史學家的話語。史家的「技藝」或許無法將我們從「記憶」的政治中解放出來，但是它或許會使我們開始學習謙遜與深思吧。

12.

另外一個容易引發爭議的例子是日本殖民官僚的問題：我們應該如何理解、評價在日本殖民統治過程中，對臺灣現代化做出了貢獻的日籍技術官僚，如後藤新平、新渡戶稻造、伊澤修二，或者八田與一等人呢？他們是壓迫者，還是功勞者？他們獻身於臺灣的意圖，是剝削，還是文明開化？這個問題，可以視為廣義的「殖民現代性」問題的一環。質問「殖民統治是否可能帶來現代化？」「殖民統治者的意圖是否良善？」這類問題，就如同質問「一黨獨大的獨裁統治是否可能帶來經濟發展？」「獨裁者是不是親民愛民？」一樣，原本是一個經驗性的問題，可以透過客觀的經驗性分析去尋求證據與解答。不過，經驗性的問題在後殖民批判的語境之中變成了政治性的問題——這就是「**殖民現代性**」**所面對的根本困難：「去殖民」的政治要求經常妨礙了單純的經驗性理解**。而在經驗過連續殖民與多重殖民的臺灣，由於不同族群具有不同的「去殖民」觀點，「殖民現代性」的問題變得更加複雜無解，因為日本殖民統治下的現代化經驗，在某些人眼中是去除中國殖民痕跡的批判利器，但是在另外一些人眼中則成為缺乏主體性之表徵，因此必須被嚴厲批判。[22]

歷史學主義的建議是，在對日治時期臺灣現代化經驗進行後殖民批判之前，應該先對這段歷史進行客觀冷靜的經驗性理解。此外，我們還應進一步從比較殖民史的觀點，審視這段經驗。所謂比較殖民史的觀點，包括了臺灣與戰前日本帝國的其他殖民地現代化經驗，以及整個日本殖民主義與歐洲殖民主義現代化經驗之比較。這個擴大視野的建議，目的在比較正確全面地掌握殖民主義的諸般特質與面貌，以及它與殖民地現代化之關係。事實上，在西方的比較殖民主義研究之中，關於殖民官僚與殖民地現代化的關係，早已有相當豐碩的成果。例如，大英帝國著名的印度民政局（Indian Civil Service, ICS），被視為近代殖民官僚的原型。它的成員，大多是出身劍橋、牛津的帝國菁英，其中有許多也具有強烈的獻身精神。他們享受了少數統治的特權，但也確實為印度的建設付出青春、生命與血汗。他們之中，甚至有久居印度之後，對印度產生強烈認同，而產生某種「殖民者的印度民族主義」情感，而謀求與大英帝國分離者。[23] 比較殖民史研究先驅 D.K. Fieldhouse 的一語，道盡了這群殖民統治菁英的兩面性：

> ICS 確立了英國統治印度的基調：專制與外來，但是公正並且熱望於改善〔印度〕這個國家。[24]

當代比較殖民研究學者 Frederick Cooper 也指出了殖民統治者的複雜性：

> 儘管殖民統治菁英之間都共有一種優越的信念，但是在那些想要解救靈魂或者文明化土著的人，以及那些將被殖民者視為可以任意利用和丟棄的人之間，卻經常爆發衝突。[25]

殖民統治官僚的兩面性乃至複雜性，他們的理想與現實，善意與惡意，慈善與殘酷之並存，**並不是一個邏輯上的詭論，而是源於殖民主義意識形態的歷史性**：那是一個已經過去了的年代的意識形態，在那個年代，人們提倡弱肉強食，國際法公然承認征服權，連最有良心，最主張自由民主的歐洲知識分子，如托克維爾，如彌爾（J. S. Mill），都支持侵略、征服、掠奪以及對「野蠻人」的文明開化。[26] 第一次世界大戰之後，這個意識形態開始逐漸喪失合法性，於是我們觀察到世界史上「解除殖民」歷史運動的逐步展開。日本殖民主義是後進的殖民主義，當時間進入大正中期，西方殖民主義正在逐漸喪失正當性的時候，缺乏自信的日本殖民者卻才開始內化、深化他們晚熟的殖民意識，包含那種自以為是的封建家父長統治觀，還有早已過時的文明開化論。在這個對殖民官僚的比較史的理解架構之中，我們會發現日本殖民官僚和歐洲殖民官僚一樣，都是**某種已經喪失了正當性的支配體制與意識形態的產物**。這些遠渡重洋來臺的日本人並不特別邪惡，也不特別天縱英明——雖然他們或許有時顯得特別勤奮而審慎。

今天的我們，處在殖民主義意識形態終於完全、徹底喪失任何正當性的時代，時間的長期區隔與價值的全面逆轉，使我們喪失了對日本殖民統治進行**歷史的**理解的能力。喪失了認識歷史的能力，但卻充滿不快樂而且矛盾對立的記憶，如今的我們於是將義大利史家Benedetto Croce的「所有歷史都是當代史」的警語予以漫畫化，用此時此刻的立場取代歷史，屠殺歷史，於是記憶的戰場上殺聲震天，受害者二度、三度受害，傷痕永遠無法癒合，而我們變得更加不快樂，更加憎恨彼此。

13.

在個人的晚年鉅著《記憶、歷史、遺忘》(*La mémoire, l'histoire, l'oubli*)中，哲學家Paul Ricœur說了這段語重心長的話：

歷史的特異性，並不就是那被認定為極端非人性的道德的特異性。這個被Nabert稱之為無法辯護的，還有被Friedlander稱之為無法接受的，由過度的惡所孕生的〔道德〕特異性，當然和可以辨認的歷史特質是無法切割的；但是它涉及的是某種……道德判斷。我們因此必須行經完整的歷史學的平面，才能確立那涉及歷史判斷的特異性概念。[27]

要對殖民統治所創造的惡——或者善，進行歷史的判斷，首先我們必須「行經完整的歷史學的平面」。這是歷史學主義的謙遜建議。

14.

哈伯瑪斯在《現代性的哲學論述：十二講》中痛陳，西方理性思想發展從黑格爾開始走上了工具理性的岔路，才會導致日後歐洲自我毀滅的災難，因此他主張回到現代性的起點，走一條他稱之為「溝通理性」的正確道路。[28] 九〇年代中期臺、日關係開始復甦之初，原本有著豐富多樣的可能，然而現實主義者透過靈巧的歷史意識形態操作，將之導引到兩國右翼民族主義同盟的狹隘方向。這個操作的成功，激發了反獨左翼同盟的反彈，然而這個反彈是過度道德主義，而且非歷史的，因此反過來再誘發了非屬右翼的許多臺灣獨派人士的情緒反彈。其結果是，臺日之間的意識形態關係被這兩個對立的同盟所壟斷，彷彿臺灣與日本之間，只存在「右翼獨派（民族主義）／新殖民主義」與「反獨左派（國際主義）／反殖民主義」這兩種價值選擇。這是一個建立在**虛假的二元對立**之上的不正常，而且不健康的狀態。儘管可能已經為時已晚，我們仍然應該效法哈伯瑪斯的精神，嘗試重返九〇年代臺灣民主化高潮之際，乃至一九七七年臺灣民主運動與日本的「臺灣政治犯救援會」先後發軔，遙相呼應之時的進步精神，以此為原點，從頭摸索建構一條平等、健全的臺日民主進步同盟的道路。

該怎麼做？卑之無甚高論：如果當代臺日的不正常關係起源於現實主義者對歷史的政治操作，那麼我們就應該從現實主義者手中取回「歷史」專業自身應有的尊嚴。臺灣的歷史學家，以及其他人文社會領域的專業知識分子，應該正面承擔過去曾經逃避的使命，對日本殖民統治時期的臺灣歷史——特別是對可能涉及複雜道德意涵的議題，無畏地進行冷靜、嚴謹的專業研究。我們期待這樣無畏、冷靜而嚴謹的專業歷史研究，有助於縮小記憶政治操作的空間，並且促使臺、日的有識之士，在寬廣厚實的歷史知識與道德自省的基礎上，進行對等、真誠而深刻的對話。

直到那一天，或許我們彼此——我是指臺灣人與日本人雙方——才會完全拋棄自憐與狡猾的被殖民者意識，以及傲慢與偽善的殖民者意識，重新開始理解矢內原忠雄「**被虐待者的解放，沉淪者的上升，以及自主獨立者的和平結合**」這個悲願的真實意義罷。[29]

注釋：

＊本文寫作得力於渡田正弘先生影印見贈之珍貴資料《台湾の政治犯を救う会活動記録（一九七七—一九九四）》，特此深致謝意。渡田先生為「政治犯を救う会」創始會員之一，曾於一九七九年美麗島事件後涉險來臺，進行現地觀察與資料收集，欲返國時在機場被捕，受警總與調查局偵訊、刑求，羈押八十四日後始釋放，是一位在黑暗時代奮勇跨越國界，獻身臺灣民主運動的義人。

1 Paul Ricœur, *La mémoire, l'histoire, l'oubli* (Paris: Édition du Seuil, 2000), 432.

2 王育德，《台湾：苦悶するその歴史》（東京：弘文堂，昭和三十九年），頁一〇三。

3 福沢諭吉著，松沢弘陽校注，《文明論之概略》（東京：岩波書店，二〇〇四〔一九九七〕），頁二〇八、二一三。

4 小林よしのり，《新ゴーマニズム宣言SPECIAL：台湾論》（東京：小学館，二〇〇〇）。

5 森宣雄，《台湾／日本—連鎖するコロニアリズム》（東京：インパクト出版会，二〇〇一）。

6 旅日評論家黃文雄的諸多作品是最好的例子。參見黃文雄，《台湾は日本人がつくった：大和魂への「恩」、中華思想への「怨」》（東京：徳間書店，二〇〇一）；黃文雄，《韓国は日本人がつくった》（東京：徳間書店，二〇〇二）；黃文雄，《近代中国は日本がつくった：日清戦争以降、日本が台湾に残した莫大な遺産》（東京：光文社，二〇〇二）。

7 陳光興、李朝津編，《反思《台灣論》：臺日批判圈的內部對話　臺社論壇02》（臺北：臺灣社會研究季刊，二〇〇五）。二〇〇〇年《台灣論》日文版出版之後，日本進步知識圈隨即在第二年出版文集進行批判。參見東アジア文史哲ネットワーク編，《小林よしのり「台湾論」を超えて》（東京：作品社，二〇〇一）。前述《臺灣社會研究季刊》即以這個群體為合作對象，《反思《台灣論》》一書，也收錄了數篇翻譯自《小林よしのり「台湾論」を超えて》的文章。

8 前衛編輯部編，《台灣論風暴》（臺北：前衛出版社，二〇〇一）。

9 參見森宣雄，《台湾／日本—連鎖するコロニアリズム》，第一、二章。

10 台湾の政治犯を救う会編集・発行，《台湾の政治犯を救う会活動記録（一九七七—一九九四）》（一九九四年十二月），頁三三至三四。此處僅列出成立後並未擔任幹部者名單。

11 前引書，頁三四。這批幹部同時也都列名成立前的發起人。

12 《台湾の政治犯を救う会活動記録（一九七七—一九九四）》，頁二六。

13 前引書，森宣雄，《台湾／日本—連鎖するコロニアリズム》，終章。

14 Frederick Cooper, *Colonialism in Question: Theory, Knowledge, History* (Berkeley, Los Angeles: University of California Press, 2005), 13.

15 Ibid, 14.

16 參見《反思〈台灣論〉：臺日批判圈的內部對話　臺社論壇02》第三部分，〈對小林《台灣論》引發多重效應的回應與批判〉論壇發言紀錄。

17 此為馮建三之發言，見前引書，頁一二九至一三一。

18 王育德，〈台湾と日本のあいだ〉，《台湾青年》第三三五期（一九八八），頁二六至二七。

19 黃智慧，〈ポストコロニアル都市の悲情——台北の日本語文芸活動について——〉，橋爪紳也編，《アジア都市文化学の可能性》（東京：清文堂，二〇〇三），頁一一五至一四六。

20 二〇〇五年Prasenjit Duara在中研院發表演說後，接受對談人之一沈松僑教授的質問時的口頭回答。筆者為該場演講另一對談人，親自見聞此一對答。

21 周婉窈，〈「世代」概念和日本殖民統治時期臺灣史的研究（代序）〉，同氏著，《海行兮的年代：日本殖民統治末期臺灣史論集》（臺北：允晨，二〇〇三），頁ix至xii。

22 關於臺灣的多重後殖民觀點，參見本書第一章〈臺灣後殖民論綱〉。

23 關於ＩＣＳ，參見D.K. Fieldhouse, *The Colonial Empires: A Comparative Survey from the Eighteen Century* (London: Weidenfeld and Nicolosn, 1965), 275-277; Claude Markovits ed., "The Colonial State and Indian Society," in *A History of Modern India: 1480-1950* (London: Anthem Press, 2002); Bernard Porter, *The Lion's Share: A Short History of British Imperialism* (London and New York: Longman, 1996); 本田毅彥，《インド植民地官僚：大英帝国の超エリートたち》（東京：講談社，二〇〇一）等著作。

24 Fieldhouse, ibid, 276.

25 Frederick Cooper, *Colonialism in Question: Theory, Knowledge, History*, 24.

26 Jennifer Pitts, "Introduction," to Jennifer Pitts edited and translated, Alexis de Tocqueville, *Writings on Empire and Slavery* (Baltimore: The Johns Hopkins University Press, 2001); and Jennifer Pitts, *A Turn to Empire: The Rise of Imperial Liberalism in Britain and France* (Princeton: Princeton University Press, 2005).

27 Paul Ricœur, *La mémoire, l'histoire, l'oubli*, 432.

28 Jürgen Habermas, *The Philosophical Discourse of Modernity: Twelve Lectures*, trans. F.G. Lawrence, (Cambridge, Massachusetts: The MIT Press, 1990).

29 本句原文為「虐げらるるものの解放、沈めるものの向上、而して自主独立なるものの平和的結合。」參見矢内原忠雄，〈序〉，《帝国主義下の台湾》（東京：岩波書店，一九八八〔一九二九〕），頁v。

7. 救贖賤民，救贖過去
——臺灣人對〈村山談話〉的一些反思

政治上所失去的信任，只能透過謙卑與文明性，在社會中重生。這個邏輯同樣適用於臺灣與中國之間、韓國與日本之間、整個東亞，以及世界上所有其他被歷史憎恨撕裂的地方。

（原文Redeeming the Pariah, Redeeming the Past: Some Taiwanese Reflections on the Murayama Statement，譯者林曉欽／修訂吳叡人、莊瑞琳）

不，我們不想趕上什麼人。我們想做的，是和全人類一起，和所有人一起，不分晝夜地永遠向前邁進。

——法農，《大地上的受苦者》

問題意識：誰害怕賤民？

日本應如何彌補過去的罪愆，是二次大戰後這個國家去殖民與轉型正義未竟之業的國際面向。做為一個去殖民與轉型正義的個案，這個問題既是道德的，也是政治的：它源起於國際上對殖民主義、侵略戰爭與非民主政體的道德重估，但其開展卻又深深受到國內外政治的形塑與限制。從一開始，日本戰後的去殖民與轉型正義發展過程，就受當時冷戰所束縛、阻礙，因而停滯不前，唯有在一場政治的鉅變之後（即冷戰結束與日本社會黨的短暫崛起），才在一九九五年孕生了第一份象徵了姍姍來遲的、在地的日本轉型正義與去殖民進程的歷史文件，也就是當時的日本首相村山富市在終戰五十週年紀念日所發表的聲明，亦即所謂的〈村山談話〉。

我們應當如何閱讀〈村山談話〉，又能從中期待什麼呢？這個答案部分取決於解讀者處在加害者亦或被害者的相對位置。然而，這段歷史出現了複數的受害者，對〈村山談話〉的詮釋也因此隨他們個別的受害經驗而不同——即端看在日人手上遭受何種殘虐對待。除此之外，它無疑也受當下的議題與策略利益所影響。它甚至還跟個人的道德信念息息有關——取決於他是一位霍布斯式的現實主義者，康德式的道德主義者，亦或阿基米德型的觀察家。[1] 最後但同樣重要的，還與詮釋者在國際政治的相對實力有所關連。來自於不同位置、經驗、道德信念、利益以及談判實力的行動者，因此受各種動機所驅使，對〈村山談話〉的解讀與回應方式必然不同。對〈村山談話〉的多重解讀實屬不可避免，它同時反映了文本詮釋的不定性與現代東亞歷史的複雜性。然而這樣一份會讓相關各方當事人做不同解讀的官方文件，又如何促使他們尋求和解呢？一個有用的策略是，對這份文件進行**集體與對話式的閱讀**：邀請所有當事人解讀這份宣言，從他們的個別位置梳理出各自意涵，卻又不對他人立場視而不見，如此才能夠在（可說是）「派別性的」解釋之間進行一場對話，且希冀從中能夠浮現一些共同意義。

臺灣，曾經受到日本殖民統治長達半個世紀之久。在這段期間，臺灣人民蒙受了苛刻的歧視、強制同化以及嚴峻的戰爭動員。毫無疑問的，臺灣是日本歷史贖罪與和解計畫中合理的當事人。然而在這個議題中，臺灣人的心聲在日本與世界受重視的程度，卻遠遠不及韓國與中國這兩個國家。事實上，在當代的東亞歷史和解論述中，臺灣一直受到邊緣化的對待，通常只能成為韓國與中國被廣為宣傳的諸多主張中的一個注腳而已。但是，缺少了一位關鍵的當事人，再怎麼立意良善的對話終究不過是強權之間的另外一份暫訂協議（modus vivendi），而非真實與正義的和解。藉由將臺灣帶入這場對話之中，本文希望為當代東亞歷史和解論述當中的一個難解的困局（aporia）尋求可能的解決之道。

本文從臺灣人的觀點對〈村山談話〉提出一個可能的解讀，以為對話略盡棉薄之力。此處所謂臺灣人的觀點，構築於臺灣人民自十九世紀晚期以來，持續做為東亞地緣政治受害者的歷史經驗的基礎之上。更具體地說，本文將為臺灣提出一個身為賤民的結構性位置，使臺灣得以在這個位置上對國際轉型正義與和解表達其觀點。臺灣人民就像羅爾斯（John Rawls）在反現實主義論著《萬民法》（*The Law of Peoples*）中所說的「良序的自由人民」（well-ordered liberal people）[2]，意即獨立的、民主自治且理性從事政治行動的共同體，並具備自身獨有的認同。但是，這個共同體也同時受到當前聯合國主導的主權國家系統所排除，因此身陷於脆弱的外交處境之中。做為日本過去的殖民地，臺灣擁有充分的理由與權利參與日本的歷史和解計畫，但日本官方在正式外交程序中大多將臺灣排除在外。明明實際上存在（actually existing），涉入利害關係，並且與此議題有所關連，但卻遭到排除——這就是我們稱作「賤民」的結構性位置。受困於此種賤民位置，在論及歷史和解時，臺灣被迫以康德式的語言對抗國際無政府秩序的現實主義傾向，並且希望能夠從日本得到最好的回應。不只如此，藉由刻意將政治道德化並且追尋一個可望而不可及的目標，令人感到不便的臺灣人心聲也揭露了全球正義的反諷，提醒了那些心懷善意的行動者們：想要在國際政治當中追求真正的正義，不可能不付出代價。

背景：賤民世故的沈默

儘管臺灣曾經在日本長達五十年的殖民統治下，蒙受了歧視、強制同化與戰爭動員等等慘痛的經驗，但臺灣較少對日本控訴受害經驗，而比起常被公開談及的韓國、中國，臺灣的受害主張也較少受到注意。[3]對於日本的殖民統治，臺灣人不但沒有深沈的怨恨，許多人甚至將過去的殖民母國視為特別喜愛的國家，對日本存在著一種親切感。[4]就在二〇一一年三月十一日的東日本大地震之後，臺灣捐獻給日本的善款金額，遠遠高於世界上其他國家。我們究竟應該如何解釋臺灣人民在面對日本所犯下的歷史不義時，竟然會保持相對的沈默？我們又應如何理解自從日本人離開這座島嶼後，長期存在於臺灣人之間的親日情緒？或許有人會忍不住語帶嘲諷地斷言，臺灣人民只不過成了被奴役的受虐狂，或是得了斯德哥爾摩症候群。或許也有人會自滿地宣稱這個友好的國家見證了日本殖民主義的道德成功。但如果我們深入到這個民族不快樂的歷史中尋找答案，就會發現這份沈默既非習慣受虐，也非默許暴行，而是一種世故（worldly）的沈默，孕生自令人困惑不已的受害經驗。

領土轉移中的歷史脈絡

臺灣人一般對於日本統治的認知與韓國、中國不同，這必須從歷史加以解釋。讓我們先檢視整體的歷史脈絡，也就是自十九世紀晚期以來，臺灣這塊領土不斷受到地緣政治擺布的事實。

首先，臺灣在一八九五年被納入日本版圖，當時的臺灣和朝鮮不同，並非一個正在經驗民族主義政治動員的王國，而是一座位處清帝國邊境的島嶼或者拓墾殖民地。割讓時的臺灣人尚未產生足以和一九一〇年遭日本兼併時的韓國人相比擬的那種清晰明確的民族情感。從心理的角度而言，臺灣人更容易適應新的政權，因為清帝國將臺灣割讓給日本的時間點，早於中國民族主義或臺灣民族主義的興起。

其次，無論北京政府當時如何合理化割臺決定，從臺灣人自身的角度來看，臺灣無疑是清帝國在北方的外交與軍事慘敗的代罪羔羊。這樣的結果，使臺灣人之間瀰漫著一股對北京政府非常強烈而廣泛的怨懟，因為他們覺得自己被不公平地拋棄了。從一開始，祖國就是臺灣歷史悲劇的加害者之一。

第三，儘管日本人的統治嚴苛、壓迫，並且充滿差別待遇，最終仍然在臺灣帶來了秩序、現代化與物質上的豐裕。一九四五年中國國民黨繼日本之後統治了臺灣，卻很快就證明了其統治的壓迫與歧視，也充滿腐敗與無能。一九四七年二月，為了反抗國民黨的腐敗統治，以及追求政治改革與自治，臺灣全島爆發了一場激烈的暴動。這是島嶼人民幻滅的開端，然而國民黨政權對此次動亂的血腥軍事鎮壓，以及隨後藉由《戒嚴法》實施的無情恐怖統治（日後稱為「白色恐怖」），才使臺灣人真正驚覺於中國政治的現實。在比較兩個外來政權的統治後，許多臺灣人對於已經離去的日本人的事後評價，變得更為正面。對於更為激進，而且擁有更明確意識形態的異議分子（例如無法歸鄉的臺灣民族主義者）而言，正面詮釋日本殖民時期，甚至成為一種自覺的論述策略，以此瓦解國民黨流亡政權的正當性。[5]

國民黨統治臺灣最關鍵、最相關的政治後果，就是一方面在外省人與本省人之間製造長期的族群緊張，另一方面，又使所有人不分族群背景共同承受國家暴力帶來的創傷經驗。內部的族群緊張沖淡了日本人做為「他者」的形象，而普遍的國家暴力經驗則使臺灣人對轉型正義的思考轉向內部，並且聚焦於國民黨在臺灣犯下的歷史不義。如果歷史上弱小民族總是受害於一層又一層的不正義，那麼最晚近的不正義的記憶必然最清晰，因此也將喚起最強烈的情緒。

第四，臺灣戰後的地緣政治處境也形塑了人們對日本的認知。一九四九年以來，在冷戰結構下，臺灣人心中最重要的他者並非日本，而是中國。近年來南韓則毫不猶豫地遵循中國的現實政治（*realpolitik*）邏輯，也加入邊緣化臺灣的行列。[6] 自從一九九〇年代以來，日本就是這個地區唯一仍然對臺友善的國家。中國與南韓，這兩個戰前日本帝國主義最高調的受害者，如今事實上已經聯手在當代地緣政治的遊戲中，迫害更為弱勢的臺灣。

受害者經驗的結構

在臺灣人民自十九世紀晚期以來特定的受害者經驗結構中，存在兩個非常顯著的特徵。第一，臺灣每一次與日本有關的重大受害經驗總是牽涉到了**多重的加害者**。這樣的例子不勝枚舉。首先，一八九五年導致臺灣受日本殖民統治的領土割讓決定，便是中國與日本協議的結果。一九四五年，臺灣被移轉到國民黨政權手中，是幾位同盟國領袖之間達成的政治交易；臺灣人民戰後選擇國籍的權利被剝奪，則是日本、美國與國民黨的共同決定。這種專斷的領土轉移最終帶來了一九四七年的二二八屠殺，以及其後島嶼上長期的威權統治。而國籍選擇權的喪失，也局部地導致臺灣人民喪失因身為日本國民被迫服役或遭受迫害的賠償請求權利。一九五二年，流亡的國民黨政府與日本簽署《中日和約》，放棄了所有與戰爭有關的賠償請求權。和約中也沒有片言隻字提及臺灣人民有權對日本殖民時期受到的損害要求賠償。更重要的是，在一九五二年至一九七二年，這段與日本仍保持正式外交關係的期間，國民黨政權對於這個議題完全沉默以對。正因如此，與日本統治相關的臺灣人賠償請求問題直到一九九〇年代依然懸而未決。[7]與此適成對比，大韓民國政府在一九六五年與日本簽署的《韓日基本條約》中，雖然放棄了韓國人民的個別賠償請求權，但仍設法獲得五億美元的經濟援助與貸款。反觀代表臺灣人民的中華民國政府，在仍被日本承認時，始終沒有對賠償或援助提出任何類似的官方要求或協商。這個流亡政權以自己的不語，迫使臺灣人民沉默。

臺灣人民的雙重沈默並沒有在一九七二年結束。中華民國與日本在一九七二年斷絕邦交，不過是連串外交危機的其中之一，這場危機始於臺灣在一九七一年喪失聯合國席位（為中國所接收），而在一九七九年美國與臺灣斷絕正式外交關係時達到頂點。就臺灣人民關於戰前日本統治的相關賠償請求權而言，七二年的臺日斷交證明對臺灣人是一場災難，而且影響至今。由於官方管道遭到剝奪，政府也無法在國際場合代表自己，自一九七〇年代以來，個別求償者都被迫訴諸於曠日廢時的訴訟與社會運動來為自己的權利發聲。從一九九〇年代末期開始，日本政府開始對韓國、中國展開了一系列有意義的外交和解行動，結果提出多項對歷史爭議的共同聲明文件，並且進行由政府資助的共同歷史研究計畫。[8]做為日本歷史和解計畫的外交面向，這些過程雖然大多只是象徵性的工作，但卻非常重要，然而臺灣卻完全被排除在外，彷彿這個地方從來不曾存在過，只因為日本在外交上並未正式承認臺灣。關於誰該為臺灣一九七〇年外交慘敗負責，至今已有許多說法，然而蔣介石宣稱代表整個中國的荒謬堅持，無疑扮演了非常重要的角色。

然而如果我終究已經淪為孤兒與賤民，我又應當責怪誰？對於經常受雙重、三重甚至是多重迫害，但卻從來無權在這些造成生命驚惶不安的歷史事件中置一詞的臺灣人民來說，這確實是一個令人困惑的問題。

從前面探討的領土轉移歷史中可以推知，臺灣人受害經驗的第二個特質就是：這些事情總是**接踵而至**，一件接著一件，而且經常來自不同的加害者。從十七世紀以來，臺灣這個領土就在各個帝國核心之間被不停地讓渡，從未詢問過人民的意見。戰後國民黨在臺灣的獨裁統治，緊接在日本殖民統治之後來到，它在很多方面與殖民支配有相似之處。在這種因連續而非自願的領土移轉與殖民統治所造成的連續受害最鮮明的例證之一，就是一九四〇年至五〇年間數萬名臺灣青年的悲慘命運。他們在十年之間先後遭受日本、中國國民黨與中國共產黨的徵召入伍從軍，被迫參與太平洋戰爭、中國內戰與韓戰。那些得以在韓戰倖存的人們，最終被迫滯留在中國，但他們還將面臨一連串同樣殘酷的磨難：在一九五七年的反右運動，以及一九六六年至一九七六年間的文化大革命中，許多臺灣人因忠誠度可疑被標上「地方民族主義者」的標籤，遭到嚴重迫害。[9]

讓我們簡略回顧一下臺灣歷史正義的資產負債表。多重而連續受害的經驗結構自身也許並不獨特，因為許多地緣政治上脆弱的國家或人民，諸如韓國人與中國人等，都承受過相似的苦難。

但這個經驗結構在臺灣的特定脈絡中卻造成一種政治與心理影響，大大沖淡（雖然沒有抹除）了一般大眾對日本正是自己不幸的始作俑者的認知。關鍵的差異在於臺灣人不只受到多重且連續的受害，而且這樣的迫害不只來自原來的加害者，也來自過去曾經一起遭受迫害，如今卻搖身一變為加害者的伙伴。自一九七〇年代以來，隨著中國在以聯合國為主的國際體系中影響力逐漸增加，臺灣孤立日深，也逐漸形成了這種不幸的處境——或可稱呼為「**賤民困境**」。大體上，它受到國際政治的結構性制約。因為身陷賤民困境，臺灣反而得以認識到加害—被害關係的多重複雜性，而正是這種體認緩和了臺灣人對日本的**憎恨**。

總之，由於過去同受日本迫害的伙伴竟然反過來壓迫與侮辱臺灣，無論那是來自中國國民黨、中國共產黨，或者是韓國人，甚至菲律賓人、新加坡人還是印尼人，如此的歷史與當代經驗，讓臺灣人學習到現實世界在道德上比較曖昧，善惡也不那麼分明。從這樣的教訓——或者說，賤民的體悟（epiphany）——他們發展出一種飽經世故的態度來看待日本道歉的議題。**真正的賤民所要求的從來就不是強者的道歉，而是自身道德上的強韌**（moral strength），**因為唯有自身的道德強韌才能帶來真正的承認與尊嚴**。由此我們可以看到〈村山談話〉對於真正弱勢者的道德關連性，因為在這篇文獻確實明確主張即使在國際政治之中，公理依然優先於強權（right precedes might）。我們將在下文闡述這一點。

文本：賤民想像一個公正的世界

在前述分析的基礎之上，我們接著要問，究竟臺灣人民這種溫和的，有點犬儒的，然而確實非常世故的沈默，對於以〈村山談話〉為核心的當代日本歷史和解計畫來說，又意味著什麼？臺灣人是一群有良序並具備獨特認同、價值與利益的自由人，並且也是國際關係中一個獨立而理性的行動者。以此為前提，我們認為臺灣的賤民經驗對歷史和解的重要性可以總結為以下兩個陳述。第一，有些傷痛唯有以高於報復的正義才能療癒。第二，和解必須超越政治領域，提升到真正道德的境界。這兩個陳述事實上指向一種對〈村山談話〉的康德／羅爾斯式解讀。

救贖的普世主義

在〈村山談話〉中，與本文最相關的訊息出現於第五、第六段：

> 我國在不久的過去一段時期，國策有錯誤，走了戰爭的道路，使國民陷入存亡的危機，殖民統治和侵略給許多國家，特別是亞洲各國人民帶來了巨大的損害和痛苦。為了避免未來有錯誤，我就謙虛地對待毫無疑問的這一歷史事實，謹此再次表示深刻的反省和由衷的歉意。同時謹向在這段歷史中受到災難的所有國內外人士表示沉痛的哀悼。

戰敗後五十週年的今天，我國應該立足於過去的深刻反省，排除自以為是的國家主義，做為負責任的國際社會成員促進國際協調，來推廣和平的理念和民主主義。與此同時，非常重要的是，我國做為經歷過原子彈轟炸的唯一國家，包括追求徹底銷毀核武器以及加強核不擴散體制等在內，要積極推進國際裁軍。我相信只有這樣才能償還過去的錯誤，也能安慰遇難者的靈魂。[10]

由於飽嚐強權的傲慢與虛偽，賤民很快就體認到這些文字當中的價值，而不願就此將它們一筆勾消。讓我們闡釋這個說法。

首先，儘管閃爍的語調可能會惹惱某些人，但至少基於一個理由，這些段落還是值得讚賞的：雖然為時已晚，但日本終究為在亞洲發動侵略戰爭**以及**殖民統治而道歉。持平而論，日本是第一個，也是唯一一個為過去的殖民行徑而發出正式道歉的前殖民強權。迄今為止，沒有其他任何過去或現在的殖民帝國向先前殖民地的人民發出任何正式道歉聲明。[11] **即使是德國**這個歷史和解的模範生，常常被用來對比缺乏悔意的日本，至今尚未像它處理納粹個案時一般，勇於面對過去在納米比亞聲名狼藉的殖民統治。[12] 更有甚者，二〇〇一年時，聯合國曾資助於南非德班舉行「全球反種族歧視、仇外與相關的不寬容會議」，當時所提出的官方報告也是迄今為止，針對相關議題立場最明確的正式國際反省，但因前西方諸帝國的壓力，報告中凡是論及殖民主義的部分都被大舉縮減或淡化。[13] 就其呼應全球對殖民主義的道德重估這點觀之，日本的道歉確實帶有普遍主義的特質，反觀西方國家在承認殖民犯行時的猶豫不決，卻不由自主地透露出一種偏狹的地方性格。

〈村山談話〉另外值得注意的，是對日本的殖民表達了一種一般、普遍的歉意，並未指明任何受害者。這種**字面上**的普世主義，可說實際上打開了詮釋與政治行動的可能新局，而對於臺灣這樣遭到正式外交過程排除的受害者而言更是如此。換言之，〈村山談話〉中以普世主義架構出來的道歉，在有意或無意當中產生一種**包容**（inclusion）的政治後果——儘管那只具有象徵意義而已。

普世主義的精神——這就是從賤民的位置觀察到的，〈村山談話〉中的重要價值。除了為殖民主義而道歉之外，我們也注意到，在上述兩段文字中提出的四項承諾所含蘊的價值（不自以為是、負責任的國際協調、和平與民主）全都是普世主義的，而非特殊主義的，而這意味著這些價值與信念是包容的，而非排他的。然而〈村山談話〉援引崇高的普世價值的意義何在呢？

我們願意相信這意味著那兩段文字的起草人深深明白一個經常遭到忽略但十分重要的事實：發生在國與國、人民與人民間的歷史不正義，諸如侵略戰爭、殖民支配與種族屠殺等，絕對不只是歷史上的特定事件，而是體現了人類為惡的能力，並且可能於未來發生在任何其他國家或人民身上。為了避免這種不正義的再度發生，僅僅釐清與處理單一個案中發生在各當事人之間的歷史不正義，絕對是不夠的。我們也必須認識到做為**人類普遍之惡**的結果，歷史不正義可能在任何其他時間與地點被複製。鄂蘭一九六三年對耶路撒冷艾希曼大審判所提出的冷靜分析提醒我們，即使是像納粹大屠殺這樣重大的不正義也絕對不只是針對猶太人，而是**對人類所犯下的罪行**（crime against humanity）。[14] 如果沒有看清楚這件事情，就沒有辦法對過去的錯誤進行深入反省，也不可能有效地防止未來再度發生。所以我們不僅要竭力防止歷史上特定的加害者重蹈覆轍，也要阻止惡行在未來被加諸於任何其他國家或民族身上。

這一點對於所有歷史和解計畫——包含日本的〈村山談話〉在內——的相關當事各方都至關重要。悔過的加害國必須認知到，特殊主義式的歷史理解只會帶來特殊主義式的政治交換與暫訂協議，無法形成普遍有效的防範機制。然而必須要注意的是，承認歷史不義的普遍本質並不代表加害國就可以免除對特定犯行的實質責任，例如賠償與尋求真相等等。相反的，這個認知要求加害國除了履行自己的原始責任，還必須善盡另外一份**額外**的道德義務，也就是要獻身於超越特殊個案的普遍理想。

受迫害的國家與人民經常透過民族主義的稜鏡來詮釋加諸於自身的歷史不正義。這是完全可以理解，因為殖民地世界如中國、韓國與臺灣的民族主義，最初都是孕生在抵抗帝國支配的沸騰鍋爐之中的。但這個問題不應該只停留在民族主義，過度將受害經驗民族化總是會導向「自以為是」的看法，而這種看法很容易升高——或沈淪——為排外而具侵略性的民族主義。如果歷史不義只被理解為民族的怨恨或民族驕傲的斲傷，而不是涉及普遍人性價值的事物，那麼受害的國家或人民將無法，或者就只是不願意，將受害經驗轉換成道德資產，協助防止同樣的悲劇將來發生在其他人身上，因為他們認為自己的受害經驗是如此獨特與例外，以至於是不可能被複製的。此外，他們將不能，或者就只是不願意，把受害經驗轉化成**自我反思**的資源，因此就無法做出真正的承諾，或至少預先防止自己，不會在未來變成另一個加害者，欺壓更為弱小的人們。[15]我們不可忘記這個事實：既然受害者「自以為是的民族主義」[16]總是會想像自己的苦難是獨一無二的，因此也就難以用同理心瞭解他人蒙受的苦難，特別是對那些更為弱小且脆弱的人們。這是老生常談，然而卻是非常悲傷的老生常談。

對於最脆弱的受害國家或人民來說，普世化全球正義的原則，諸如和平、民主與防止核武擴散，是無比重要的事情，因為他們不只是過去的受害者，也是未來的不正義，特別是來自地緣政治協議強加的不正義，最可能的潛在受害者與最容易到手的獵物。在大多數時候，對於弱者而言，道德乃是實際的必需品。

無論是加害者還是被害者，我們都必須一起行動，以確保〈村山談話〉提倡的所有普世價值都在真正的普遍基礎上實現。也就是說，我們要確保這些價值不再被國與國之間試圖排除與宰制弱者的**現實政治**交易，拿來充當道德的假面。我們更應該確保所有良序的人民，特別是所有良序的**自由**人民（也就是擁有憲政體制以及民主自治的共同體）都能夠參與這些價值的實現。

無論如何，日本除了向所有受難的個人與集體的受害者致歉、賠償，並且持續揭露過去犯行的歷史真相之外，還應竭盡所能，在真正非排他與普遍的前提之下，實現〈村山談話〉中的各種承諾。我們相信，這是今天的日本在繼承因過去歷史錯誤所產生的民族責任時，道德上最具意義的方法。因為，在國際政治的無政府叢林中，再也沒有比將特定的歷史債務提升到對全人類的責任，乃至將它承接為自己的民族志業的身影，來得更高貴了。

行動提議：日本民主和平基金會

然而確切來說應該要做什麼才好呢？事實上，行動的思考線索早就蘊藏在〈村山談話〉的文本當中。文本將民主與不自以為是、國際協調、和平等三項價值並列為日本為保證過去的錯誤不會再犯，而向世界所做的承諾之一。這個有趣的事實饒富深意，因為它暗示「民主」與「有效防範悲劇」（也就是和平）之間有著**因果**關係。換句話說，從〈村山談話〉這些段落中，我們可以讀出它是以一種古典康德式的民主和平論為其理論基礎的。這是對〈村山談話〉刻意為之的善意詮釋，但它絕對不是一個不合理的解讀，因為許多深思熟慮的觀察家早已指出，戰前日本的威權政治制度與文化就是造成軍國主義的主要原因。[17] 在這個詮釋基礎之上，我們建議日本透過一個長期的（如果不是永久的）國際民主提倡計畫來兌現自己對民主和平的承諾，具體做法則可仿效美國的國家民主基金會（National Endowment for Democracy, NED）或英國的西敏寺基金會（Westminster Foundation），設立自己的日本民主和平基金會（Japan Foundation for Democratic Peace, JFDP）。

日本民主和平基金會這個想法受比利時前任外交部長米歇爾（Louis Michel）所啟發。他在二○○二年於比利時國會宣告將設立帕特里斯·盧蒙巴基金會（Patrice Lumumba* Foundation）以協助剛果民主的永續發展。[18]米歇爾所提倡的基金會是一種非常原創的賠償形式，目的在處理比利時一九六一年涉及剛果民選總理遇害的事件，它提醒我們一個更根本的事實：歷史和解不只是消極的修復（reparative），更是積極的**回復**（restorative）；它深植於過去，但指向於未來。對他們所毀壞的一切，加害者必須加以修補與培育。我們相信，日本欠世界一個民主和平的東亞，日本應該走向問題的根源，協助尋回失落的可能性，並且深耕未來。

還有一些其他的理由促使筆者提出這個建議。第一，當代民主理論的發展已經大大強化了民主和平論的有效性。傳統的康德民主和平論建立在個人利益的薄弱論證上：共和國比較不會傾向發動戰爭，因為這會危及所有人的利益。[19]當代民主理論則將重心置於一個獨立於國家與市場之外，並且傾向經由理性審議公共利益議題以形塑共識的自主公民社會之上。[20]就國內而言，富有公共精神而且理性的公民社會，事實上就是最好的民主守護者，得以防範獨裁或民粹主義的興起——不管是獨裁還是民粹主義，都很容易淪為〈村山談話〉當中所說的那種好戰的「自以為是的民族主義」。就國際而言，一個才剛浮現不久，但卻很活躍的全球公民社會網絡，也已經被證明為足以跨越國界而限制——如果說不上馴化——這類自以為是的民族主義。從一九九〇年代以來，國際民主倡議計畫的核心任務就一直是培育、協助與深化非民主國家中的公民社會。[21]我們相信，當代以公民社會為中心的國際民主倡議實踐也為〈村山談話〉提供了完美的行動典範。事實上，臺灣與韓國這兩個村山和解計畫的重要關係人，剛好也就是當代民主和平論的兩個最佳範例：兩個國家最初都拜活躍的公民社會之賜而走向民主化，而現在也都依循美國國家民主基金會的模式，致力於民主促進的計畫。[22]對於悔過的日本而言，共同參與東亞民主推動的努力以履行其承諾，幾乎是必要之務。

第二，筆者的提議也完全符合了日本戰後憲法的精神。讓我們在此引述日本憲法前言當中的兩段值得注意的文字：

> 日本國民期望持久的和平，深知支配人類相互關係的崇高理想，信賴愛好和平的各國人民的公正與信義，決心保持我們的安全與生存。我們希望在努力維護和平，從地球上永遠消滅專制與隸屬、壓迫與偏見的國際社會中，占有光榮的地位。我們確認，全世界人民都同等具有免於恐怖和貧困並在和平中生存的權利。
>
> 我們相信，任何國家都不得只顧本國而不顧他國，政治道德的法則是普遍的法則，遵守這

一法則是欲维持本國主權並同他國建立對等關係的各國的責任。[23]

這些文字，讓我們想起了一個深感內疚的人民想讓自己的國家在道德上重生的那份**初心**（しょしん，「初衷」的日語表現）。它們讀起來就像是對〈村山談話〉的評論——或者正好相反，〈村山談話〉其實是對《日本憲法》前言的評論？無論如何，《日本憲法》與〈村山談話〉的相互呼應，證明了一個日本的進步國際主義傳統的可能性。承諾的話語已經說出口，然而現在的問題在於如何兌現（honor）——如何讓這些話語藉由充滿想像力的行動，得以永久流傳（time-honored）。

第三，這同時也是一個**可行**的提案，因為日本政府早就在聯合國民主基金（UNDEF）的架構下持續推動促進民主工作，而且從該機構在二〇〇五年設立以來，日本也一直都是它最大的贊助國之一。就是在此脈絡下，日本外務省在二〇〇八年舉行了一場國際論壇「日本對人權與民主倡議的外交政策：挑戰與展望」(Japan's Foreign Policy for the Promotion of Human Rights and Democracy: Challenges and Prospects）。在這場論壇之中，許多學者與外交官針對一般性的議題與日本的角色這個特定議題進行了意見交流。[24]不過，日本迄今為止對國際民主提倡的參與，大多是對UNDEF呼籲的回應，而非自己主動倡議。此外，正如論壇的一位受邀講者中滿泉（Izumi Nakamitsu）教授[25]所批判的，聯合國的架構相當大程度地將日本的行動自由限制在較不具政治傾向，因而也就比較不重要的議題。她敦促日本政府應開始推動自己的民主提倡計畫，並且不受拘束地介入具有政治敏感性的議題。[26]上述這些稀少而珍貴的經驗，雖然只是初步而有限的嘗試，但卻已經為日本今後更積極參與這個領域預做了準備。行動與話語之間的距離，終究不是那麼遙遠。

中國僵局？

有些人可能會反對本文的提議，視之為天真，甚至會弄巧成拙。他們宣稱由日本所發起的民主提倡計畫只會產生反效果，引發更多與鄰近的威權中國之間的衝突，而不是修補關係，因為這樣的計畫必然會被中國政府視為高度挑釁，以及對內政的干涉。雖然我們承認這個憂慮確實有理，它所提醒的困難也確實存在，而且非常險峻，但我們相信仍有克服之道。

首先，我們所主張的，當然不是要日本政府以魯莽、自以為是的方式介入他國政務，而是要經由日本的公民社會網絡，以一種深思熟慮、細緻處理、低姿態以及（最重要的）長期的方式與這個國家的**社會**往來。這就是為什麼我們建議以美國的民主基金會為範本來設立日本民主和平基金會——前者是由美國國會成立的非營利組織，雖然由政府預算所資助，但經營者卻不是政府成員。首相村山富市為了補償亞洲慰安婦問題時所成立，帶有半官方色彩的亞洲婦女基金會（現已停止運作）也是另外一個可行的模式。一旦論及與中國交往的問題，這種以社會為核心的途徑特別重要，因為強大的威權國家早已被證明為是中國民主化的頑強阻礙。然而是否存在這樣的中國公民社會，能與日本、韓國與臺灣往來呢？

這個問題帶出了我們的第二個論點：近年來，中國已經出現一個雖小但卻充滿活力的公民社會，而這個新生的公民社會開啟了一個最重要——如果不是唯一——的切入點，使國際公民社會可以在民主的議題上與中國交手。根據中國發展簡報（China Development Brief, CBD）——一個針對中國公民社會的網路資訊平臺——在二〇一二年四月更新的非政府組織相關名錄，活躍於當代中國的非政府組織與非營利組織中，有四七三家由中國人設立，二九一家由外國人士設立，其專業範圍廣泛涉及各項公共議題。[27] 由於嚴苛的政府管控，中國處理政治敏感議題的組織相對稀少，自是可以理解。不過處理敏感度較低的議題，諸如環境與動物保護、難民救助、公共衛生、性別、貧窮援助、農業教育以及社區發展者，則發展得相當迅速。二〇〇八年四川大地震之後，草根的援助機構如雨後春筍般湧現，就是這個趨勢的良好例證。[28]

在威權情境中逐步現身的中國公民社會，正在向國家爭奪自主性。事實上，許多組織是所謂的「官辦非政府組織」(GONGOs; government-organized NGOs）。儘管如此，做為一個整體，中國公民社會仍然在很多政策領域中成功地對地方政府發揮了若干影響力。[29]

此外，我們也不應該忽視中國新生的公民社會乃是由本地與國際行動者共同構成這個事實。於中國發展簡報的名錄中清楚列名的，有二百七十個活躍於中國的國際非營利與非政府組織，其中有六十八個是跨國組織分設在中國的分部，九十七個來自美國，四十一個來自香港，十九個來自英國，德國與法國各七個，五個來自臺灣，四個來自澳洲，加拿大、荷蘭與新加坡各三個。（圖

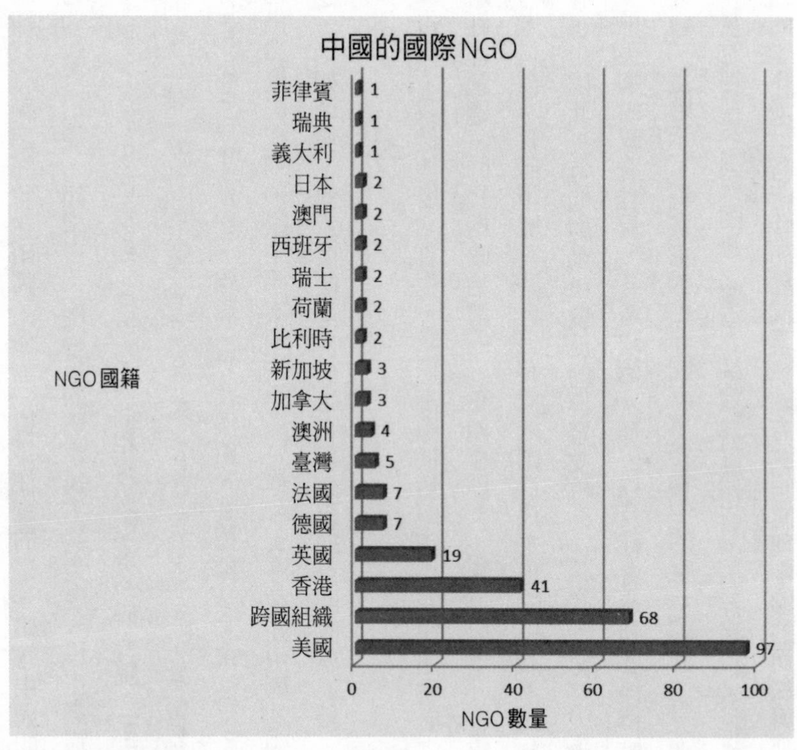

圖一 中國的國際NGO（二〇一二年四月）

資料來源：中國發展簡報（China Development Brief）名錄

一）近鄰日本卻只有兩個團體在中國工作。[30]值得注意的是，儘管中國的政治控制嚴苛，有著明顯政治隸屬的非政府組織，如來自美國國會的國家民主基金會、民主黨國際事務研究院（National Democratic Institute of International Affairs）與共和黨國際事務研究院（International Republican Institute），德國的康拉德・艾德諾基金會（Konrad Adenauer Stiftung，基督教民主黨）、海因里希・博爾基金會（Heinrich Böll Stiftung，綠黨）以及漢斯・賽德爾基金會（Hans Seidel Stiftung，基督教社會聯盟）也仍然登記在列。跟中國本地的組織一樣，大多數在中國的國際組織都處理政治敏感度較低的議題，例如環保、教育與衛生，但也有部分組織專門處理人權、政治與司法改革，甚至勞工問題。[31]

這幅圖像告訴了我們什麼？首先，我們不應低估中國正在快速發展中的公民社會網絡（目前大多專門處理社經議題）的長期政治潛能。正如Ottaway和Carothers所觀察到的，相較於直接倡導民主的團體，這類非政府組織有時會更有效地創造民主化的壓力，因為它們比較善於為人民的日常需求發聲，也因此更有能力動員廣泛的群眾支持。[32]其次，儘管中美之間存在著結構性與戰略上的對立，但美國的政府官員、各黨政治人物，以及社會運動者都積極、熱切地參與這個新生的中國公民社會。這暗示了現實主義絕非國際事務當中的唯一戲局。

第三，儘管有種種風險與困難，還是有國際組織在與中國互動時不避談高度政治敏感的議題。許多國際組織的工作者以有耐性與點滴累積的方式，處理中國的司法與立法的制度改革、選舉程序、公民教育、法律援助，甚至勞工權利等議題。第四，日本從一九八〇年代起，就供給中國大量的外交與經濟資源，而與此適成強烈對比的是，它在新興的中國公民社會所扮演的角色，至多也只能說是微不足道而已。這意味著過去三十年來，日本絕大部分都只在國家與市場的場域與中國交往，對公民社會則不聞不問。無怪乎兩國間的歷史爭論經常被投機的地緣政治交易所綁架：繫於戰略與市場利益的交往關係，必然會隨情勢或市場變化而波動。

來自國內外具有公民意識的行動者的努力，造就了中國公民社會的出現，而這個公民社會已在國家與市場之外，為日本打開了一個與中國往來的新管道。我們相信，這個新管道——也就是新興的公民社會——提供了一個比兩國領導人之間簽署的任何的**暫訂協議**都要更好、更有意義的方法，來促成兩國之間持久性的和解。唯有援助中國人民，並且和他們一起努力，透過真誠、穩固與持久的公共計畫，協助、療癒那些在一個快速變遷的國家中同時受害於國家與市場的人們，從而建立起具有自主性的公民社會，日本才能開始期待從那些因深受創傷而長期拒絕日本的中國人民手中，獲得某種**信任**。政治上所失去的信任，只能透過謙卑與文明性（civility），在社會中重生。這個邏輯同樣適用於臺灣與中國之間、韓國與日本之間、整個東亞，以及世界上所有其他被歷史憎恨撕裂的地方。中國的民主依然是遙遠的夢想，但這是值得集體追尋的夢，因為它是創造一個真正有意義的東亞共同體所不可或缺的基石。東亞共同體——這不是老掉牙的區域地緣政治集團委婉再包裝的口號，而是一個東亞公民社會的終極表現。現在正是日本跨出第一步的時候了。[33]

結語：正義做爲一種意志

本文以臺灣人身為地緣政治賤民的經驗為基礎，對〈村山談話〉這份政治文件進行刻意的道德解讀。在前述段落中，我們對〈村山談話〉中的悔恨之詞提供了康德式的詮釋，也提出了康德式的救贖行動方案。這不是天真，而是出於善意，並且真正相信以道德觀點理解政治事務的必要性，因為本文之寫作，旨在為促成一場真誠、平衡、開放，而且（最重要的是）包容的對話，以期為真正理解並修補那段困難的過去，略盡棉薄之力。為了真正理解，必須聽見受壓抑的聲音；為能稍做修補，必須重新標示與測度那些人跡罕至的道路。最終，我們都將因參與這場對話而成為康德主義者，並且體認到正義非關理論，而是人類行善的**意志**：

> 如果善與義都能以宏亮的聲響流傳，就足以證明，人性絕對不會淪落到無法用崇敬的心情聆聽這些〔善與義的〕聲音。Tum pietate gravem meritisque si forte quem Conspexere, silent arrectisque auribus adstant .〔如果他們能遇見一位因德行與服務而受尊敬的人，他們將沈默，並且站在一旁豎耳聆聽。（維吉爾）〕[34]

在權力與富饒之間，仍有一條杳無人跡的世間行義之道——而我們相信，對於真正悔改與重生的日本而言，這是一條值得跋涉的道路。

注釋：

1 霍布斯式的現實主義者重視權力的強弱大小，康德式的道德主義者堅持道德上的是非對錯，而阿基米德型的觀察家則抽離於具體歷史情境之外，冷眼旁觀。

2 John Rawls, *The Law of Peoples* (Cambridge, MA: Harvard University Press, 1999), 23-43.

3 二〇一〇年之前，針對日本戰前暴行而提起的八十九件法律訴訟案之中，只有八件來自臺灣，三十八件來自韓國，而中國提出了二十五件。在這八件由臺灣人所提出的訴訟之中，有六件是針對二戰時臺灣人擔任日本兵或軍事人員時所蒙受的傷害而提出賠償訴訟，只有兩件是針對日本的國家暴力（如臺灣慰安婦以及遭到不法隔離待遇的漢生病患者）。與此相對，韓國與中國有絕大多數控訴都是針對日本人戰爭時的動員與暴行。見內海愛子，〈附錄〉，《戰後補償から考える日本とアジア》（東京：山川出版，二〇一〇）。

4 根據日本交流協會（公益財団法人交流協会）在二〇〇八年所做的調查，三十八%的臺灣人認為日本是自己最喜歡的國家，只有五%的人選擇美國，三%選擇瑞士，二%選擇了中國。在同樣的調查中，六十九%的臺灣人認為自己情感上與日本非常親近。在二〇一〇年由日本交流協會所發布的相似調查中，將日本列為「最喜歡的國家」者提高到五十二%，美國為八%，而中國為五%（http://goo.gl/rv0mN1，最後查閱日期：二〇一六年六月三十日）

5 王育德，〈台湾と日本の間〉，《台湾青年》三三五期（一九八八），頁二十六至二十七。

6 一九九二年，為了與中國建交，南韓與臺灣斷絕邦交。在宣布臺韓斷交當天，南韓政府在沒有任何事前警告下，即將所有臺灣外交人員驅逐出境，同時也將臺灣政府於南韓所購置的各種不動產，包括大使館本身，立刻移交給中華人民共和國，效率之高令人印象深刻。二〇〇七年三月，南韓籍的聯合國祕書長潘基文拒絕臺灣申請加入「消除對婦女歧視委員會」（Committee on Elimination of Discrimination against Women），並主張臺灣是中華人民共和國的一部分。二〇〇七年七月，當潘基文拒絕時任臺灣總統的陳水扁為國家提出的申請信時，對媒體重申臺灣是中國的一部分。根據維基解密二〇一一年九月提出的一份電報，當時一些西方國家（包括美國）都向聯合國提出抗議，要求撤回這項說法。參見 “UN Told to Drop ‘Taiwan is Part of China’ Cable,” *Taipei Times*, September 6, 2011,

http://goo.gl/cBiWE 最後查閱日期：二〇一六年六月三十日。

7 波多野澄雄，《国家と歴史：戦後日本の歴史問題》（東京：中公新書，二〇一一），頁八十至八十二，九十八至九十九。

8 一九九八年十月，當時的日本首相小淵惠三與來訪的韓國總統金大中發表「朝向二十一世紀的新日韓夥伴關係」共同宣言，兩國政府決定官方層次的歷史清算談判正式結束，今後將致力於未來友好關係的構築。一個月後，小淵再與訪日的中國國家主席江澤民發表「為了和平與發展的友好合作夥伴關係」共同聲明，不過江澤民因不滿聲明中沒有道歉或謝罪的字眼而拒絕簽名，小淵也因此沒有簽名，成為一份無署名之聲明。二〇〇二年，基於日韓兩國領袖會談之合意，「日韓歷史共同研究委員會」成立，正式展開歷史對話，二〇〇五年發表第一次報告。第二回共同研究從二〇〇七年持續到二〇一〇年，並於同年發表第二次報告。二〇〇六年，安倍晉三首相與中國胡錦濤主席達成協議，成立「日中（中日）歷史共同研究委員會」，二〇一〇年發表正式研究報告。雖然兩個官方共同聲明日後陸續被韓、中政府推翻，而共同歷史研究也未能達成共識，但此種官方和解嘗試依然具有深刻歷史意義。參見波多野澄雄，《国家と歴史》，第九章。

9 許昭栄，《知られざる戦後元日本軍・元国府軍台湾老兵の血涙物語》（高雄市：鄭自財，二〇一二）。

10 此處引文取自日本外務省的正式中文版本。參見 http://goo.gl/TucrMA 最後查閱日期：二〇一六年四月二十四日。

11 本文所謂殖民主義係指海外帝國對殖民地人民進行剝削支配的形式，不過加拿大、澳洲與紐西蘭都曾經為了過去白人移民對原住民施加的**內部**的殖民支配而道歉。參見 Mark Gibney, Rhoda E. Howard-Hassmann, Jean-Marc Coicaud, and Niklaus Steiner eds., *The Age of Apology: Facing Up to the Past.* (Philadelphia: University of Pennsylvania Press, 2008), part II & III; 永原陽子編，《「植民地責任」論：脱植民地化の比較史》（東京：青木書店，二〇一〇）。

12 Leonard Jamfa, "Germany Faces Colonial History in Namibia: A Very Ambiguous 'I Am Sorry,'" in *The Age of Apology* , ed. Mark Gibney et al., 202–215.

13 對於人類因殖民主義所受的苦難，報告的第九九條只表達了「遺憾」，而在第一百條要求加害國正式道歉與賠償的罪行列表中則移除了殖民主義。參見 "The Report of the World Conference against Racism, Racial Discrimination, Xenophobia, and Related Intolerance," 47, http://goo.gl/NdpNU5 最後查閱日期：二〇一六年六月三十日，也請參考永原陽子編，《「植民地責任」論》，頁十。

14 Hannah Arendt, *Eichmann in Jerusalem: A Report on the Banality of Evil* (New York: Penguin, 1964).

15 立即浮上心頭的，是以色列國家正在對流離失所的巴勒斯坦人民，以及中華人民共和國正在對圖博人、維吾爾人與內蒙古人民（如果不談臺灣人的話）的所作所為。

16 前引中文版文本中雖作「自以為是的國家主義」，但「國家主義」的譯法有待商榷。該句日文原文是「独善的なナショナリズム」，英文版譯文則是「self-righteous nationalism」，「ナショナリズム」即 nationalism 一詞之外來語表現，在當代中文社會科學專業中則一般譯為「民族主義」或「國族主義」，甚少譯為「國家主義」，因易與 statism 混淆之故。基於上述理由，本文雖在引文中維持原官方

中譯，但在正文中改用「自以為是的民族主義」，以便與論證呼應。

17 丸山真男，《現代政治の思想と行動》（東京：未來社，一九七七〔一九六四〕）。

* 譯注：盧蒙巴是剛果在比利時殖民時期的民族解放運動領袖，曾在一九五八年協助設立第一個全國性政黨。他在一九五九年時領導了一月的民族獨立運動。一九六〇年六月，剛果宣布獨立，盧蒙巴是第一任的民選總理並兼任國防部長。同年九月，剛果發生政變，盧蒙巴遭到軟禁。十一月，當盧蒙巴嘗試潛逃時，遭到政變軍綁架，並在一九六一年一月遇害。

18 Paul Kersterns , "'Deliver Us from Original Sin' : Belgian Apologies to Rwanda and the Congo," in *The Age of Apology* , ed. Mark Gibney et al.,187–201. 但比利時迄今仍未履行這項承諾，令人感到遺憾。

19 Immanuel Kant, "Perpetual Peace: A Philosophical Sketch," trans. H. B. Nisbet, in *Political Writings*, ed Hans Reiss(Cambridge: Cambridge University Press. 1795〔1991〕), 93–130.

20 Andrew Cohen and Jean L. Arato, *Civil Society and Political Theory* (Cambridge, MA: MIT Press, 1994); Juan L. Linz and Alfred Stepan, "Toward Consolidated Democracies," *Journal of Democracy* 7:2 (1996), 14-33.

21 Thomas Carothers, *Aiding Democracy Abroad: The Learning Curve* (Washington DC: Carnegie Endowment for International Peace, 1999) ; Marina Ottaway and Thomas Carothers, eds., *Funding Virtue: Civil Society Aid and Democracy Promotion* (Washington DC: Carnegie Endowment for International Peace, 2000).

22 臺灣民主基金會設立於二〇〇三年；韓國民主基金會則創設於二〇〇一年。

23 本段引文取自日本駐華大使館提供之日本憲法中譯版本。參見 http://goo.gl/dDOYgN 最後查閱日期：二〇一六年六月三十日。

24 關於該場會議的正式報導與相關資料可參考 http://goo.gl/DMHZ2d。

25 前一橋大學教授，現任聯合國副祕書長與聯合國發展計畫（UNDP）副執行長，領導發展計畫之危機回應小組（Crisis Response Unit）。

26 參見注 24，report, 81-84.

27 http://goo.gl/S5DKr0 最後查閱日期：二〇一六年六月三十日。不過實際總數應該遠高於此。ＣＤＢ在二〇一六年六月更新的名錄則列有三四一三個機構，其二五六四個為國內機構，三六九個為境外機構。參見 http://goo.gl/5ouDwq 最後查閱日期：二〇一六年六月三十日。

28 Shawn Shieh and Deng Guosheng（謝世宏／鄧國勝）, "An Emerging Civil Society: The Impact of the 2008 Sichuan Earthquake on Grass-Roots Associations in China," *China Journal* 65(2011), 185-186.

29 Shieh and Deng, Ibid, 187-194; Caroline M. Cooper, "'This Is Our Way In' : The Civil Society of Environmental NGOs in South-West China." *Government and Opposition* 41:1(2006), 109–136; Bonny Ling, Wing Lam, Elizabeth Wickeri, and Tina Tan, "China's Civil Society: Controls, Limits

and Role in a 'Harmonious Society.'" *China Perspectives* 3(2007), 118–125.

30 這兩個日方機構分別是中日公益伙伴(Japan-China Civil Society Network, CSnet)以及日本水生態協會(Japan Water Guard, JWG)。(請參考中國發展簡報的名錄 http://goo.gl/S5DKr0)

31 與特定政黨有關的非政府組織，例如民主黨國際事務研究院、共和黨國際事務研究院以及康拉德・艾德諾基金會都會處理諸如擴展中國立法參與以及鄉村選舉改革等議題。瑞典的羅爾瓦倫堡研究所(Raoul Wallenberg Institute)專注在中國的法律改革問題，國際司法橋梁(International Bridges of Justice)則提供被告的司法協助。(參見中國發展簡報名錄 http://goo.gl/S5DKr0)

32 Ottaway and Carothers, *Funding Virtue,* 302, 309.

33 二〇一三年習近平正式接任中國國家主席以來，對公民社會的控制與鎮壓日益加強。二〇一六年春天以來，中共更先後通過《慈善法》與《境外非政府組織境內活動法》，進一步限縮公民社會的行動空間，也加深了國際公民社會與中國公民社會連結的困難。然而政治壓迫的增強無損本文基本論旨，筆者深切期待中國公民社會的復甦與茁壯。

34 Immanuel Kant, "On the Common Saying: 'This May Be True in Theory, but It Does Not Apply in Practice.'" trans. H. B. Nisbet, in *Political Writings,* ed. Hans Reiss, 61–92. 拉丁文為康德引用古羅馬詩人維吉爾的話。

8. 最高貴的痛苦
——大江健三郎《廣島札記》和《沖繩札記》中的日本鄉愁

……清楚地認識到「加害／被害」關係的重層性，也因此更有能力發展出一種真正普遍主義的道德立場。每一個加害／被害關係都是歷史的，特殊的，然而正義的原則是普遍的。

You can' t go home again.

——Thomas Wolfe

Sedulo curavi, humanas actiones non ridere, non lugare, neque detestari, sed intelligere.[1]

——Spinoza, *Tractatus Theologico-Politicus*, Book1, Part 4.

一

德國哲學家赫德（Johann Gottfried Herder）說：「鄉愁是最高貴的痛苦。」[2]在赫德詩意的表達中，「鄉愁」是民族主義（nationalism）的隱喻，意味著對政治共同體的歸屬感。哲學家教導我們，對共同體的鄉愁觸及了人類處境的核心問題，然而只有詩人之眼才能為我們捕捉它的多重面貌。有時鄉愁表達喪失的憂傷，如海涅的〈在異鄉〉：我曾有過一個美麗的祖國。有時鄉愁訴說流亡的絕望，如達維什（Mahmoud Darwish）的〈大地正在吞噬我們〉：越過最後一片天空之後，群鳥該往何處飛翔？有時鄉愁是憤怒，如葉慈的〈復活節．一九一六〉：恐怖的美誕生了。有時鄉愁是禮讚，如惠特曼的〈在湛藍的安大略湖畔〉：在我們眼中，在我們自身之中，最美麗的我們。有時鄉愁是一種愛恨交織，同時的拒絕與接受，如布洛克（Alexander Blok）的〈俄羅斯與我〉：俄羅斯與我，我們非得承受同一命運不可嗎？

然而有時鄉愁是一種曖昧的著魔（ambiguous possession），如大江健三郎翻來覆去，永不休止的書寫、注解與再書寫，關於自己／日本的美麗與醜陋。

二

大江健三郎是小說家，小說是詩的形式之一，所以大江健三郎也是一位詩人。此外，大江健三郎還是一位重要的公共知識分子（public intellectual）。他對公共事務發言所使用的主要文類是隨筆，而大江政治隨筆的代表作，就是《廣島札記》和《沖繩札記》。這兩冊政治隨筆的形式看似報導（reportage），實質上卻是某種兼具敘事與抒情的連作詩篇。[3] 大江政治隨筆的詩的性格，不僅表現在他所使用的日文所特有的音樂性反覆（musical repetition），也表現在書中隨處可見的敘述者「僕」的長篇獨白，某種類似私小說式的情緒裸露。音樂性地反覆，反覆地自我裸露，裸露極私密的情感，關於日本的，對於日本的，痛苦的，輾轉反側的告白——如果我們進入大江隨筆的文字深處，我們或許會以為自己正在閱讀奧維德（Ovid）的《一個放逐者的哀愁》（*Tristia*）。

做為一種私小說風格的詩的二部曲，《廣島札記》、《沖繩札記》與大江所有的小說作品是不可分割的，然而隨筆的形式使得它們的政治介入（political intervention）性格特別明顯。表面上這似乎構成了一個詭論（paradox）：企圖介入「公」領域的「私」小說。然而事實上，大江隨筆中這種公私界線的模糊，自我與群體的相互滲透，以及「僕」的感覺與「日本」的情緒的重疊，正好構成哲學家漢娜．鄂蘭（Hannah Arendt）所謂nation的特徵——公與私之間不止息的相互流動。[4]正因為如此，這兩冊隨筆就成為觀察大江健三郎對日本這個nation所懷抱的「政治的鄉愁」絕佳的素材。

三

做為大江健三郎日本鄉愁論的二部曲，《廣島札記》和《沖繩札記》的主題是重疊、連續，而且循環的（circular）。在某種記號學的意義上，我們可以將這兩冊隨筆閱讀成一個迂迴的道德旅程——一個始於日本，朝向日本的認同之旅。讓我們簡單描繪這個旅程的輪廓。在日本列島核心部的廣島，純真的旅行者因目睹戰爭加諸日本人的狂暴死亡而受到驚嚇，並因此而覺醒到惡的存在（rude awakening to evil），但他同時也見證到死亡之後的重生與惡所激發的善——一種純然屬於日本人的生命力與向善的意志。對於「日本人的善」的體驗，在旅行者的體內預先蓄積了必要的道德能量，使他有勇氣順著死亡陰影落下的方向，繼續他的旅程。心中帶著廣島，旅行者走向外部，走向沖繩。在心中的廣島支撐下，旅行者初次認識到沖繩對日本的拒絕，並且在這個拒絕之中，認識到那條劃出他者與自我界限的裂縫。旅行者無法逾越這條界限；他只是借用了他者／沖繩的傷痕來映照自我／日本的罪。以沖繩為路標，獲得了關於善與惡的經驗的旅行者，想要尋找一條回歸真正的、純淨的自我／日本的道路。旅行者並不知道確切的道路，但他懷抱希望，因為他的心中有廣島。

所以「廣島」是大江敘事的原點——時間、空間與精神上的原點。時間上，我們的故事必須從一九四五年八月六日的廣島原爆說起；空間上，我們的旅程必須從廣島廢墟的 ground zero 啟程；精神上，我們不能不先見證在廢墟中誕生的，我們日本人的善，然後我們才能走向沖繩。沖繩是廣島的延伸與變形，一個必要的，做為方法的他者。

四

《廣島札記》記錄大江健三郎與善的邂逅，不過這場邂逅的背景是惡。現身於札記之中的惡有兩層面貌：表層是美國人加諸於日本人的原爆地獄，底層則是導致原爆悲劇的，戰前日本人自己打造的戰爭地獄。《廣島札記》當中善的登場，因此也具有兩層意義。表層的意義是，與原爆之惡直接對峙的，普遍的人類的善。深層的意義是，與日本自身的惡進行暗默之對峙（tacit confrontation）的，特殊的日本自身的善。在這層意義上，《廣島札記》中善的現身，是為了回應廢墟裡的英雄金井利博氏的這個質問：

根本的には、汚れた日の丸から清潔な勇気を、どうしたらひきだせるかということではないでしょうか。[5]

根本上，不就是要怎樣才能從被玷汙的日之丸旗中引導出潔淨的勇氣這個問題嗎？

也就是說：從玷汙了的日之丸旗中，如何提煉出潔淨的勇氣？戰後日本的進步知識人所面對最深刻的道德困境，因此不是懺悔，而是以下這個問題：如何面對自己國家的罪責，而又能同時保有對這個國家的認同？在「My country, right or wrong」（我的國家，無論對或錯）之外，有沒有一種可以洗滌國家的罪，可以擡頭挺胸地說：「My country is right and I am proud of it!」（我的國家是對的，是我的驕傲）的選擇？《廣島札記》的作者告訴他的日本同胞，讓我們可以做為日本人而繼續活下去的「清潔的勇氣」，存在於一群在原爆廢墟中努力生存下去的「真に広島的な人間」（真正的廣島之人）身上。

五

「真に広島的な人間」是《廣島札記》的關鍵字。這個語詞指涉具體的人：一群原爆的受害與倖存者，他們為了救援、療癒、生存，並且防止原爆悲劇再度發生，而腳踏實地地、有耐性地工作、生活，並且與病魔和死神搏鬥。這個語詞也指涉體現在這些具體的人身上的道德品質。我們可以從大江的紀錄之中歸納出三種「真に広島的な人間」的原型。

第一種原型的代表人物是原爆病院的重藤文夫院長，他所體現的主要品質是「人的威嚴（尊嚴）」與「堅強的忍耐力」。重藤院長是《廣島札記》的 Rieux 醫師[6]，他不只要有耐性地從事原爆醫療的工作，要忍耐面對患者不斷死亡的痛苦，也必須不計毀譽，參與充滿權謀的政治過程，來推動被爆者援助正式立法的政治目標。這個原型的另一種品質是「不屈服」，體現在包括重藤院長在內，一群即使自身受爆，仍然奮勇救護其他受害者的廣島醫生身上。大江稱呼他們為「屈服しない人々」（不屈服的人們），因為他們不屈服於原爆之惡，堅持以善的意志追求災後的恢復與再生。[7]

第二種原型的代表人物是《中國新聞》的金井利博論說委員，他所體現的品質是「踏實」與「初心不忘」。金井氏是在廢墟中誕生的真正的公共知識分子，他腳踏實地，永遠從受爆者立場的原點思考，並且總是提出具體建議，不做空洞的議論。儘管他並不信任被黨派介入的和平運動群眾集會，但他仍然積極參與所有黨派的集會，並且試圖以具體行動方案克服黨派造成的分裂，促使全民共同行動。這正是另一位「真に広島的な人間」浜井市長所說的，「回歸廣島的初心」的和平運動。這種從自身具體受害經驗，而非意識形態教條或黨派立場出發的思考與行動方式，嚴厲批判了對日本所有陷入教條宗派主義鬥爭的國民運動。對於大江而言，以自身受災經驗為基礎，以受災者的救援為本，超越意識形態教條的思考與行動，正是廣島這種「宿命之地」的獨特性格。[8]

第三種原型的代表是與病魔搏鬥的被爆者們。他們所體現的品質，主要是某種存在式的勇氣與尊嚴（existential courage and dignity）。有一種是被大江描述為「それでもなお自殺しない人々」（至此仍不自殺的人們）以及「死への闘いを続けている人々」（持續與死搏鬥的人們）的那些在死亡陰影下，仍然進行知其不可為而為的，薛西弗斯式（Sisyphus）的抵抗鬥爭的人們，例如以將死的病弱之軀參與反核武運動的原爆病院病人宮本定男。[9] 然而也有一種充滿尊嚴的自殺者，例如那位因蘇聯重新展開核子試爆而企圖切腹自殺表達抗議、但因病弱而未能成功的被爆者老人。大江稱這位失敗的自殺者為「もっとも威厳のある日本人」（最威嚴的日本人），因為他認為在核武當道的時代苟活是一種恥辱。他的尊嚴，或者威嚴，源於他的知恥和拒絕受辱。[10]

大江將這三種「真に広島的な人間」的原型統稱之為「正統的な人間」。這裏，「正統的な」指的不是orthodox，而是true，而且是morally true，也就是「真正具有道德性的」的意思。因此「正統的な人間」就是「真正的人」（the truly human），或者「真正具有道德性的人」（the truly moral）。「正統的な」因此也可以理解為 right 或 righteous。在這個意義上，所謂「正統的な人間」就是聖經中所說的「義人」（the righteous）。正因為「真正的人」的品質是從廣島獨有的受爆經驗中提煉出來的品質，因此他們當然也就是「真に広島的な人間」。大江如此總結了「廣島的義人」的品質：不過度絕望，也不過度希望，然而直到最後也不屈服，以務實的態度面對原爆受災的悲慘後果，以高度的毅力與忍耐力，每天腳踏實地工作、生活的人們。[11]

六

《廣島札記》是一種非常內向的寫作，記述一種極端內向的經驗，讓人讀來彷彿在觀看布萊希特的教化劇（das Didaktisch Theater）。作者眼光是向內的，他的注意力集中在「內部的受害」經驗及其道德意義。「原爆」被描寫成彷彿像是瘟疫一般的不可抗力，突如其來的天災，然而對「天災」成因的追究卻停止於「核兵器」（彷彿核武會自動殺人），對於更深層的原因（戰爭）與更複雜的道德問題（原爆被害者同時涉及的戰爭責任）則完全存而不論。原爆發生前後的歷史被一線劃開，之前的事情被擱置，只追究之後的狀況，於是被爆者的生存鬥爭被描繪成像卡繆的《瘟疫》（*La Peste*，一九四七）一樣，由自然的極限狀態所創造的某種存在主義式的道德劇。這種內向的書寫策略創造了具有張力的場景，但是這是一齣被簡化，乃至被抽象化的道德劇，因為導致原爆發生的歷史脈絡被切割、抽離，場景只剩下被原爆瘟疫圍城的 Hiroshima-Oran，以及城裡人們求生與面對死亡的苦鬥。這些當然是一九四五年八月六日以降發生在廣島的重要場景，但它們不是完整的故事。特洛伊也被圍城，但是荷馬的《伊利亞德》(*Iliad*)不也是從頭說起，從外部說起，從圍城的不道德的起源（英雄之怒）說起嗎？[12]

然而在《廣島札記》之中，關於原爆道德劇的不道德起源，以及導致戰爭的英雄之怒的記載，確實是存在的——以一種 subtext（次文本）的方式，存在於如「玷汙的日之丸旗」這類隱喻之中，以及大江寫作這部道德劇所使用的時間策略之中。

七

僕は原水爆被災白書の運動に参加する。そして僕は、重藤原爆病院長をはじめとする、真に広島の思想を体現する人々、決して絶望せず、しかも決して過度の希望をもたず、いかなる状況においても屈服しないで、日々の仕事をつづける人々、僕がもっとも正統的な原爆後の日本人とみなす人々に連帯したいと考えるのである。[13]

我參加了起草原子彈與氫彈受害白皮書的運動。從重藤原爆醫院院長開始，這些人真正體現著廣島的思想，絕不絕望，但也絕不懷抱過度希望，在任何情況下都不屈服，每日持續不懈地工作。我把這些人看作是最正統的原爆後的日本人。我想要與他們建立連帶，團結在一起。

「最正統的『原爆後』的日本人」這個語詞暗示了另外有一種「原爆前」的日本人的存在。「原爆後的正統日本人」是在原爆之後，在原爆的廢墟上，通過原爆地獄的道德試煉後才出現的新的日本人。他們與「原爆前」的日本人的差異不在人種，而在道德。大江認為「原爆後」的日本人是「最正統的人」，並選擇與他們建立連帶關係。透過這個行動，大江對「原爆前」的日本人做出了道德評價：義人們所現身的廣島／日本上空，飄盪著所多瑪和蛾摩拉的暗影。

「最正統的『原爆後』的日本人」不是憑空出現的。他們是在「原爆前的日本人」這個母體之中誕生的。他們是道德上瀕死的母體中新生的「善」的細胞。然而這些新生細胞的數量還很少，力量還很薄弱，因此必須使他們壯大，擴散到母體全身，才能改變整個母體的道德體質。為了達到這個目標，大江選擇加入廣島義人們的和平運動，希望使之擴展為真正的全體國民的運動，從而改變整個日本國民的道德體質。這是大江健三郎進步的日本民族主義（progressive Japanese nationalism）之望鄉宣言。

所以對大江而言，「原爆」是一個必要的詭論（paradox）：它既是民族的災難，也是民族重生的契機；它既是「絕對的惡」[14]，但也孕生出新的「善」。如此，以一種逆說的方式（paradoxically），「原爆」成為大江得以重新認同日本和日本人的契機。換言之，廣島的義人們以受難、以及在受難中的道德表現，清洗了日之丸旗上的汙點，換來整個日本民族重生的契機。

然而為了重生，為了獲取新生，原爆的「前」與「後」必須被設想為一種深刻的、本質性的道德上的斷裂，彷彿聖經中大洪水前後人類所經驗過的道德體質的轉換。因此「原爆」必須被設想為某種創造性的破壞的、起源性的事件，如《同時代ゲーム》（同時代的遊戲）中「**壞す人**」（破壞者）那場導致移居山谷的部落重新誕生的爆破[15]，或者被設想為某種重構存在基礎的根本性事件，如柏拉圖所說的「二度出航」（second sailing）。[16]它不能只是一般規格的「惡」，與傳統戰爭導致的殺戮、征服、奴役並列，而必須是一種獨一無二的，*sui generis*的、原創而終極的惡，因此大江必須把原爆規定為一種壓倒了其他諸惡的「絕對的惡」。所謂「絕對的惡」，因其絕對性而擱置了在此之前的道德史，使在此之前的道德清算（moral accounting）全面歸零。它造成的災難如此巨大深刻，使得歷史必須從此刻開始重新書寫，是非善惡的帳簿必須從此刻開始重新計算，因為在這地獄般的境遇中，受害者的過去被不由分說地一筆勾消，只剩下如何「有尊嚴地生存下去」這個唯一的課題。新的道德，就是在這個廢墟，這個地獄般的ground zero之上被創造出來的。我們需要一個如此深刻絕對的惡，來創造出如此絕對深刻的善。為了重生，我們需要死亡，死亡抹煞一切，讓一切可以從頭來過。原爆是死亡的化身，它終結廣島人／日本人的前史與前世，逼迫他們重新活過。原爆開啟的時間因此必須在善惡二元論的架構中理解，而原爆之前的日本人的道德史，那些瑣碎複雜的關於諸小善小惡之交錯的，灰色的，曖昧的道德複雜性（moral complexity）

現象，必須被以現象學的方式予以存而不論（bracketed）。[17]

所以「廣島原爆」必須是壓過一切歷史與當代的惡——包括猶太人的浩劫（holocaust），以及亞美尼亞和盧安達的種族滅絕（genocide）——的「絕對的惡」。只有如此設想，才能為日本創造道德上的斷裂，才能從頭來過，才能重生。做為邏輯上的必然結果，絕對的惡導致獨一無二的歷史經驗。現實中，這意味著絕對的惡的受害體驗，成為新的日本特殊性論說的基礎。換言之，絕對的惡成為新的進步的日本民族主義關於「日本的善」之論說基礎。如此想像廣島，大江健三郎也確認了自己是日本人的小說家。[18]

八

確立了和廣島的義人們的連帶關係，得到了來自我們的母體內新生的「潔淨的勇氣」的祝福和鼓勵，我們感到力量湧現，於是我們循著廣島上空爆裂的輻射塵擴散飄落的方向，繼續尋找尚待救贖的廢墟，尋找廢墟中抵抗的義人。我們充滿希望與勇氣——還有善意——我們要擴大連帶關係，和全日本的義人們站在一起，和他們一起戰鬥，一起驅魔，直到原爆與戰爭的惡靈永遠從我們的日本消失，直到日本成為一個為義人們的連帶關係所重新團結起來的公義的國度（righteous nation）。所以我們來到了沖繩，那個同時覆蓋著廣島原爆與美軍核武雙重陰影的，邊境的廢墟。

然而在沖繩我們遭遇到了拒絕。我們開始認識到原來那條隔開「本土」與沖繩的國境線——

那條地緣政治上的虛線，竟然是情感上的實線。沒有克服沖繩對日本的拒絕，就無法建立沖繩與日本的連帶關係，然而要克服沖繩的拒絕，卻不得不先放棄日本對沖繩片面的連帶關係要求。所以我們儘管踏出了國境，進入了沖繩，但卻不能莽撞地跨越那條沖繩人的情感的界線。我們必須承認這條界線，接受這條界線隔開了「他們」和「我們」的事實。我們必須謙遜地停在這一端，透過沖繩人的目光觀看他們自己和我們，在沖繩人觀看我們的目光中尋找沖繩人拒絕我們的根源。我們會看見那面玷汙了的日之丸，還有隱身在廣島原爆道德劇背後的，所多瑪和蛾摩拉的歷史。然後我們會體悟到沖繩終究不是廣島：在廣島，我們在美國人的惡之中發現我們的善，然而在沖繩，我們卻在沖繩人的善之中見證我們的惡。重層的加害與被害關係之中不會產生自發的連帶關係，所以沖繩之旅終究只能是迂迴朝向日本的旅程：透過受到我們侮辱與損害的人們的目光，我們看見印刻在我們的母體上的、我們的共同的罪的印記。在他們的目光之中，我們確認了我們的罪，同時也因此再一次確認了「我們」的存在，以及「我們」之間的連帶關係。然後我們會體悟到，沖繩終究還是廣島。

所以在大江的精神之旅當中，「沖繩」先後以兩種面貌出現：從最初的「我的延伸」(extension of self) 迅速轉變為「我的異化」(estrangement from self)。然而從「延伸」到「異化」，日本為主、沖繩為從的附庸結構始終不變。沖繩始終只為了日本而存在——為了認識日本，救贖日本，完成日本而存在。這就是「沖繩」的功能：一個方法論上的他者（methodological other），用來注解與詮釋、用來對比與彰顯，用來確認與再確認「自我／日本」。因此《沖繩札記》既是《廣島札記》的「殖民地的延伸」（colonial extension），也是其「殖民地的變奏」（colonial variation）。在這個迂迴曲折的延伸與變奏之中，我們清楚讀到大江健三郎朝向日本的「持續之志」：

僕がここに書きつづけてきた、沖縄を核として、日本人としての自己検証をめざすノート、そもそものはじめから自分がくりかえしてきた、日本人とはなにか、このような日本人ではないところの日本人へと自分をかえることはできないか、という内部への問い、、[19]

我在此一頁頁寫出來的，以沖繩為核心，目的在進行一次做為日本人的自我省察的札記，……本來就是在我內心反覆追問的問題：「所謂日本人是什麼？能不能把自己變成不是這樣的日本人的日本人？」

九

一九六七年秋，帶著純真的善意與熱情，帶著廣島義人的「清潔的勇氣」，和平運動者大江健三郎為了探訪原爆受害者而二度造訪沖繩。然而在石垣島，大江從反復歸派的詩人新川明口中聽到這樣令他震驚的話：

拒絶することが必要なのだ、日本を、日本人を拒絶しなければならないのだ……君はなんのために沖縄へ来るのか。[20]

必須拒絕。非拒絕日本、拒絕日本人不可……你到沖繩來幹什麼？

沖繩義人拒絕連帶的眼神，從此魅惑著（haunted）敏感的大江健三郎，而「沖縄からの拒絶」也成為他整個沖繩思考的分離點／起點（point of departure）——借用大江巧妙的修辭來說，拒絕促使他脫離了「沖繩屬於日本」的主流想法，轉向「日本屬於沖繩」（日本は沖縄に属する）。何謂「日本屬於沖繩」？這個謎樣的命題的意義是：日本今日的自立建立在沖繩的犧牲之上，沖繩為日本承擔苦難，付出代價，因此日本在道德上對沖繩有所虧欠（morally indebted）。所以說「日本屬於沖繩」。[21]

「沖繩屬於日本」延續戰前的內地延長主義，是一種殖民母國的本位主義，然而「日本屬於沖繩」並非其反命題（antithesis）。「日本屬於沖繩」具有反省精神，因為它試圖包容沖繩的立場，然而它終究還是以日本為中心的目的論思考（teleological thinking），因為它設定了沖繩的苦難是「日本のため」（為了日本），而非「日本のせい」（受日本之害）。新川明的「沖繩的拒絕」才是內地延長主義的反命題。它是植基於沖繩人對「日本のせい」反省經驗的真正的沖繩主體思想。大江所提出的「日本屬於沖繩」，則是在懺悔的道德基礎上，試圖統攝「歸屬」與「拒絕」這兩個正反命題的「合」命題（synthesis）。這是一種由外而內，從邊緣向中心的連帶關係策略。或者說，試圖迴避分離的去殖民策略（decolonization without secession）。

做為由外而內，由邊緣而中心的連帶關係策略，「日本屬於沖繩」試圖描繪我們可稱之為「沖繩的日本」的畫像。「沖繩的日本」意指「沖繩眼中的日本」，也就是做為加害者，做為殖民者的日本。在這個意義上，沖繩是映照日本自我的明鏡。它也意味著「沖繩不再拒絕的日本」，也就是贖罪、淨化、重生、去殖民主義化之後的日本。在這個意義上，沖繩是提醒日本自我改造的道德警鐘（moral reminder）。所以「沖繩的日本」是大江健三郎在沖繩之鏡中所看到，以及所想要看到的，過去、現在，還有未來的日本人像——或者說，祭司大江健三郎如此反覆吟誦的咒語所欲召喚的，日本人的鏡中的多重自我：

日本人とはなにか このような日本人 ではないところの日本人へと自分をかえることはできないか[22]

所謂日本人是什麼？能不能把自己變成不是這樣的日本人的日本人？

十

「你來沖繩做什麼？」

「我來到沖繩思考日本。」

所以《沖繩札記》不是沖繩論，而是以沖繩為對照，從沖繩折射的、逆說的日本／日本人論。具體而言，這冊逆說的日本／日本人論是隨著大江對「沖繩的拒絕」的各種姿態的探索過程而逐步開展的；在每一個「沖繩的拒絕」的身影中，我們都讀到日本人的容顏。

比方說，大江想討論「朝向多樣性」。[23] 讀到這個標題，我們期待他會如自己所承諾的那樣，去探討「一個一個具體的（沖繩人的）相異的容顏」（いちいちの異なった顔），然而實際上他寫的卻是關於日本的多樣性——或者說，關於一種有助於理解日本和日本人，以及有助於開啟日本的多樣性的契機。[24] 而這個契機，就是「沖繩的拒絕」。所以大江筆下的沖繩終究只有一種姿態——它是而且必須是堅定地，堅硬地拒絕的，因為只有如此才能裂解日本固執的同質牢籠，解放它的多樣性。

比方說，大江不得不提及了「沖繩的拒絕」的古典型態：沖繩獨立論。[25] 然而大江筆下的沖繩獨立論沒有自己內在的生命史；它純然是日本統治沖繩史的產物，Partha Chatterjee 所說的「衍生性的議論」(derivative discourse)。[26]所以我們讀到的不是琉球民族生成的故事，而是對日本同化殖民統治的反彈。從林世功(一八四二—一八八〇)到山里永吉(一九〇二—一九八九)，沖繩獨立論沒有構成一個自主的系譜；當大江要求(日本)讀者和他共同面對大洪水之前的日本歷史時，不屈服的異族的義人是不可或缺的見證，方法論上必要的聲音與憤怒。沖繩的獨立，終究還是為了日本(日本のため)的反省。

「為了日本」的他律原則也適用於大江筆下其他型態的「沖繩的拒絕」：不管是和日本纏鬥一生，發狂而死的沖繩自由民權運動之父謝花昇(一八六五—一九〇八)[27]，高喊「對日本主張無限異議之權利」的無政府主義反復歸論者新川明[28]，還是主張「回到祖國的運動非得是反叛祖國的運動不可」的反戰復歸派的新生代劇團「創造」諸君[29]，他們都是「在我們肉體與精神內部持續燃燒的灼熱尖銳的刺」(我々の肉体と精神の内部で燃えつづける熱く鋭いトゲ)[30]——他們的存在不是為了自己，為了沖繩，而是為了日本的良心。

所以為了日本的良心，沖繩才有歷史。為了確認「日本屬於沖繩」，沖繩的歷史只有兩種面貌：悲劇與抵抗，而且是反覆上演的悲劇，永遠無效的抵抗。例如太平洋戰爭時慶良間島的強制集團自決事件，如今必須以美軍基地的放射能汙染和核武威脅的型態重演，因為我們需要一個永遠受害的沖繩，來再三確認我們與沖繩之間永遠的道德連帶關係(並且再三印證「僕」的廣島)。例如謝花昇不能不發狂而死，伊波普猷(一八七六—一九四七)不能不抱憾以終[31]，因為我們需要一個悲劇英雄不斷轉世重生的沖繩，我們需要英雄垂死掙扎的 *danse macabre*（死亡之舞）來驚擾我們庸俗的安逸與虛假的自立。為了清洗日之丸上的汙點，我們必須面對歷史，然而「ヒロシマ」是超歷史的，永恆的理念——歷史只能發生在遠方，在外部，在沖繩。沖繩的歷史是我們新版《修身》教科書上的道德寓言。

（沖繩的拒絕，不是為了沖繩的拒絕，而是為了日本，為了日本的反省與良心的拒絕。然而大江到底要日本人反省什麼？他講述的林世功故事透露了這樣的線索：

すくなくとも、林世功、名城里之子親雲上から、今日の ものを書き、かつ語る人々及び、沈黙しつづける人々をふくめての、沖縄の拒絶の多様さをつつみこんで、中国についての自分の考え方の多様性をみちびくことを僕は望んでいる。その意味あいにおいても、沖縄を考えることは、東洋における日本と日本人について考えることの根源的な契機をはらんで、あらためて僕を日本が沖縄に属するという命題にみちびくの である。[32]

我希望把至少從林世功、名城里之子親雲上開始，到今日的寫作與講述者，以及持續沉默著的人在內的沖繩拒絕的多樣性包括進來，從中引導出自己對中國的思考方式的多樣性。在此意涵之中，對沖繩的思考正孕育了思考身處東洋之中的日本及日本人的根源性契機，並將再次引領我回到「日本屬於沖繩」這個命題。）

（所以原來「沖繩的拒絕」說的甚至不是沖繩的拒絕，而是中國的拒絕。拒絕的沖繩沒有自己的生命史；這根「在我們內體與精神內部持續燃燒的灼熱尖銳的刺」，這個「像抵在自己側腹的鈍器一般，難以逃避而強烈地感知到」（自分の脇腹につきつけられた鈍器のようにのがれがたくしたたかに発見する）的東西[33]，是引導日本走向一個更大的道德——政治秩序的橋梁：經由日中和解，讓日本重返「東洋」。）

十一

二十世紀初期的美國社會學家Charles Horton Cooley曾經用「鏡像的自我」（looking-glass self）這個生動的隱喻，來說明人是如何在推測別人怎樣看待他的過程中，形成自我認同的。「鏡像的自我」有三個要素：對於別人眼中的我的外表的想像，對於別人如何評價我的外表的想像，以及某種自我情感，例如驕傲或屈辱。這個論式包含兩個層次：第一，透過他者眼中的我來建構自我；第二，這個「他者眼中的我」是我的推測與想像。[34]當代社會學家Philippe Rochat進一步申論說，我想像他人如何看待我，是因為我恐懼被他人拒絕，因此在這種想像之中經常伴隨著羞恥感。[35]

大江健三郎在《沖繩札記》中試圖描繪的日本人像為這個「社會自我」（social self）的理論提

供了一個近乎完美的經典例證。札記中沖繩人的每一個面貌，都是為了映照日本人的實然與應然的面貌。大江下面的文字彷彿就是Cooley社會學理論的文學的注解：

しかし、沖縄の知識人による『沖縄の民衆意識』、『沖縄人の意識構造』の認識は、なによりもまず本土の日本人たる僕に、それに向き合った鏡の中の像のごとくにも、影のごとくにも、ぴったり対置されて離しがたいところの、日本の民衆意識について、日本人の意識構造について、具体的なイメージをつきつけるものであった。当然にそれは、まことにいまわしいイメージであって、僕の内部に煮こごりのようにかたまったその日本、日本人のイメージすなわち沖縄の影、沖縄人の影としてあらわれる日本、日本人イメージ……[36]

但是，沖繩知識分子所寫的《沖繩的民眾意識》、《沖繩人的意識構造》，一開始就把對與沖繩有如鏡中之像，有如形影相隨般處於相對位置但又難以分離的，日本的民眾意識、日本人的意識構造的具體形象硬推到我這個本土日本人面前。那當然是一種令人生厭的形象——那在我內心有如魚肉凍般凝固起來的日本和日本人的形象，也就是做為沖繩的影子、沖繩人的影子顯現出來的日本人形象……

更重要的，許多被映照出來的日本與日本人的面貌，是大江所想像的沖繩人眼中的日本人的面貌。這位敏感的、易受傷害的，而且甚至是感傷的storyteller，在所有沖繩的表情中尋找拒絕——比方說那位被監禁在琉球少年院獨居房的、認命的「非行少年」[37]；比方說船上那兩名說著沖繩方言，寧願接受美國人同性戀者的性挑逗也不願向大江求助的、返鄉的沖繩少年[38]；比方說在本部町渡久地碼頭等候渡輪時，突然對著大江怒吼的「狂女」[39]；比方說報紙上，那三名在橫濱犯下強盜罪的沖繩少年……。[40]在感傷——不，在深刻的羞恥感之中，小說家的想像力開始飛翔，同義反覆的、濃密的修辭一筆一筆浮雕出他所恐懼的沖繩人的拒絕，同時也浮雕出他感到羞恥的我們日本人的醜陋。

（《沖繩札記》的隨筆與報導形式之中隱藏著一個有如孟德斯鳩的《波斯書簡》（*Lettres persanes*，一七二一）一般的moral fiction：透過半虛構的他者/沖繩人之眼，「共有日文」的讀者們讀到大江腦海中那個叫作「我們日本人」的、頹廢的、然而摯愛的想像共同體。）

十二

讓我們整理一下旅人大江健三郎的足跡。大江健三郎，又名思考者長江古義人。古義人（コギト，音同（Cogito）在廣島發現了證明我們日本正在道德重生的我們的義人。所以《廣島札記》的認同建構邏輯是「我思故我在」（私は考える、ゆえに私はいる）（Cogito ergo sum）。然而在沖

繩，古義人找到的卻是為了我們日本的道德重生而存在的（或者被想像出來的），做為思考我們日本人的方法而存在的（或者被想像出來的）、做為他者的義人。所以《沖繩札記》的認同建構邏輯是「我們思故我在」（私たちは考える ゆえに私はいる）（Cogitamus ergo sum）[41]：我想像他如何想像我；如此，我們一起想像了我自己。沖繩的義人是異族的義人，也是產生他者性的思考者（cogi-TA〔他〕-MUS〔生す〕）。

這個笛卡兒哲學的語言遊戲，透露了大江文本中「廣島」與「沖繩」這兩個符號的差異。廣島是一個內部的、封閉的劇場，一個自我指涉的（self-referential），自足的宇宙；沖繩是一個外部的、開放的空間，一個他者指涉的（other-referential），工具性的領域。廣島的功能在生產「我的善」，沖繩的功能在揭露「我的惡」，因為善必須從自己的體內孕生，但是惡要由他人來講述。就時間而言，沖繩發生在廣島之前，然而原爆做為一種「絕對的惡」，逆轉了道德史的時間序列，所以廣島終究必須發生在沖繩之前，必須是原點，是主題。

然而不論是「廣島」還是「沖繩」，終究都是為了「我」，為了大江——古義人思考日本和日本人，為了讓道德家（*le moraliste*）產生身為日本人的「潔淨的勇氣」而存在的。所以廣島和沖繩都必須是善惡二元論所支配的世界，因為在廢墟之中，我們需要絕對的惡來點燃純淨的善，來激發存在的勇氣，而在國境之南，我們則需要一種被害的、悲劇性的善來提示我們過去的加害，來注解我們現在的良心。在大江的廣島和沖繩，「善」與「惡」以一種高度理念化的姿態現身。它們彼此印證，相互建構，為的是要救贖一個更高的「日本」的理念，為的是要引導一條回返無垢的、日出之處的故鄉的道路。

神學家尼布爾（Reinhold Niebuhr）在《道德的人與不道德的社會》（*Moral Man and Immoral Society*）中指出，歷史的不變特徵是國家、種族與階級之間永恆的權力衝突與對立，而正義是鬥爭的產物，它永遠是暫時的、支離破碎的，而且不穩定的。[42] 根據這個思考，惡不會被善消滅，善也不可能純淨，人和他所創造的社會永遠在善惡兩端之間徘徊，依循每一次權力衝突的情境之規定，時惡時善，既善且惡。

從尼布爾神學的角度觀之，大江對一個理念化的道德世界的追求，注定是要失落的。他渴望返回一個被淨化了的、無垢的故鄉，然而故鄉是無法淨化的，無垢的故鄉只存在於古義人的記憶之中。現代人的「故鄉」（*heimat*）已經成為民族國家（nation-state）的隱喻，然而民族國家的起源中隱藏著無法洗滌的血汙，民族國家的體內潛伏著無法徹底馴化的暴力衝動。My country, right *and* wrong。（我的國家是對的，也是錯的。）所以真正的故鄉存在於善與惡之間，善與惡之外，而那是理念的道德家永遠無法回返的地方。

（然而對一個不可能的美麗純淨的日本的追求，大江健三郎是終生不悔，終生不悟的。在《沖繩札記》的結尾，他如此描述自己對曖昧的日本毫不曖昧的深情：[43]

「日本人とはなにか、このような日本人ではないところの日本人へと自分をかえることはできないか、という暗い内省の渦巻きは、新しくまた僕をより深い奥底へとまきこみはじめる。そのような日々をいきつつ、しかも憲法第二十二条にいうところの国籍離脱の自由を僕がしりながらも、なおかつ日本人たりつづける以上、どのようにして自分の内部の沖縄ノートに、完結の手だてがあろう?」[44]

所謂日本人是什麼?能不能把自己變成不是這樣的日本人的日本人呢?這個晦暗內省的漩渦重新開始把我捲進更深的深淵。既然一邊過著這樣的日子,而且也知道憲法第二十二條規定有脫離國籍的自由,但仍然繼續做日本人,那麼,要如何才能找到可以結束自己內心的沖繩札記的方法呢?

從盧梭以來,西方民主傳統早就確立了個人與國家的關係是建立在自由意志上的契約關係,然而日本戰後民主主義的旗手,「九條會」的創始成員卻公然宣稱無論如何都將拒絕行使脫離日本國籍的自由。身為日本人,不是一種契約關係,而是一種超越意志與理性的宿命。關於大江的nationalism,還有比這句話更清楚的證明嗎?而在晚期作品《さようなら、私の本よ!》(再見,我的書!)[45]當中,古義人和繁荒謬劇般爆破輕井澤「家」的行動,難道不

是透露了大江對現實中存在的日本的爆破慾望嗎？難道不是透露了他從沖繩時代以來尋找現實以外的另一個日本——「このような日本人ではないところの日本人へと自分をかえること」（所謂日本人是什麼？能不能把自己變成不是這樣的日本人的日本人？）——的「持續之志」嗎？輾轉反側，這樣的癡情，如此地著魔——a terrible beauty is born！（葉慈詩句：一個恐怖的美誕生了」。）

他渴望懺悔，痛苦地、幾近於自虐般地渴望懺悔，所以他將被害者想像成絕對的義人，然而如果加害是惡，受害卻不等於善。受害者和故鄉一樣，存在於善與惡之間，有善有惡，時善時惡，既善且惡。理念化受害者，等於放棄認識被害者真正的容貌，包括其善與惡，而這等於拒絕承認被害者的主體性。理念化被害者終究只能導致理念化的、抽象的懺悔。最後，他渴望懺悔，也因為他渴望與被害者和解並建立連帶關係，然而選擇將特定被害者理念化與絕對化，等於放棄認識被害者善惡兼具的道德複雜性，被害者的複數性，以及加害與受害關係中潛藏的重層性——被害者也可能成為加害者。其結果，就是無視於其他的，更底層的，或者不方便面對的受害者之存在。在被遺忘的、真正的弱小者眼中，如此建立的連帶關係終究不過是另一個受到地緣政治規則支配的，特殊主義的區域性結盟而已。

大江健三郎理念化的寫作方式產生的三個道德與政治後果是：永遠的望鄉，無法完成的懺悔，以及遺失的弱者的連帶關係。

十三

（從大江健三郎到漢娜．鄂蘭：一個關於悔恨與連帶的注解）[46]

哲學家漢娜．鄂蘭思考猶太問題的原點是：猶太人應認識到自己是「賤民」的身分，並且應該抵抗這個被壓迫的處境，而非夢想同化到主流社會。她稱這種角色選擇為「自覺的賤民」（conscious pariah）。做為「自覺的賤民」的猶太人的抵抗與追求自由的鬥爭，是全歐洲、乃至全世界被壓迫人民解放鬥爭的一部分。

從鄂蘭政治哲學的觀點，猶太人這種被驅離家園，被剝奪國籍的命運，等於剝奪了他們擁有屬於「自己的世界」（our world）的權力，而被剝奪了世界，或者被迫與世界疏離，等於剝奪了他們做為文明人的條件。因此，她支持在巴勒斯坦為猶太人建立一個家園（Jewish homeland），讓他們可以在那裡自由地建構文明人的生活。不過，她不贊成錫安主義建立猶太人民族國家的形式，因為巴勒斯坦並非無主地，早已有許多阿拉伯人居住。如果強要建立一個純猶太人的民族國家，將導致這些阿拉伯人流離失所，遭遇同樣的「失去世界」的命運。她認為，猶太人與阿拉伯人同樣是受到歐洲帝國主義壓迫的弱小民族，因此她主張猶太人應與巴勒斯坦的阿拉伯人合作，建立一個雙民族共享的，類似聯邦制的國家。然而現實的發展是，錫安主義者選擇和英帝國主義合作，驅逐了土地上的阿拉伯人，建立了一個純粹的猶太人國家。鄂蘭對此深深感到羞恥。她也覺得這是對「猶太家園」理想的出賣，因為它將使以色列永遠與阿拉伯鄰人為敵，而這種充滿敵意的環境，必然導致內部的壓迫與集權主義的出現。

為什麼錫安主義者寧願走這條路也不願與阿拉伯人合作？鄂蘭認為錫安主義的意識形態中有一種近乎被害妄想的「永恆的反猶太主義」觀念，認為世界上所有其他人，不論強弱，都永遠反猶，因此不可能和解。所以錫安主義關於「政治」的概念就窄化為國際政治的現實主義，只追求和強權的交易，缺乏與弱者連帶的理想主義。她觀察到這種現實主義具有某種心理基礎：在經過大浩劫之後，猶太人民族性產生了一個根本性的變化，也就是從過去不惜一切代價求生存，轉為不惜一切代價追求尊嚴。「不計代價」包括了政治上的代價（敵人環伺的危險），也包括了道德上的代價（剝奪他人的家園）。

過去不正義的受害者「不計代價追求尊嚴」，寧願與魔鬼攜手，寧願自身變成魔鬼與加害者，也要追求自身的尊嚴。在這裡，被害者將所承受的災難理解為自身獨有的災難，而非人類全體共有的命運。換言之，被害者將自身受害經驗轉化為民族主義／特殊主義的心理動力，也就是某種ressentiment（妒恨），而沒有擴充為普遍的同理心。也因如此，受害者可以一轉而變成加害者，且絲毫沒有感受到道德上的矛盾。這是鄂蘭對錫安主義以及日後的以色列民族主義最根本的批判。

這個批判不是來自旁觀的第三者，而是來自被害者的成員，因此是一種對於「被害者身分」（victimhood）深刻而有力的道德自省。受害者對加害者的批判或指控是相對容易的，但是受害者對自身的反省批判，卻是非常難得。鄂蘭在她自己族人身上所觀察到的這種被害者的道德現象學，其實在許多其他的被害者個案中也同樣存在。

從一位有良心的加害者族群成員的立場而言，面對被害者時最自然的道德選擇是悔罪。不過，過剩的悔罪意識有時會遮蔽他對更普遍的道德問題的認識或實踐能力。例如，當他懺悔對象的被害者對於更弱小者做出了加害行為的時候，一位有反省精神的加害者該如何面對這個問題？一位平凡的小市民，也許毋須負荷如此沉重複雜的道德責任，然而對一位以世界主義者、普遍主義者自許的批判知識分子，他該如何面對他的加害對象自身也變成加害者的事實？

我認為，如果他選擇了「知識分子」這個位置，那麼他沒有選擇，必須為如今正在受到迫害的更弱小者發言，即使這樣的發言可能批評到他曾經加害的族群。身為過去加害者族群的一員或子孫，或許使他在情感上因愧疚而不願批評他的被害者，但是做為知識分子的一員，對於正在發生中的不正義，沒有不發聲的權力。換言之，在這樣的狀況下，做為知識分子，必須遵循康德所謂「實踐理性」的無上律令，超越私人情感，進行發言。

在一個更深層的意義上，他也必須對不義發言。如果他自認為自己是加害族群內部的邊緣人，內部的流亡者，內部的被害者，那麼他更應該依循鄂蘭所說的對於被壓迫的弱小者的同理心，為所有被壓迫者發聲，不管那在情感上是如何困難。

一位來自加害族群的知識分子，當他同時也意識到自己是自身族群內部的邊緣人與被害者，那麼應該更能清楚地認識到「加害／被害」關係的重層性，也因此更有能力發展出一種真正普遍主義的道德立場。每一個加害／被害關係都是歷史的，特殊的，然而正義的原則是普遍的。加害者並不因為其同時具有被害者身分就可以被免除罪責。

十四

在理念化的道德世界裡，一個一個不同的被害者的容顏被覆蓋在一個或幾個理念化的被害者容顏之下，一段一段獨特的被害者的生命史被吸收到一個或幾個理念化的被害者歷史之中。有時候，被覆蓋的容顏會被意外地掀開，發揮奇妙的功用，比方說從鄉下到東京二度投考東京大學的大江健三郎青年，或許是因為他的四國鄉音，而被監考的法語教師朝倉季雄問說：「あ・な・た・は・台・湾・か・ら・き・た・ひ・と・で・す・か？」（你、是、臺、灣、來、的、學、生、嗎？）的時候。[47]大江回憶說：

> 私は：「そうです」とこそいいませんでしたが（笑）、言葉がわからない外国からきた青年のように、弱弱しく微笑んでいました。先生は新しい答案用紙を下さった。

我當然沒有回答：「是的」（笑），但卻像來自外國、語言不通的青年一般軟弱無力地微笑著。於是老師便給了我一份新的作答用紙。

然後這個有意無意的誤解竟然持續到大江入學，並且開始上朝倉老師的法語班以後。大江說，我感到尷尬，並且在這樣的狀態之中：

> そういう具合でね、一種エグザイルの感じでしたよ。そういう自分を勇気づけるために、想像力によって、現実にあるものを壊して作り直していく、という方向で生きることにしたんです（笑）とにかく中心的な所に居着いて、権力を持つ人々と共同するという事はしないで行こう、と私はきめた。そのようにして生きてゆく手がかりが私には文学であ〔る〕……
>
> 在這樣的狀態中，我體驗到一種流亡者的感覺，為了使這樣的自己獲得勇氣，我決定未來要朝著發揮想像力，破壞現實中既有的東西，重新打造新事物的方向活下去〔笑〕。總之，我決定在今後不與位居中心、擁有權力的人為伍。對我來說，能這樣活下去的憑藉就是文學……[48]

然而令人困惑的是，大江充滿象徵的文學世界當中「臺灣」是一個完全被遺忘的符號，儘管他曾經透過這個底層者的假面（mask of the subaltern）獲得了做為底層、做為邊緣的珍貴道德體驗。在他繁複華麗的「逃亡」地圖上，沒有啟發他逃亡意識的「臺灣」——這是一個全然不可解的人性的謎，只能等待大江以他持續書寫的文學為我解答，但我依稀望見，「臺灣」那空白的假面，被覆蓋在更大的，已經膨脹為一個理念的，占據了整個大江的道德意識的受害者容顏之下。

可是被覆蓋的容顏，被吸收的生命有她自己的復活策略——不依賴任何有良心的加害者的文學，而是憑藉自己，憑藉弱者對道德普遍性的野性的直覺。這是莊雅子／莊司雅子（一九〇九—一九九八）的故事。這位出身臺南州、天賦聰穎的臺灣女性，從殖民地來到「內地」求學，一九三五年進入廣島文理大學教育學科，師事長田新教授。一九三八年大學本科畢業之後，進入同校教育學研究科，專攻福祿貝爾（Friedrich Fröbel）的幼教理論。戰後雅子選擇日本國籍，由莊雅子改名為莊司雅子。一九五三年，雅子以〈フレーベル研究〉（福祿貝爾研究）獲得廣島大學博士，是日本最初的女性文學博士。一九五四年，雅子成為廣島大學第一位女性教授。[49]太平洋戰爭期間，雅子擔任研究科助手，留守廣島校園。一九四五年八月六日原爆之日，雅子因為到近郊的五日市町處理大學書籍物品疏散事宜，因此得以逃過一劫。然而在這個距離原爆中心地僅僅七點六公里之處，她親眼目睹了廣島上空「直径約40cmの円形のものが、太陽よりもはるかに白い光線を放ってピカッと光りました」（直徑約四十公分的圓形物體，放射出超越太陽光的白色光線，閃閃發亮）的一瞬，也體驗到原子彈爆風發散的餘威。[50]八月七日，心急如焚的雅子趕回廣島市內。一路上，她看到了這樣的地獄景象：

市内は焼けた鉄筋のビルの骨だけがあちこちにそのまま建っているだけで、一面焼け野原になっていました。電車やバスや自動車は黒くこげて横に倒れ、樹木は炭のように焼け、道端の水槽の中には上半身をつっこんだままの死体やこげた馬や犬などがあちこちにころがっていました。大学に着くまで何ひとつ生き物にであわず実に不気味な静寂さでした。千田町の文理科大学は鉄筋の骨格だけが建っており、中はすべて焼けて全くの空洞になっていました。キャンパスのあちこちで火から逃れた人々が死体となって横たわっているのに出会いました。建物の中に入ったら床から太い釘が立っている玄関の部屋に、市の周辺に住んでいた教授が数人集まっていました。私を見るや「おお、生きていたのか！」と一同驚き、喜んでくれました。というのは私はその時間は当然大学か自宅にいるから生きているはずはないと思われたからです。私は直ちに研究室の教授の行方を探さなければなりませんでした。大学の近くにある私の自宅はもちろん跡かたもなく、留守をしていた従妹は、下敷になりそのまま焼け死に、白骨になっていました。一番下の妹は挺身隊に入り御幸橋の専売局の局長室に勤務していました。幸い打撲とケガで早く市外へ逃げ出したため命は助かりましたが その後も焼跡を通って通勤したため、未だ原爆症に悩まされています。」[51]

市區的建築物燒得只剩鋼筋，四處林立，變成一片焦黑的荒野；電車、公車和汽車也全部燒焦，橫倒在地；樹木焦黑如炭，路上有上半身陷進路旁水溝中的屍體，到處都是全身燒焦的馬匹和小狗。我在抵達大學前的路上沒有看到任何生物，周遭瀰漫著一股令人毛骨悚然的寂靜。千田町的文理科大學只剩下鋼筋骨架，內部全部燒毀，變成一片空洞。在校園裡，隨處都能看到想逃離火場的人們，化成橫躺在地面的屍體。我走進大樓後，發現在地板上露出幾根粗釘子的玄關房間裡，聚集著幾位住在市郊的教授。教授們見到了我，一同驚訝且高興地說：「太好了！妳還活著啊！」這是因為通常這個時候我都待在大學或家裡，他們原以為我不可能還活著。我必須立刻找到研究室的教授才行。位於大學附近的我家當然也被燒毀，完全不留痕跡，而負責看家的堂妹就這麼被壓在房子下方，燒成一堆白骨。我最小的妹妹當時加入志工團，在御幸橋專賣局的局長室工作。所幸，她只受了點瘀青及小傷，很早就逃到市區之外保住一命。之後，由於她通勤時總會經過災區，至今仍深受原爆症所苦。

雖然失去了許多親人與師友，但是雅子也在廢墟中獲得了新的親人——她領養了一個在原爆中失去雙親的小女孩。[52]原爆體驗促使雅子終生致力於幼兒和平教育的推廣工作。她說：「戦争はいつも人の心から起こるのです。他人を愛し、思いやる心を幼いころから育てることが大切で

す。」[53]（戰爭總因人心而起，從小開始培養友愛他人的同理心，是很重要的。）莊司雅子很少提起自己的臺灣出身，很少提及戰前戰後日本對她故鄉的歧視。她選擇安靜地承受，因為她認為那是一種德行。[54]她從未忘記自己的故鄉，但是她將自己的一生奉獻給日本。在她的告別式上，森川牧師說：

> 在她前三分之一的人生中，她被迫做一個日本人，但是在她後三分之二的人生中，她出於自己的意志，以最傑出的方式，積極地做了一個日本人。她透過福祿貝爾的和平教育思想，以德行回報邪惡，因為她終生信仰一個愛好和平的日本。[55]

戴著「廣島」的假面，經由肉體的原爆體驗，經由廢墟中的尋找與救援，經由幼兒與和平教育的獻身，臺灣人莊雅子／莊司雅子將他人之顏活成自身的容顏，把自己活成札記中沒有記載的「真に広島的な人間」，活成引導日本重生的義人，活成一個積極的、永遠被觀看、被記憶的日本人。最終，她沒有失去臺灣，但卻回到了日本。

這是被覆蓋，被遺忘者復活的方式：*Je est un autre*（我即他者）。[56]

注釋：

1 我一直努力不去嘲笑人類的行動，不為之哭，不為之怒，只是理解。

2 Nathan Gardels, "Two Concepts of Nationalism: An Interview with Isaiah Berlin," *The New York Review of Books* 38: 19 (November 21, 1991): 19-23.

3 本文文中所討論之該二冊隨筆文本，根據以下岩波新書版本：大江健三郎，《ヒロシマ・ノート》（東京：岩波書店，一九七五〔一九六五〕），以及大江健三郎，《沖縄ノート》（東京：岩波書店，一九七七〔一九七〇〕）。

4 Homi K. Bhabha, "Introduction: Narrating the Nation," in *Nation and Narration,* ed. Homi K. Bhabha (London and New York: Routledge, 1990), 2.在〈あいまいな日本の私〉（曖昧的日本與我）之中，大江自述自己長久以來一直是將「自分自身が、様ざまのあり方での苦難との闘いを、家庭内の規模に始まり、日本の社会との関わりにおいて また二十世紀後半のこの世界に生きること自体において ひとつの連続性において」（從小至家庭內的規模，大到與社會的關連之中，乃至於活在這個二十世紀後半的世界中這件事自身，在這一整個〔家、社會與世界的〕連續體之中，自己如何以種種姿態與苦難爭鬥）的經驗寫成小說的。大江健三郎，《あいまいな日本の私》（東京：岩波書店，一九九五），頁二。不過，本文探究的不是大江作品中「家庭」、「國家」、「世界」的連續性，而是「個人（私）」與「國家（公）」之間的**交融**、**重疊**關係。

5 《ヒロシマ・ノート》，頁一六四。

6 卡繆小說《瘟疫》的主角。

7 《ヒロシマ・ノート》，I、II、IV、V、VI、VII章。

8 《ヒロシマ・ノート》，II章。

9 《ヒロシマ・ノート》，I、II、III章。

10 《ヒロシマ・ノート》，IV章。

11 《ヒロシマ・ノート》，頁一八六。

12 "Sing, goddess, of the wrath of Achilles, son of Peleus, the accursed〔wrath〕, that inflicted countless woes upon the Achaeans, and hurled down to Hades many brave souls of warriors, but made their bodies carrion for the dogs, and for all the birds—and the plan of Zeus was being fulfilled; from the time when they two first parted in strife, Atreides lord of men and shining Achilles." Homer, *Iliad,* Book One, edited with an introduction, translation, and commentary by Simon Pulleyn (Oxford: Oxford University Press, 2000), 71.

13 〈エピロッグ〉，《ヒロシマ・ノート》，頁一八六。

14 《ヒロシマ・ノート》，頁一一〇。

15 大江健三郎，〈第二の手紙〉，《同時代ゲーム》（東京：新潮社，二〇〇六〔一九八四〕）。

16 Joseph Cropsey, *Plato's World: Man's Place in the Cosmos* (Chicago: The University of Chicago Press, 1995).

17 《ヒロシマ・ノート》，頁一一〇。

18 《ヒロシマ・ノート》，頁一八二。

19 《沖縄ノート》，頁二〇四。

20 《沖縄ノート》，頁三二。

21 〈I日本は沖縄に属する〉，《沖縄ノート》，頁三三。

22 同上。

23 〈III多様性に向かって〉，《沖縄ノート》。

24 「僕は多様性において沖縄をとらえることをしたい そして日本人とはないか このような日本人ではないところの日本人へと自分をかえることはできないか という自分自身への問いかけにもまた、多様性のある展望をひらきたいのである。」（我想在多樣性之中把握沖縄。從而也想將「所謂日本人是什麼？能不能把自己變成不是這樣的日本人的日本人？」這個對自己的質問，開啟出一種具有多樣性的未來展望。）《沖縄ノート》，頁六〇。

25 〈III多様性に向かって〉，《沖縄ノート》。

26 Partha Chatterjee, *Nationalist Thought and the Colonial World: A Derivative Discourse* (Minneapolis: University of Minnesota Press, 1993〔1986〕).

27 〈IV内なる琉球処分〉，《沖縄ノート》。

28 〈VI異議申立てを受けつつ〉，《沖縄ノート》。

29 〈VII戦後世代の持続〉，《沖縄ノート》。

30 《沖縄ノート》，頁一五四。

31 〈V苦が世〉，《沖縄ノート》。

32 《沖縄ノート》，頁八八。

33 《沖縄ノート》，頁一三二。

34 Jennifer Dunn, "looking-glass self," in *The Blackwell Encyclopedia of Sociology*, ed. George Ritzer (Oxford, UK: Blackwell Publishing Ltd, 2007), 2669。

35 Jerome Bruner, "Foreword," in Philippe Rochat, *Others in Mind: Social Origins of Self-Consciousness* (Cambridge, UK: Cambridge University Press), vii.

36 〈VIII日本の民衆意識〉，《沖縄ノート》，頁一九五。

37 《沖縄ノート》，頁十九至二二。

38 《沖縄ノート》，頁二二至二四。

39 《沖縄ノート》，頁七一。

40 《沖縄ノート》，頁二五至二六。

41 關於社會自我論如何修正Descartes「Cogito ergo sum」的邏輯，參見Jerome Bruner, "Foreword," in Philippe Rochat, *Others in Mind: Social Origins of Self-Consciousness*, vii.

42 Reinhold Niebuhr, *Moral Man and Immoral Society: A Study in Ethics and Politics* (New York: Scribner, 1960).

43 對曖昧的日本有著毫不曖昧的感情，〈あいまいな日本の私〉是大江健三郎一九九四年在諾貝爾文學獎典禮的演講辭。

44 《沖縄ノート》，頁二二八。

45 大江健三郎，《さようなら、私の本よ！》（東京：講談社，二〇〇九）。

46 本節關於鄂蘭對猶太問題思考的討論，主要參考Ron H. Feldman, "Introduction The Jew as Pariah: The case of Hannah Arendt (1906-1975)," in *Hannah Arendt, The Jew as Pariah: Jewish Identity and Politics in the Modern Age,* ed. Ron H. Feldman (New York: Grove Press, 1978), 15-52.

47 這個「個人的體驗」經過，以及以下相關引文，參見大江健三郎，《大江健三郎　作家自身を語る》（東京：新潮社，二〇〇七），頁七二。

48 同上。

49 広島女性史研究会編著，《山陽路のおんなたち》（広島：ドメス出版），頁一一六至一一八。

50 荘司雅子著，《親と子のための平和教育》（広島：財　法人広島平和文化センター，昭和五十六年），頁十。

51 《親と子のための平和教育》，頁十一至十二。

52 Makoto Tsumori, "Let it grow the seeds for peace: The Life of Dr. Masako Shoji, honorable member of world OMEP," *International Journal of Early Childhood* (Jan, 2004): 2.

53 《山陽路のおんなたち》，頁一一七。

54 Makoto Tsumori, "Let it grow the seeds for peace: The Life of Dr. Masako Shoji, honorable member of world OMEP," : 4.

55 Ibid.

56 「我即他者」，法國詩人韓波（Arthur Rimbaud）的名句。

世界：「被虐待者的解放、沉淪者的上升、自主獨立者的和平結合。」

9. 論道德的政治基礎——南非與臺灣轉型正義模式的初步比較

• • • • • 和南非一樣，臺灣也是經由談判協商而達成民主轉型的個案，然而南非TRC模式的轉型正義卻難以在臺灣複製。

彌賽亞只在已經不再需要祂的時候到來；祂將只會在到達的第二天才來；祂將會到來，但不是在末日那一天，而是在一切都終結之後。

——卡夫卡（Franz Kafka）

屠圖主教這本《沒有寬恕就沒有未來》已經成為當代轉型正義研究的經典之一。它不僅是一位直接參與、主導南非著名的「真相與和解委員會」（Truth and Reconciliation Committee, TRC）的政治行動者對一場當代最艱鉅的政治大和解的歷史見證，同時更是一位積極入世的宗教家對這段歷史最動人的道德見證。藉由雄辯而有感染力的宗教語言，對政治提出道德的見證，揭示政治的道德基礎、救贖與希望——這就是本書奇特而強大魅力的來源。

然而我們不能忘記，和解的政治終究是一種政治，在這個特殊場域之中，政治受人的道德意識所驅動、制約，但政治同時也在形塑、制約道德意識。換言之，所有轉型正義故事的道德劇背後都平行存在著一個爭奪物質與象徵權力，爭奪地位、意義與價值的殘酷劇場。對於所有這些敘述，我們因此都必須進行道德與政治的雙重閱讀。屠圖主教所講述的這個南非大和解的故事當然也不例外。首先我們可以順著他的筆觸閱讀，讀故事裡的宗教與道德啟示，讀人性的惡如何被自身的善所救贖，而我們會被感動，啟發，然後我們闔上書本，靜靜等待時光的流逝與情緒的平復，接著我們重新打開書頁，但是這回我們要倒著讀，讀自私、卑劣、衝突、對決，以及被壓抑與掩蓋的，無法救贖的怨恨、分裂與復仇慾望。第一次我們讀屠圖主教的表層敘事，也就是政治的道德基礎，第二次我們讀深層敘事，也就是道德的政治基礎。當我們完成這個雙重閱讀，我們才會理解道德與政治如何互為表裡，善與惡如何彼此糾結，救贖與背叛如何共存，而撼動人心的歷史如何必須在一個脈絡之中發生。

二

南非的「真相與和解委員會」創造了在紐倫堡大審對納粹的「報復」與西班牙在上一世紀末對佛朗哥獨裁的「遺忘」之外，處理轉型正義（transitional justice）——一個社會在民主轉型過程中，對於威權體制下所發生的國家暴力與人權侵害事件進行清算處理的政治工程——的第三條路，也就是以正義交換真相（加害者承認犯行以換取有條件赦免），以真相誘導被害者寬恕，進而促使社會和解的模式。這是一種高難度的衝突解決模式，然而南非TRC確實獲致了一定的成功。對於這個成功，屠圖主教在本書中提出了一個宗教（主要是基督教）——道德式的解釋：人同時具有為惡與向善的能力，前者導致加害與衝突的悲劇，後者則激發出懺悔與寬恕，最終克服了前者，帶來了和解。這個說法動人卻難以驗證，因為宗教的論證涉及了信仰。做為非信徒，我們不得不在神學教義之外，尋找某種比較世俗的（secular）理解方式：我們不得不將上帝的還給上帝，然後專注探究屬於凱撒的美德與惡行——也就是政治。

三

在什麼意義下，南非的ＴＲＣ模式是一種政治？我們可以從幾個角度思考。

首先，ＴＲＣ是一種推動轉型正義的模式，而轉型正義本身就是一種政治，它是民主轉型（democratic transition）的一環，目的在處理權力重分配與憲政制度安排之外，涉及價值與規範面的問題。更具體而言，轉型正義是一種依民主、人權原則清算過去的國家作為，以確立政治領域是非對錯標準的政治，因此涉及了「意義」的爭奪——誰來決定是非對錯，又該怎麼處理錯誤的行為，以及如何記憶這段歷史等等。在這種意義的政治中，道德論述確實不可或缺，然而更根本的決定性因素依然是實力的對決。

其次，南非與拉丁美洲、東亞臺、韓各國的民主轉型類似，都屬於「談判轉型」（negotiated transition）的類型。所謂談判轉型的共同特色是，舊政權菁英仍然掌握相當實力，民主派的力量不足以徹底擊敗、清算舊政權，因此被迫與舊政權菁英談判，以不追究過去罪責換取其下臺。阿根廷、智利的民主化過程中，民主派被迫簽訂不起訴協約就是最有名的例子。南非的TRC模式中，以赦免換取真相以及對非洲民族議會（ANC）和國民黨（National Party）雙方的人權侵害事件同時進行對稱性調查等作為，其實是一種政治妥協，源於ANC實力的限制。民主轉型前夜的南非，儘管ANC獲得了占人口絕大多數的黑人民眾與國際支持，但白人仍掌握政治與軍警特務大權，以及整個國家的經濟命脈，ANC如斷然採取激烈清算作為，非常容易引起白人的反彈、杯葛與抵抗，甚至導致政變或內戰。民主與獨裁兩派實力的對比，深刻制約了轉型正義實現的幅度與範圍。TRC能夠有效說服許多犯下重大罪行的警察出面認罪協商，乃至最終迫使前總理波塔（Pieter Willem Botha）接受審判，說明了ANC確實擁有不可輕忽的實力，然而TRC自始至終無法獲得另一個主要加害群體——軍方的合作，卻也同時反映了ANC實力的限制。

第三，我們常常忘了一個重要的事實：轉型正義不只是民主轉型的規範性面向而已，它同時還具有國家整合與民族建構（nation-building）的性質。構成轉型正義理念的諸核心價值如真相、問責、療癒、對話、和解與共同記憶等，正好體現了某種進步的公民民族主義（civic nationalism）的計畫。為什麼轉型正義會連結「民主」與「民族」（nation）呢？因為穩定的獨裁統治往往建立在社會分裂的基礎之上，而涉及權力重分配的民主化則極易誘發，乃至激化分裂雙方或各方的對立衝突，嚴重者甚至可能陷入內戰，導致國家解體。因此，經歷民主轉型的國家在進行權力重分配、建立新制度與新價值等由「破」到「立」的工程之同時，經常也必須處理社會整合的難題。轉型正義所揭櫫的兩個看似不相容的理念——清算與和解，反映的不是民主派菁英的邏輯混亂，而是民主化過程向他們同時提出的兩個困難的現實要求：轉型與整合。

幾乎所有從八〇年代以來出現的轉型正義個案都具有國家整合意涵，南非的TRC模式則是其中一個重要典範，因為它幾乎展現了一個民主的公民民族主義或愛國主義（patriotism）的所有重要元素。在這齣共同體的道德劇中，有曼德拉扮演大立法者萊克爾葛斯（Lycurgus），有屠圖主教扮演先知，有白種義人伯萊恩（Alex Boraine），有獻祭的受害羔羊，也有幡然悔悟的兇手。更重要的是，彩虹南非的建國者們巧妙地交互運用神學教義的權威與「本土」民間信仰（所謂「吾布恩度」〔ubuntu〕）的正當性，通過全社會規模的象徵與儀式性行為——公開審訊、傾訴、認錯、寬恕、和解，展演了一場動人的民族靈魂自省（national soul-searching），確立了「真相與和解」論述的霸權地位。而TRC透過真相調查報告書創造一個加害與被害雙方之「共同記憶」的嘗試，則讓人想起安德森（Benedict Anderson）在《想像的共同體》所說的，所有民族主義歷史敘事「選擇性記憶」的邏輯。借用安德森的語言來說，TRC的共同記憶論述必須「再次保證」（reassure）過去那段種族隔離制的歷史是同族的「手足相殘」（fratricide），而非異族的殖民壓迫。毫無疑問，以TRC為中心展開的南非轉型正義是一次令人嘆為觀止的國／族整合的政治工程。它誘發了如此驚人的熱情與能量，以至於南非憲法法院大法官薩克斯（Albert Sachs）會如此忘情地高呼說，

ＴＲＣ的工作「就是在創造一個民族（it is the creation of a nation）」！因此，我們必須穿透道德語言的表象，在這個公民民族主義政治（politics of civic nationalism）的層次上，重新理解與評估ＴＲＣ的成敗。

四

南非ＴＲＣ模式的轉型正義，本質上是一種建立在民主與進步價值上的自由的民族主義計畫（a project of liberal nationalism），然而不管多麼進步，任何民族主義都不得不創造一個大敘事（grand narrative）來進行整合，而不管如何開放與多元，任何試圖整合的大敘事都難以避免壓抑與排除異質元素。ＴＲＣ所受到的種種批判，幾乎都共同指向這一點：為了民族國家最終的和解（整合）的最高目標而犧牲了完整的真相與正義。我們可以列舉幾種批評的例證。

ＴＲＣ的最主要目的是社會和解，其政治形式是民族國家的整合與形成，而其報告書的敘事形式，則是以民族國家之終極與必然之整合為目標的目的論敘事（teleological narrative）。哥倫比亞籍人類學家 Alejandro Castillejo-Cuéllar 指出，為了生產這個和解敘事，ＴＲＣ以「加害者 vs. 被害者」二元對立關係為敘事前提，將人權侵害個人化，在調查時凸顯特定類型個案（具有明顯可見之加害被害關係者）與證據，忽視種族隔離制對普遍不特定對象所施加之結構性與系統性的日常暴力。在報告的敘事中，則刻意凸顯和解，忽視或壓抑拒絕和解或報復的聲音。其結果是，被害者的主要類型變成直接與體制鬥爭的少數反抗行動者與烈士，而非絕大多數在每日生活中受到體制壓迫的一般民眾。

歷史學家Fiona Ross指出，在TRC選擇的個案中，如果受害者是女性，則往往凸顯其做為性侵受害者的面向，壓抑女性做為抵抗者的行動主體性。

人類學家Richard Wilson關於約翰尼斯堡地區民間文化的民族誌研究證明，國家層次的主流「和解」論述其實壓抑或掩蓋了普遍存在於地方層次對報復性正義的強烈渴求。他更直接點出這個事實：TRC所謂「真相與和解」論述，其實只維繫了國家層次政治菁英之間的脆弱同盟，並未在人民中形成一個真正的共識。

也有論者提醒我們，在國際、國家與地方這三個層次，對於轉型正義原本就存在著三種不同的態度與需求。國際層次的轉型正義工作，如負責起訴戰犯的國際刑事法庭（ICC），比較強調人權的保護，而國家層次的轉型正義則往往重視和平、和解與政治穩定，但是地方社會卻非常重視報復性正義。這三種需求非常難以同時滿足。

儘管有著種種缺點與限制，TRC確實達成了幾個重大的目標：

1它成功地創造了「真相與和解」的霸權論述（政治妥協的道德性基礎，國家歷史大論述的重構，以及修復式正義的優位性），協助維繫了民主轉型期的政治菁英共識，最終促成和平轉型與（至少在菁英層次的）國家整合。

2實現了普通司法體系難以達成的，一定程度的真相與正義。

3推動了一次廣泛的全社會性人權與民主教育，有助於民主鞏固。

4透過有效的宣傳，使TRC成為國際實踐轉型正義的一種典範與選項。

做為一種民主轉型與國家整合的政治，南非TRC所獲致的成功確實是第三波民主化中最令人動容與振奮人心的故事之一。

五

和南非一樣，臺灣也是經由談判協商而達成民主轉型的個案，然而南非TRC模式的轉型正義卻難以在臺灣複製，因為即使同為談判轉型的國家，臺灣與南非之間仍然有許多重大差異。讓我們逐一檢視這些差異——

轉型模式：臺灣民主轉型的最重要特徵是，談判過程由舊政權內部的改良主義者（李登輝）主導，民主派的民進黨因為實力不足，只能扮演從屬合夥人（junior partner）的角色，成為李登輝用來向國民黨內強大保守派施壓的工具。這個高度不對等的談判模式決定了臺灣初期轉型正義工程的保守、妥協性格：非但沒有起訴任何加害者，連在有限的真相究明行動（行政院的研究二二八事件小組）中都沒有指名任何加害者，從頭到尾只提被害者與被害者補償。換言之，即使將李登輝包含在內，整個臺灣的泛民主派根本連向國民黨保守派提出「用真相換取和解」的實力門檻都沒達到。臺灣民主派的脆弱與ＡＮＣ的強大實力適成對比。

壓迫模式與受害類型：國民黨政權在臺灣的獨裁統治，早期仰賴大規模的國家暴力，後期則在國家暴力逐漸日常化、官僚化之後，開始依賴與本地菁英的利益交換，也就是政治學者吳乃德所謂的「威權侍從體系」。藉由這個交換體系，國民黨收編大量本地菁英，形成廣泛的本土獨裁共犯結構，也分裂了本土社會。因為大規模國家暴力發生在領臺初期，所以臺灣社會對轉型正義的熱情集中於早期的二二八事件和白色恐怖之上，對於國民黨後期威權統治的態度，則有著明顯的分歧。

領導者的政治判斷與政治意志：臺灣民主化初期的兩位總統——「虎口下的總統」李登輝，以及始終難以贏得執政多數的陳水扁——都基於自身實力不足的判斷，捨正義而取穩定，因此缺乏追究真相的政治意志。陳水扁在二〇〇六年政權危機之後才開始積極處理轉型正義，但此時已喪失正當性與社會熱情，因此注定以失敗告終。其結果是，轉型正義議題為舊政權出身的人物馬英九所收編。

知識界與公民社會：南非的ＴＲＣ模式並非源於政界，而是由學界首先倡議，公民社會繼而積極推動，形成強大共識，最終才成為政治的選項。遺憾的是，臺灣的學界與公民社會沒有在民主轉型之初，社會熱情最強的時機，提出有效而系統性的轉型正義構想（不一定是TRC），對社會進行即時的教育與動員，從而對政治菁英構成壓力。九〇年代民主化時期臺灣社會的訴求主要集中於二二八等特定歷史事件，缺乏遠見與系統性論述，得以將轉型正義、民主化與國家整合連結起來。

意識形態：臺灣是世俗導向極強的社會，民間宗教的世俗性也很強，基督教式超越性信仰的基礎較為薄弱，因此難以立即襲用屠圖主教或者拉丁美洲天主教式的宗教性論述。另外，除長老教會等少數例外，臺灣宗教界沒有積極介入政治或公民社會事務的傳統，各種宗教教義中的公民意識元素尚待發展。也因此，轉型正義在臺灣仍然主要是一種世俗的事物，然而令人遺憾的是，臺灣也沒有發展出一個足以動員公民熱情的，強大的非宗教性轉型正義論述。

民主派缺乏實力，領導者缺乏意志，社會菁英被國家收編為共犯，知識界缺乏遠見與歷史洞見，公民社會尚未成熟，以及強大論述的付之闕如——這一切臺灣在地的脈絡與歷史特性，這一切做為臺灣人的「共業」，決定了我們難以強求複製TRC模式，必須另尋出路的命運。

六

出路在哪裡？歷史其實已經告訴我們，我們只剩下一條布滿荊棘的道路，那就是回到民間，回到公民社會，從頭做起，由下而上，從根扎起。

所以我們組織了一個小小的「臺灣民間真相與和解促進會」(Taiwan TRC，http://www.taiwantrc.org/)，沒有法律授權，沒有國家資源，沒有宗教加持，沒有社會熱情，也不再能夠召喚任何選票，轉型正義在臺灣如今變成一種純然世俗，純然民間的志業，一種社會運動。我們必須完全仰賴志工，將極度匱乏的資源集中在幾種基礎的工作之上：調查、教育、監督政府與推動立法。我們以單薄的人力，南北奔波，勉力進行極為有限的真相訪查，一點一滴拼湊那段黑暗歷史的圖像。我們在大學開設課程，在綠島和景美的國家暴力現場協助舉辦營隊以教育年輕世代，促成健在的受難者前輩與青年的世代交流，試圖達成一點初步的療癒與傳承目標。我們緊盯著收編了轉型正義論述、如今重返執政的舊政權口惠而實不至，甚或扭曲人權精神與歷史正義的粗糙施政，以一篇一篇文章，一場一場公聽會，一次一次溝通，事倍功半、徒勞無功地監督這個對人權沒有信念，對民主沒有熱情的舊政權，但卻依然堅信滴水會穿石，真相會逐步揭露，正義會漸漸彰顯。因為歷史的制約，因為政治的失敗，因為知識的無能，臺灣的轉型正義如今回到了它的原始型態——在先人埋冤(tâi-oan)之地，面向過去安魂與召喚，面對未來夢想與意志。[1]

然而如果沒有彌賽亞，希望的根據在哪裡？二〇〇七年四月屠圖主教和TRC副主席伯萊恩博士受臺灣民主基金會邀請訪臺並參與「轉型正義與國族融合研討會」，筆者也參與了這場由一個正在傾倒中的民主政權所舉辦的遲來的研討會，並且對臺灣政局、社會的世俗性格以及轉型正義前景做了極度悲觀的發言。聽完我悲觀的話語，在臺下旁聽的屠圖主教立即起身發言，以他充滿魅力的言語和笑容，溫暖地慰撫這個不可知論者，要我對臺灣保持信心。此時和筆者同場發言的伯萊恩博士轉身笑著對我說：

當潘朵拉打開盒子時，最後飛出來的是什麼呢？

我只得苦笑回答說：「hope!」然而如果沒有彌賽亞，希望的根據在哪裡？數度展讀屠圖主教這冊《沒有寬恕就沒有未來》，我突然領悟到，其實希望不一定必須是一種信仰或信念，希望可以是一種意志，一種分別善惡，厭棄惡，朝向善的意志，而我們必須仰賴理性去維繫這個意志——不是工具理性，而是漢娜・鄂蘭（Hannah Arendt）所說的，面對善惡的問題，必須負起身為一個人的「思考」與「判斷」責任的實踐理性：

最大的為惡者是那些不記憶的人，因為他們從未思考，而沒有了記憶，他們就肆無忌憚了。對於人類而言，思考過去的事務意味著向深層境界移動，意味著扎根，讓自己穩定下來，使他們不至於被任何可能發生的事物席捲而去，不管那是所謂時代精神、大歷史，或者就只是單純的誘惑。最大的惡不是根本的惡，它沒有根，而正因它無根，它就沒有任何限制，所以它可以走向難以想像的極端，橫掃整個世界。

〈道德哲學的一些問題〉(Some Questions of Moral Philosophy)

（二〇一三年九月五日稿成於南港，二〇一六年四月修訂於草山）

注釋：

1 編注：臺灣民間真相與和解促進會並於二〇一五年陸續出版《無法送達的遺書：記那些在恐怖年代失落的人》與《記憶與遺忘的鬥爭：臺灣轉型正義階段報告》。前者為政治犯與家屬的故事，後者則企圖為轉型正義提出論述與進行歷史性、跨國性的比較檢討。

參考書目（部分）

Arendt, Hannah. "Some Questions of Moral Philosophy." in *Responsibility and Judgment*, ed. Jerome Kohn. New York: Schocken Books, 2003.

Elster , Jon. *Closing the Books:Transitional Justice in Historical Perspective*. Cambridge: Cambridge University Press, 2004.

Grandin , Greg and Thomas Miller Klubock ed. "Truth Commissions: State Terror, History, and Memory." *Radical History Review* 97 (Winter 2007).

Rothberg, Robert and Dennis Thompson ed. *The Morality of Truth Commissions*. Princeton: Princeton University Press, 2000.

10. 獻給琉球共和國

——一個臺灣人讀松島泰勝著《琉球独立への道》

● 站在公民社會的位置，基於康德主義的立場，我們主張臺灣應該尋求與琉球建立羅爾斯所說的「自由的民族」(liberal people) 之間的理念與價值的同盟。

【如果可以選擇自己出生的地方的話】……我會追求一個幸福而寧靜的共和國，這個共和國如此古老以致起源已被忘卻在久遠時間的晦暗不明之中，它只經驗過那些適合於展現與強化住民的勇氣與對祖國之熱愛的攻擊，而在共和國之中，古來早已習於賢明之獨立的公民們不僅是自由的，而且是無愧於自由的。

——盧梭，〈獻給日內瓦共和國〉(一七五四)

豺狼必與綿羊羔同居……獅子必吃草，與牛一樣。

——《聖經・以賽亞書》十一章第六至七節

一　帝國的碎片：東北亞邊陲地區近代政治主體形成的歷史根源

近代初期以來，東北亞邊陲地區形成了一個可以稱之為「多中心的共同邊陲」的穩定地緣政治結構：處在複數帝國的夾縫之中，做為諸強權之間的介面（interface）或緩衝地帶（buffer）的邊陲地區，長期經驗了先後或同時被納入不同帝國支配的命運。這個地緣政治結構的歷史形成過程先後創造了五個近代的邊陲政治主體（peripheral political subjects）：琉球、臺灣、南北韓與香港。這五個邊陲地區的近代史經驗共同展現了「多中心之共同邊陲」的結構。琉球先後經歷了日清兩屬，日本兼併，以及從戰後至今日的美日兩屬。臺灣則是先後經歷荷領、明鄭、清領、日領，戰後初期的中國領臺，韓戰後至一九八〇年代的美國與國府共管，直至今日實質上的美中共管（間接統治型態的美中兩屬）。朝鮮半島經歷了韓末清、俄、日的勢力範圍競逐，日本統治，冷戰下分屬美、蘇支配的南北分裂，以及今日的美、中分別支配下的分裂狀態。香港則先後經驗了清領、英領，然後「回歸」中國統治。我們或許可以將這五個反覆被併入帝國而又（渴望）自帝國脫落的邊陲地區比喻為「（屬於或者脫落自）**帝國的碎片**」（fragments of/f empires）。

二 未完成的政治主體

東北亞邊陲地區的另一個共同特徵是，帝國夾縫的地緣政治結構催生了這些地區的近代政治主體意識與民族主義，但同時也限制了它們做為近代政治主體的完成與民族的獨立。朝鮮半島的南、北韓已經穩定地被整合在聯合國主權國家體系之中，因此半島的分裂結構似乎趨於穩定。以香港城邦自治運動型態現身的香港民族主義，二〇一四年的雨傘革命後快速發展，現在已經擴散到大學生群之間，出現了一種「學生民族主義」（student nationalism）的現象，並且也開始形成他們的政治代表，但仍需進一步觀察。[1] 做為內部殖民地受到日本直接支配的琉球，以及在美國、中國帝國主義間接支配下，被排除於聯合國主權國家體系的半獨立臺灣，成為一組適合比較觀察的個案。

三 臺灣與琉球近代政治主體形成的過程

在多中心的共同邊陲結構下，臺灣與琉球的近代政治主體形成與民族主義之出現，不可避免地都經歷了迂迴曲折的過程。

臺灣：從殖民地到國家

臺灣近代政治主體的形成過程，是一段**從殖民地轉型為民族國家**的複雜歷史。從歷史社會學的角度而言，這段過程可以從「社會」與「國家」兩個層次觀察。在社會的層次上，臺灣社會史的發展是**從分裂逐漸趨向整合**，然後在這個整合的社會基礎上，出現了近代民族主義（一九二○年代）。在國家層次上，連續外來殖民統治雖然造成政治史的斷裂，但同時卻也透過前後不同政權之間的**制度積累**（institutional accumulation）促成了國家的形成。這三個過程（社會整合、民族主義與國家形成）在九○年代以來的民主化過程中匯聚、深化，最終形成了當代臺灣國家的型態。就社會學意義而言，這是一個領土邊界明確，制度穩定的國家。如果依照赫南（Ernest Renan）對民族（nation）的定義（「每日舉行的公民投票」）來看，臺灣民主制度的日常性運作每一天都在穩定地再生產「臺灣人」這個公民的民族（civic nation）。不過，臺灣住民對臺灣的國家認同雖然已經形成，但是對於這個國家認同的象徵性內涵仍有爭議（「中華民國」還是「臺灣共和國」，親中還是親美日）。此外，這個國家受到聯合國主權國家體系的排除，國際法上的主權國家地位（sovereign statehood）並不穩定。最後，不能忘記的是，從二次大戰後臺灣國家的形成乃是在美國霸權與美日軍事同盟的保護下完成的。實質上，臺灣到二○○八年為止都是美國的保護國（protectorate）。[2]

整體而言，臺灣應該被理解為一個尚未穩定的新興民族國家。一九二〇年代與一九五〇年代出現的臺灣民族主義是一種典型的反殖民民族主義（anti-colonial nationalism），反抗日本與國民黨的殖民統治，然而當代的臺灣民族主義所追求的，是新興的臺灣民族國家在國際法與象徵意義上的完成，抵抗中國復國主義（irredentism）對臺灣的兼併，並且在此過程中嘗試脫離保護國地位，與美國建立對等關係。

琉球：從國家到殖民地

琉球近代政治主體的形成，是一段從封建王國變成殖民地，再發展成追求分離獨立之少數民族的過程。就社會層次而言，琉球社會同樣經歷了**從分裂到整合**的過程（封建身分等級制的廢止，資本主義化與泛琉球經濟體的形成等），然而這是在日本統治之下才完成的，因而琉球人或沖繩人的近代主體意識或國民／民族意識，也是在日本統治下形成的。在國家層次，琉球則弔詭地經驗了「**去國家化**」（de-statization）過程：國家的成立、附庸化、喪失，以及其後外來國家的連續殖民統治。

當代的琉球人民族意識，就是在**社會整合與去國家化／政治附庸化的矛盾過程中，歷經反覆的抵抗與臣服之後形成的**。戰前的沖繩或琉球主體論大多在追求日本國家的改造：謝花昇的沖繩自由民權運動追求琉球人做為日本國民的平等公民權，而伊波普猷自我否定的「日琉同祖論」則試圖以「琉球民族」的歷史性存在重構官方日本民族論，從而獲得在日本內部的平等地位。戰後在美軍統治下短暫出現獨立論，但並未形成強大力量；相反的，美國的軍事殖民統治，反而激發了嚮往日本和平憲法體制的復歸運動。就寄望於日本國家體制（特別是日本國憲法）此點而言，復歸運動與戰前的沖繩自治運動是一脈相承的。一九七二年復歸後依然持續的軍事殖民體制，終於激發了明確追求自日本與美國分離獨立的，最初的琉球民族主義。如果一九八一年《新沖繩文學》「琉球共和国への架け橋」（通往琉球共和國的橋梁）[3]的出版是琉球知識分子在思想上脫離日本國家的分離點（point of departure），那麼松島泰勝的《琉球独立への道》（琉球獨立之道）[4]則象徵了琉球民族主義思想的成熟——透過將琉球與關島（Guam）、新卡勒多尼亞（New Caledonia）和蘇格蘭類比與理論結盟，他明確界定了琉球民族主義做為族群民族主義（ethno-nationalism）的屬性，而他以市民社會團體為根據地在聯合國所展開的行動，則意味著琉球民族主義在政治實踐上跨出了具有高度戰略性的一步。

在去國家化的社會整合過程中形成的當代琉球民族主義，其主要目的自然是要從宗主國日本脫離，追求屬於琉球人的民族國家。這是**族群民族主義**的一個典型個案，也是Roger Brubaker所說的**尋求建國的民族主義**（state-seeking nationalism）。[5]

四　臺灣與琉球民族主義的屬性

臺灣透過繼承、改造殖民國家（流亡臺灣的中華民國）達成內部的去殖民化與實質獨立（de facto independence）。現階段目標是抵抗中國兼併，保衛實質獨立，再進而法理獨立（de jure independence）。因此，所謂「臺灣獨立」與臺灣的民族主義同時表現在包含國家與社會的三個不同層次。第一，獨立國家的制度性存在每日再生產與表現國家獨立（不論哪一黨執政）。第二，民主體制以「每日舉行之公民投票」方式日常性地再生產與表現獨立。第三，來自在野的民族主義力量（主要表現在民進黨與公民社會）。琉球民族主義試圖從日本分離獨立，達成解除殖民化的目標。現階段它主要表現在社會的層次，因此是John Breuilly所謂的反國家的在野民族主義（nationalism as opposition to the state）。[6]

我們可以從反抗的對象、支配的性質、領土與自我界定策略等角度，比較臺灣與琉球民族主義的異同。1.兩者都是反抗中央集權國家（centralizing state）入侵的**邊陲民族主義**（periphery nationalism）[7]，不過兩者之間仍有根本差異。擁有實質獨立的臺灣反抗的是來自外部的地緣政治核心步步進逼的兼併意圖。琉球則長期處於核心強權的殖民統治之下，尚未獨立，屬於當代所謂「**最後一批殖民地**」（last colonies）的範疇[8]，其民族主義主要反抗的是殖民國家權力的直接支配。因此我們可以說2.兩者都是反帝民族主義（anti-imperialist nationalism），但琉球民族主義是其中的一種特殊類型——追求從宗主國獨立的**反殖民民族主義**。當代臺灣因為透過繼承、改造殖民國家，已經達成內部的去殖民化，但仍處於外部強權的間接支配下。3.從領土管轄角度觀之，臺灣國家已經擁有對領土的排他性支配，其民族主義目標在保衛領土主權。然而琉球被併入特定民族國家內部，其民族主義追求的是**分離主義**（secessionism）。在比較民族主義研究上，也可以被歸類為如魁北克、蘇格蘭和加泰隆尼亞（Catalonia）一般的族群民族主義，4.從自我界定的策略觀之，臺灣民族主義是一種**公民—領土型民族主義**（civic-territorial nationalism），而琉球民族主義則是**族群型民族主義**。[9]

五　臺灣與琉球民族主義的解放策略

琉球：原住民主義與聯合國路線

當代琉球民族主義採取一種「由外而內」的解放策略：透過與南太平洋諸島國或島嶼殖民地，如關島、新卡勒多尼亞等地之民族解放運動進行論述與實質結盟，經由聯合國的途徑，訴求託管、自決，進而獨立。具體分析，琉球民族主義的聯合國策略可區分為兩個步驟。首先，將自身比擬為如太平洋諸島國人民一般的「原住民」（indigenous peoples），藉由聯合國原住民族常設委員會（UNPFII）確認琉球人之「民族」身分（peoplehood-cum-nationhood），以取得琉球人自決的國際法根據。其次，試圖透過聯合國去殖民特別委員會（Special Committee on Decolonization），爭取列入「非自治領土」（non-self-governing territories），進而獲得託管自決權利。[10]

琉球解放這個極具創意的原住民主義路線（aboriginalism），藉由國際原住民運動浪潮與聯合國新一波去殖民化行動，為琉球人的民族身分取得了相當的國際支持，達成初步的象徵性外部承認目標。然而這個路線有其根本限制，因為聯合國在國家形成（state-formation）此一議題上，仍然遵循權力均勢（balance of power）的古典現實主義原則。二十年來臺灣在中國阻撓下加入聯合國的挫折經驗，就是最好例證。同樣的，琉球獨立的聯合國策略在下一階段勢必面臨美日的強力阻撓：除非整個東北亞地緣政治局勢有根本改變，美國不會輕易自琉球撤軍，而除非日本國家構成理念有根本變化（亦即正式承認日本是多民族國家），**日本政治真正民主化**，日本政府更不可能承認琉球的民族地位與自決權。

社會學家Charles Tilly指出：「無論是強迫還是志願，血腥或者和平，**去殖民化只不過完成了既有國家聯手創造新國家的過程而已**。」（Whether forced or voluntary, bloody or peaceful, decolonization simply completed that process by which existing states leagued to create new ones.）而聯合國只是這個既有強國創造新國家的「國家認可組織」（state-certifying organization）。[11] 因此，即使聯合國採納了國際人權運動的訴求，以原住民常設論壇為原住民自決打開一扇機會之門，然而一個新國家最終是否得以誕生，依舊取決於聯大與安理會內部列強之間的現實政治（*realpolitik*）。一個國際政治的公理（axiom）是，所有國家均不願放棄領土，而地緣政治一般都是不利於分離主義的，因為支持他國內部之分離主義可能鼓舞自己內部之分離主義。[12] 聯合國認可的領土分離的門檻原本就很高，而當有大國（或宗主國）反對時，這個「國家認可組織」不但不會輕易支持任何領土分離，更可能隨大國起舞，積極阻撓。這個邏輯，不只適用在美日共管下的琉球，也可以適用於美國統治下的關島，以及法國統治下的新卡勒多尼亞。[13] 琉球連結太平洋原住民族進軍聯合國的策略，面臨著巨大的障礙。

臺灣：做為去殖民的民主化

臺灣民族主義在殖民地解放階段，採取的是「由內而外」的路線：經由民主化與國家繼承，達成內部的去殖民化與實質獨立，同時藉由國家繼承，保有少數「中華民國」的邦交國。[14] 這個階段已經初步達成目標，然而下一階段的目標，亦即經由參與聯合國獲得外部的法理獨立，在中國的阻撓之下，幾乎毫無進展。

臺灣因為條件不同，無法仿效當代琉球解放的策略。首先，臺灣住民的民族組成結構不同。臺灣原住民族雖也持續參與UNPIFF，但無助於使整個「臺灣人」被承認為原住民族，因為臺灣絕大多數人口為漢族移民後代，原住民族只占臺灣人口二．一%，因此難以用「臺灣民族」身分參與UNPIFF並獲得民族地位之外部認可。就臺灣民族主義而言，臺灣原住民族的進步性意義主要是內部的。首先，原住民族的存在迫使民族主義者以多元主義重構「臺灣人」概念，使之去本質化與種族化，成為一個多族群結盟的公民－領土的範疇（civic-territorial category）。第二，使相對晚近才來到的移民經由原住民族的中介，加深與臺灣土地的歷史連結。這種從原住民族角度逆向對「臺灣人」概念進行的**象徵性同化**（symbolic assimilation），是臺灣內部去殖民與民主化過程的一環。它同時也可以被理解為是臺灣民族主義的論述策略：為重建多數漢民族移民因其外來性與對原住民族之殖民剝削而喪失的正當性。或許我們可稱之為**內部的原住民主義**。這也是許多擁有原住民族之拉丁美洲國家在民主化過程所採取的認同與正當性的重構策略。[15]

琉球的聯合國經驗更加無法適用於臺灣。如同前述，在不利的地緣政治條件下，試圖經由聯合國體系形成國家的策略有其根本限制。臺灣在中國壓力下長期被聯合國羞辱的經驗，就是聯合國做為地緣政治的「國家認定組織」的最佳見證。這個狀況，在可預見的未來將不會改變。如歷史社會學家培利．安德森（Perry Anderson）所言，當代中國將自身理解為一個民族國家而非多民族帝國，因此絕對不會容許圖博（Tibet）、東土耳其斯坦（Eastern Turkistan，即新疆）與內蒙的分離，也不會放棄對臺灣的領土兼併意圖。[16] 面對中國霸權的崛起，美國採取「戰略性模糊」（strategic ambiguity）政策，強迫臺灣維持現狀，以便運用為美中爭霸的棋子。除非中國如蘇聯一般瓦解而導致領土碎裂狀態，臺灣的聯合國之路早已被封死。

六 What is to be done?

臺灣已經實質獨立，不過法理獨立受到中國（與美國）之全力阻撓，非常不易實現。琉球處於被殖民狀態，雖獲得聯合國原住民論壇之支持，但是美日同盟難以撼動，日本政治又陷入泥沼之中，因此極不易達成撤除基地、脫離日本統治，自決獨立的目標。此外，琉球也面臨另一個道德難題：美國如自琉球撤軍，勢必將基地轉移至關島，但如此會加重關島原住民查莫洛族（the Chamorro people）之負擔，而違反了琉球與關島解放同盟的道德義務。被鎖在東亞地緣政治的牢籠之中，臺灣與琉球將往何處去？

如果地緣政治結構操之在人，那麼弱者只能先面對自己，使自己變得強壯；如果國際政治無路可出，弱者必須另尋出路，迂迴前進。**壯大自己，迂迴前進**——這是賤民（pariah）在國際無政府狀態中（anarchy）生存的道德法則。[17]

讓我們首先思考琉球。儘管毋須放棄對聯合國的訴求，但琉球獨立運動或許已經到了應該進入「內部建國」的階段，將重點放在擴散民族意識（特別是經由與反基地運動的連結），擴大獨立論的本土社會基礎，以及克服琉球內部分裂之上。一旦琉球內部民族意識或自決獨立聲音變強，多重選項將自然浮現。屆時，不僅對外可以持續推動聯合國路線，對內也可以效法魁北克或蘇格蘭獨立運動模式，以強大的琉球獨立民意為基礎，與日本國中央政府談判下放權力（devolution）

或獨立公投。最後，我們不能忘記的是，要推動內部建國，需要具有實力的**政治行動主體**（agent），例如魁北克的魁北克黨（Parti Quebecois），蘇格蘭民族主義黨（Scottish Nationalist Party, SNP），或者臺灣的民主進步黨（Democratic Progressive Party）。琉球獨立是一種政治，政治意味著集體行動（collective action），而集體行動則無法迴避組織與領導（leadership）。如何建構一個能夠有效團結琉球人民對外談判的政治行動主體，將是當代琉球民族主義的重要課題。換言之，**琉球獨立運動必須重新思考「社會」與「政治」的連結**。[18]

接著讓我們思考臺灣的處境。二〇〇八年國民黨重新執政以來，為了經濟發展採行親中政策，而中國則運用新自由主義全球化的邏輯，推行「以商圍政」策略，以資本形式逐步入侵臺灣。臺灣對中國的政治經濟依賴結構，正在迅速形成之中。

面對來自新自由主義與新帝國主義的雙重圍困，臺灣首先應該鞏固國家與內部自主意識。然而這個命題所指涉的，並非由上而下的民族建構（nation-building）工程，而是一種公民的民族主義（civic nationalism）運動。具體而言，應該透過由下而上的政治與社會運動，持續推動臺灣民主的鞏固與深化，經由這個過程建構一個保護公共利益，體現普遍價值的公正城邦（a just polis），以**政治正當性**來強化臺灣住民的集體認同，鞏固臺灣的國家體制，以及保衛臺灣的實質獨立。[19]在這個思考方向下，臺灣的民主運動者面臨的具體課題是：如何克服臺灣社會運動對政治的不信任，促成公民社會的愛國主義（patriotism）與政治社會的民族主義的連結或結盟。和琉球民族主義一樣，**臺灣民族主義也必須促成政治與社會的連結**。[20]這是「壯大自己」。那麼「迂迴前進」之路在哪裡？

臺灣內部的民主政治所創造出來的正當性與道德形象，為自己創造了一條外部的出路：**全球公民社會**（global civil society）。臺灣雖然長期被聯合國體系的權力政治所排除、輕蔑與侮辱，但從九〇年代以來，卻因民主化努力所建立的道德形象，而在追求普世進步價值的全球公民社會之中獲得接納。全球公民社會在聯合國壟斷的國家體系之外，提供了另一個開放的、進步的，而且是真正普遍的國際合作體系。如果臺灣無法參與主權國家的權力遊戲，那麼它至少還有機會參與為人類共同利益獻身的理想主義事業。**現實主義不是唯一的遊戲規則**。此外，我們不應忘記全球公民社會與聯合國體系不是兩個平行的世界（parallel worlds），而是一個共同世界的兩個相連的構成部分。透過在國內適用各種國際人權法的作為，臺灣早已與聯合國主導的人權體系建立間接的、實踐性的連結。全球公民社會或許只是國際無政府的黑暗叢林中的一條路跡模糊的小徑，但在路的盡頭卻閃耀賤民解放的一線希望之光。

七　臺灣與琉球結盟的可能性與基礎：一個康德主義的立場

比嘉春潮在明治四十三年九月的日記如此寫道：「人は曰く、琉球は長男、臺湾は次男、朝

鮮は三男と。」（眾人曰，琉球為長男，臺灣為次男，朝鮮為三男。）[21] 咫尺之隔，唇齒相依的帝國長男琉球與次男臺灣，在近代東北亞的諸帝國夾縫之中共同受困，並且各自在受困之中發現自我。它們命運的軌跡，最初交會於清帝國與日本帝國的衝突之中，其後再度交會於冷戰期間美日同盟與中國的對峙。今天，臺灣與琉球繼續以不同的方式被捲入東北亞帝國之間的結構性衝突之中。帝國夾縫的結構一方面催生了這兩個近代的政治主體，但另一方面卻禁止它們的完成。這個既促成卻又同時壓抑主體形成的矛盾結構，是一種蓋爾納（Ernest Gellner）所說的「誘發民族主義的社會情境」（nationalism-engendering social situation）[22]，也是當代東北亞邊陲民族主義方興未艾的主要因素。只要這個結構不變，臺灣獨立的呼聲不會消失，琉球獨立的力量也會日益增強。那麼，臺灣和琉球這兩個共同受困的賤民，有沒有相互扶持，一起脫困的可能呢？

琉球民族主義如何想像與臺灣的關係，應該取決於琉球人民自身。在此我們只討論臺灣應該如何看待琉球獨立的問題。臺灣獨立與琉球獨立到底存不存在結盟基礎呢？從現實主義角度觀之，顯然答案是否定的，因為臺灣的獨立勢必依賴美日臺軍事同盟以嚇阻中國，如此則難以反對美軍在琉球設置基地與駐軍。這也是傳統親美日臺灣獨立論的主流觀點。然而這個過於自利的立場**必須加以修正**。首先，這個「以鄰為壑」（beggar thy neighbor）的主張違背了普遍的正義原則，最終也將傷害臺灣。如果臺灣可以為了獨立而犧牲琉球人的獨立，那麼同理琉球人，乃至所有其他民族與國家，都可以為了自身的獨立而犧牲臺灣。事實上，這個自利主義的立場正是現實主義的心理基礎，也是東北亞邊陲的悲劇，乃至世界所有夾縫中弱小民族悲劇的根源。為了超越**弱者相殘**的悲劇性循環，我們必須揚棄這個自我中心的立場。

其次，仰賴軍事同盟的保護事實上只會使小國臺灣更容易陷入戰爭威脅的險境，因為在此種不對稱結盟（asymmetric alliance）中，小國更難拒絕大國的軍事要求，也因此更容易捲入衝突。此外，正如政治哲學家羅爾斯（John Rawls）所指出，軍事力的嚇阻效應所帶來的和平只是權力平衡所造成的暫時性穩定，長期而言，我們應該追求「為了正確理由的穩定」（stability for the right reason），也就是經由擴散民主而達成和平。[23] 民主，正是臺灣所擁有最珍貴的軟實力（soft power），它構成我們追求康德式的民主和平（democratic peace）最可信（credible）的憑藉。

因此關於琉球獨立問題，臺灣必須尋求現實主義之外的思考。站在公民社會的位置，基於**康德主義**（Kantianism）的立場，我們主張臺灣應該尋求與琉球建立羅爾斯所說的「自由的民族」（liberal people）之間的理念與價值的同盟。[24] 具體而言，立足於公民社會的臺灣獨立運動者必須基於民族自決、民主、人權、和平與環境保護之共同理念，宣示支持撤除美軍基地以及琉球人的命運自決。與此同時，他們也必須毅然宣示將以**永久中立**（permanent neutrality）為終極目標，既不追求加入美日同盟，也不與中國結盟。這將是臺灣民族主義思考的一次根本變革，因為選擇「中立」意味著放棄尋求大國結盟的外部支持，轉而依賴自身內部的力量來維護自己的獨立自主。[25] 這個真正獨立自主的思考，對於有著濃厚的「事大主義」傾向，習於依賴美日保護的傳統臺灣獨立派是陌生的。對於飽受國際孤立之苦的臺灣，中立確實是一個極度困難的道德與政治選擇，但也是臺灣擺脫強權政治操弄，走向真正自主獨立之路的契機。臺灣必須下定決心，放棄依賴強權，拒絕捲入強權爭霸，以積極的外交說服與消極的防衛嚇阻，追求、保護自身獨立，最終達成永久中立的目標。

必須說明的是，這個中立與弱者價值同盟的宣示，必須從康德民主和平論的脈絡加以理解。做為一個小國與弱國，中立臺灣不能也不應參與權力競逐的地緣政治遊戲，因此臺灣將透過理念說服、外交手段，以及全球公民社會網路，表達與實踐對琉球民族自決之支持。這是獨立臺灣對琉球民族的許諾：基於正義的理念與價值，與所有追求另類國際秩序（alternative international order）的小國與弱國共同建構「**道德的權力平衡**」（moral balance of power），以制衡大國權力政治的橫暴與不義。[26]

八　結語：A radical hope

這篇關於琉球獨立的閱讀筆記始於現實主義的冷徹分析，但是終於理想主義的願景描繪與行動宣示。從悲觀到希望——這個思考序列看似矛盾，其實是本文論證邏輯的必然歸結，因為唯有先認清弱者所面對的冷硬現實，放棄一切幻想，才能真正開始思考超越現實的可能。必須先絕望，然後才能開始希望。然而弱者可以希望什麼呢？希望一種思想史家雅各比（Russell Jacoby）所說的「反偶像的烏托邦」（iconoclastic Utopia），一種雖然沒有清楚的未來藍圖，然而明確否定當下不公正的現實，並且在否定過程中逐步改變現實的烏托邦。[27]這是弱者的希望形式，英文稱為hope against hope，一種即使在自己的族群面臨被同化、消滅的命運時，依然堅持夢想在未來以不同的面貌重建族群的，激進的希望（radical hope）。

小小的利利普人（Lilliputians）為何可以捆縛巨人格列佛（Gulliver），並且驅使他行動？

然而我們終於會知道，在Robert Keohane這個謎樣的質問當中[28]，隱藏著現實主義者所不理解的，關於希望的原則（principle of hope），以及無力者的力量。

（二〇一二年十一月六日，初稿成於南港四分溪畔；二〇一六年四月修訂於草山）

注釋：

1 香港城邦自治運動是《香港城邦論》作者陳雲最初建立的組織，現已改組整合，以「香港復興會」（Hong Kong Resurgence Order）之名活動，其網址為：http://hkresurgence.com/。關於香港民族主義起源的分析，請參考本書第十一章〈The Lilliputian Dream：關於香港民族主義的思考筆記〉；關於雨傘革命後的發展，請參考吳叡人，〈歷史、政治與青年激進主義：後雨傘革命時代香港本土主義思潮的初步觀察〉，發表於中央研究院社會學研究所亞洲社會轉型主題研究小組主辦，「後太陽花與後雨傘運動之臺港社會政治轉變比較研討會」，二〇一六年三月二十五日。

2 二〇〇八年國民黨重新執政，採取親中政策以來，中國對臺影響力日益增大，結果使臺灣逐漸陷入美中兩屬的狀態。

3 《新沖縄文学》特集「琉球共和国への架け橋」，四十八号（一九八一年六月三十日）。《新沖縄文学》為《沖縄時報》社發行，一九六六年創刊之思想與文化綜合性雜誌，每期發行主題專輯，為戰後沖繩知識人重要的言論根據地，一九九三年休刊。本期的〈琉球共和国への架け橋〉（通往琉球共和國的橋梁）專輯邀集著名的日本、沖繩知識人從不同角度構思或想像琉球共和國成立的願景，日方作者包括明治文化史家色川大吉、詩人岡部伊都子、左翼史家井上清、思想史家松本健一、評論家中野好夫，沖繩方面則有詩人高良勉、作家安里英子、史家我部政男、新崎盛暉、旅美經濟學者平恆次等望重一時之士。本期雜誌也同時刊出獨立派提出的琉球共和國憲法試案與無政府主義詩人川滿信一的〈琉球共和社會憲法草案〉，以及沖繩經濟研究會提出的〈沖縄經濟自立の構想〉，乃至社運老將安里清信與關島獨立運動者關於琉球與太平洋諸島連帶的對談，從全方位描繪琉球獨立的願景。

4 松島泰勝，《琉球独立への道：植民地主義に抗う琉球ナショナリズム》（京都：法律文化社，二〇一二）。

5 Rogers Brubaker, *Nationalism Reframed: Nationhood and the National Question in the New Europe* (Cambridge: Cambridge University Press, 1996).

6 John Breuilly, *Nationalism and the State* (Chicago: The University of Chicago Press, 1994).

7 Michael Hechter, *Containing Nationalism* (Oxford: Oxford University Press, 2000).

8 Robert Aldridge and John Connel, *The Last Colonies* (Cambridge: Cambridge University Press, 1998).

9 琉球擁有清晰可辨識的獨自的政治傳統（古王國）、文化傳統與高度的族群同質性，因此採用族群民族主義的自我界定策略是非常合理的。臺灣因為條件不同，不易採取類似策略：外部而言，以漢族移民為住民主體的臺灣很難以族群界線和中國區隔；就內部而言，民主化過程興起的認同政治（identity politics）已經確立臺灣做為一個多族群國家（multiethnic state）的共識，單一民族論的選項幾乎已經被排除。因此，臺灣民族主義者最終選擇以「命運共同體」為核心內容，以共同領土為範圍的公民—領土型民族定義。

10 本段討論參照松島泰勝，《琉球独立への道：植民地主義に抗う琉球ナショナリズム》，第二、四章。

11 Charles Tilly, "War-making an State-making as Organized Crime," in *Bringing the State Back In* , ed. Peter Evans, Dietrich Rueschemeyer and Theda Skocpol (Cambridge: Cambridge University Press, 1985), 185.

12 Michael Hechter, "The Dynamics of Secession," *Acta Socilogica* 35 (1992): 277-278.

13 Robert Aldridge and John Connel, *The Last Colonies*, 190-195.

14 關於臺灣的民主化與去殖民的關係以及過程，參見Rwei-Ren Wu, "Toward a Pragmatic Nationalism: Democratization and Taiwan's Passive

Revolution," in *Memories of the Future: National Identity Issues and the Search for a New Taiwan*, ed. Stephane Corcuff (Armonk, London: M.E.Sharpe, 2002), 196-218.

15 墨西哥小說家Carlos Fuentes對墨西哥歷史的重建策略，就是一個鮮明的例證。參見富安蒂斯（Carlos Fuentes）著，張偉劼、谷佳維譯，《墨西哥的五個太陽：千禧年的回憶錄》（*Los cinco soles de Mexico: Memoria de un milenio*）（臺北市：允晨文化，二〇一二）。

16 Perry Anderson, "Stand-off in Taiwan: Greens v. Blues in the South China Sea," *London Review of Books* 26:11(June 2004). (http://goo.gl/c8D7gt, accessed 2016/7/2)

17 關於賤民相關論述，可參見本書第四章〈賤民宣言〉與第七章〈救贖賤民，救贖過去〉。

18 二〇一四年十一月，沖繩反基地派以「全沖繩」和「認同高於意識形態」的口號，有效整合傳統左右對立，建立某種民族統一戰線，在大選中獲得大勝，同時贏得縣知事、五席眾議院議員，以及名護市市長席次。當選縣知事的翁長雄志在就任後與中央政府展開一系列反基地鬥爭，並向美國與聯合國力主沖繩之自我決定權，成為繼九〇年代的大田昌秀之後爭取沖繩自主自決最重要的政治領袖。換言之，琉球民族主義的政治化已經成為事實。

19 參考本章第四章〈賤民宣言〉與第十四章〈社會運動、民主再鞏固與國家整合〉。

20 二〇一四年三、四月之間爆發的太陽花運動，是臺灣公民社會對帝國主義與新自由主義雙重圍困的一次有效反抗，其性質正是一種公民民族主義。最重要的是，該運動成功擋下服貿協議的簽訂，帶動了公民社會參與選舉（二〇一四年底九合一大選，二〇一六年總統與立委選舉），並進而創造自己政治代表的熱潮。毫無疑問，這個產生自公民社會的公民民族主義已經與政治場域建立了初步的連結。關於太陽花運動各個面向的深度分析，參照林秀幸、吳叡人主編，《照破：太陽花運動的振幅、縱身與視域》（新北市：左岸文化，二〇一六）。

21 比嘉春潮，《沖縄の歳月：自伝的回想から》（東京：中央公論社，一九六九），頁三七。

22 Ernest Gellner, *Nations and Nationalism* (Ithaca: Cornell University Press, 1983), 94.

23 John Rawls, *The Law of Peoples* (Cambridge, Massachusetts & London, England, 1999).

24 ibid, chapter 1.

25 Efram Karsh, *Neutrality and Small States* (New York: Routledge, 2011〔1988〕), 4.

26 Christine Ingebritsen, "Conclusion: Learning from Lilliput," in *Small States in International Relations*, ed. Christine Ingebritsen, Iver Neumann, Sieglinde Gstöhl and Jessica Beyer (Seattle & Reykjavik: University of Washington Press & University of Iceland Press, 2006), 290

27 Russell Jacoby, *Picture Imperfect: Utopian Thought for an Anti-Utopian Age* (New York: Columbia University Press, 2005).

28 Quoted from Iver B. Neumann and Sieglinde Gstöhl, "Introduction: Lliputians in Gulliver' s World," in *Small States in International Relation*, ed. Christine Ingebritsen, Iver Neumann, Sieglinde Gstöhl and Jessica Beyer, 27.

11. The Lilliputian Dream
——關於香港民族主義的思考筆記

- 香港民主運動，正在試圖走完香港政治共同體形成的最後一哩路……香港的民主時刻（democratic moment）與民族時刻（national moment）正在相互重合，彼此滲透。

一個政治上尚未被組織起的部落仰賴昔日共同從事政治行動的記憶而存活著。典型的共同政治行動，如一次征服，或一次抵抗。然後，關於這個行動的種種記憶，就構成了這個部落。

——Max Weber

一

自二〇一一年以來，我們在東亞見證了一個具有世界史意義的非凡事件（world-historical event），也就是香港民族主義（Hong Kong nationalism）的興起。香港民族主義雖然是一種晚期民族主義（late nationalism），但卻是一個形式與內容都相當完整的民族主義運動，因為它同時包含與體現了「nationalism」一詞的三重意義：群眾情感（sentiment），意識形態，以及運動組織。[1]

香港民族主義做為一種有社會基礎的群眾情感，表現在香港人日益強烈的香港認同。根據香港大學民意研究計畫（HKU POP）所做的香港市民身分認同調查顯示，二〇一一年以來已經有平均四成左右的香港市民認同自身為純粹香港人（不包含中國認同者），而純粹「中國人」認同則掉落至兩成以下。[2]香港認同穩定增強的現象在年輕世代似乎更為明顯。根據港大學生會《學苑》雜誌二〇一四年二月號針對港大學生所做民調，有四八%學生自認為在政治光譜上屬於「本土派」，而認同「大中華」者僅十五%。關於最適合香港的政體，雖然多數（六八%）主張維持一國兩制，但竟有十五%學生認同「香港獨立成國」。而針對如果香港舉行公投表決「香港應成為一個獨立國家，但結果不受北京承認」的問題，有三七%表示贊成，而在北京承認公投結果的前提下，支持獨立者達到四二%，超過了反對的四一%。[3]

做為一種意識形態，香港民族主義目前主要表現在兩個比較成熟的香港政治本土論述之中——政治評論家陳雲在《香港城邦論》（二〇一一）等一系列著作中提倡的城邦自治論，以及香港大學學生會《學苑》雜誌（二〇一四年二月號）首倡的香港民族自決論。這兩種論述以不同的方式、理論根據與策略，對香港的政治主體性提出了相當成熟而複雜（sophisticated）的論證。他們並非少數知識菁英在書齋空想出來的孤立論述，而是嘗試對上述香港住民日益增強之香港政治認同進行理論化的產物。換言之，他們是根植於廣泛民眾意識之中的新興民族主義論述。

做為組織性運動，香港民族主義還在初期發展階段。香港城邦論已經出現組織性運動的形式，也就是是陳雲主導的香港城邦自治運動（http://hkam2011.blogspot.tw/）。香港民族自決論的組織型態似乎還在醞釀階段，但我們可以預期應該會以學院知識青年為其主要基礎。十九世紀以來各新興民族的民族主義運動大多由青年學生發起，如十九世紀的青年義大利運動、青年愛爾蘭運動，以及二十世紀前半的《台灣青年》運動等。當代的香港民族自決運動與此一歷史現象合致，或可稱之為某種「**青年香港**」（Young Hong Kong）運動。整體而言，做為組織性運動的香港民族主義目前活動似乎仍以宣揚理念為主，尚未形成政黨，或者與既有政黨合流，以蘇格蘭民族黨（SNP）、魁北克黨（Parti Quebecois）和臺灣的民進黨（DPP）的「議會民族主義」（parliamentary nationalism）型態參與選舉政治。[4]

二

很明顯的，新興的香港民族主義是一個有社會基礎、植基於民眾情感，有論述，並且正在組織化的民族主義運動。和過往兩百年來世界史上所有民族主義運動（包括中國民族主義）一樣，香港民族主義並非憑空出現，也不是任何野心家所能煽動泡製；它是一個**宏觀的歷史社會學現象**（macro-historical-sociological phenomenon），其興起背後同時有長期的歷史結構性因素，與短期的政策與政治因素。它的歷史或許不如中國民族主義長久，然而做為一種社會學意義的社會事實（*le fait social*），兩者一樣真實，不分軒輊。此處讓我們嘗試從短期與長期角度，對於香港民族主義的興起提出一個初步的解釋。

三

毫無疑問，促成當代香港民族主義興起的短期因素（或者近因），就是一九九七年香港併入中國以來，來自新宗主國對香港日益緊縮之控制。如果借用政治學家 Paul Brass 在《族群與民族主義》（*Ethnicity and Nationalism*，一九九一）一書的理論模型來觀察，九七之後的中港關係，其實正是中央集權國家（centralizing state）試圖將國家權力伸入新領有之邊陲領土（periphery），結果對邊陲人民既有認同與利益造成嚴重威脅的情境。Brass 主張，這種來自核心的威脅，就是導致邊陲產生族群與民族主義動員的典型情境之一。換言之，當代香港民族主義的興起，可以被理解為香港住民對於新宗主國試圖多方控制香港的一種反彈。

九七之後北京雖在表面上遵循「一國兩制」政策方向，然而在實質上卻從未停止嘗試對香港進行整合與控制，因為北京顯然非常明白「一國兩制」內含的曖昧空間可能被港人反向操作，用以追求更大自主。從一開始，北京和香港對於「一國兩制」的理解就是同床異夢、各取所需。前者追求「一國」，也就是**單一國家**（unitary state）的終極實現，「兩制」只能也必須是朝向「一國」目標的短暫過渡狀態，因此必須嚴密監控。後者追求「兩制」的永久化，也就是分權與自主，「一國」只是聯邦或邦聯式的屋頂。而這個分歧的根源，不只來自**當代中國國家內在的強烈中央集權傾向**（built-in centralizing tendency），也在於北京對香港主體性的歷史形成欠缺深刻的同情理解。

「一國兩制」的政治承諾與基本法，確實為新宗主國國家權力的入侵設下一定限制，然而強大的北京仍然得以運用多重手段對邊陲進行控制。政治上，最重要的莫過於阻撓港人實現普選，防止香港住民在「兩制」實施期間，進一步成為一個有能力形成政治上集體意志的自治共同體（self-governing community）。其次則是創造在地的統治代理人集團，或者**殖民協力者**（collaborators），做為間接統治的工具。在社會面，則試圖透過種種鼓勵內地人移居香港的政策措施達成實質上的「**移民實邊**」目的，逐步內地化香港人口。從比較殖民史角度而言，這是殖民主義者在移住型殖民地（settlement colony）常用的古典控制策略，例如中國領有的新疆、西藏，日本統治下的臺灣、朝鮮，以及法屬阿爾及利亞。不只如此，還計劃以區域發展之名，試圖將香港整合吸收到珠江三角洲之內，同時造成中、港人口計劃性相互移動、混合（planned mutual relocation and mixing of populations），使其徹底喪失經濟與人文地理上的獨特性。[5]經濟上，則以新自由主義全球化之名收編香港壟斷資本階級，並且創造香港對中國內地之經濟依賴結構。最後，則是透過**同化主義式的意識形態控制**征服香港人的靈魂。近年香港新聞自由的日益緊縮，以及國民教育科的實施計畫，就是最明顯的例證。在所謂「一國兩制」的保護傘下，香港在政治、社會、經濟與文化的自主性，卻竟然持續遭受侵蝕，背後當然就是北京國家權力的積極滲透。

整體而言，北京對香港實質上採取的是一種漸進但全面同化、吸收的**官方民族主義**（official nationalism），終極目標是將香港整合到單一國家之內，消融其固有特殊性。然而這是一種本質上極富侵略性的國家與民族建構工程（state- and nation-building），必然對香港本土原有的資源分配、社會體制、價值觀與文化認同造成嚴重衝擊，並且導致本土社會的抵抗與反擊。從二〇〇三年SARS危機以來逐步浮上檯面的香港人與內地人的族群衝突，各種本土主義論述的擡頭，乃至最終香港民族主義的興起，其實就是香港本土社會對入侵的北京國家權力所帶來的威脅——尤其是香港共同體的解體危機——的反彈、抵抗與自我防衛。誠如Brass所預測的，中央集權的國家對邊陲的侵入，威脅了邊陲的利益與認同，因而導致了邊陲的族群與民族主義動員。

四

九七後中國官方民族主義侵入性的國家統合政策激發了當代香港民族主義，然而這個防衛性民族主義的社會基礎是一個在政治、經濟、社會與文化各方面已經形成法國社會學家涂爾幹（Émile Durkheim）所說的「**有機連帶**」(organic solidarity）的香港本土共同體。在某個意義上，我們可以將這個共同體理解為一個**形成中的**「**香港民族**」(Hong Kong nation）的雛形。這個本土共同體的形成過程，就是當代香港民族主義興起的遠因或者長期的歷史結構性因素。

我們可以從**國家**與**社會**兩個層次分析香港本土共同體的形成過程。在國家的層次上，港英殖民政府一百五十餘年的穩定連續統治在實質上為香港創造了一個**以香港、九龍與新界為領土邊界的準主權領土國家**（quasi-sovereign territorial state）的制度形式（institutional form）。儘管英國並未賦予香港自治領（dominion）的地位，但在二次戰後卻賦予港英政府以高度的行政與財政自主，港英政府不僅得以自主制定社會、經濟政策，同時還以香港之獨立身分參與各種國際組織，並在世界各地設有貿易辦事處。在港英統治下，香港有獨立的法律、文官系統、獨立的貨幣、護照、郵政、海關、國際電話區號與國際組織締約權。這個香港（準）國家制度架構雖然欠缺了大英帝國自治領的自治議會，沒有賦予香港住民參政權，使他們得以行使主權者的統治權，但卻將他們深深整合到社會學家 Charles Tilly 在晚年著作《民主》（*Democracy*，二〇〇七）所說的現代國家之「公共政治」（public politics）的網路之中，使他們與香港（準）國家連結，成為「香港公民」（citizens of Hong Kong）。在此意義上，「香港市民」一詞的意義不僅指涉城市或城邦成員，同時也指涉國家公民。更重要的是，在這個「**國家化**」的過程中，經由參與公共政治網路而形成的不僅是個別的公民，而且是共享權利，同時對彼此負有公共義務的「公民全體」（citizenry）。

在社會的層面，香港長期做為來自中國之一波波移民與難民最近的移住地，和許多移民社會（如美國、臺灣）一樣經歷了比較曲折，因而比較晚熟的社會整合與土著化（indigenization）過程。不只如此，由於在地緣上過於接近中國本土，香港社會非常容易受到中國政治動亂之影響，這也加深了社會整合與土著化的困難。儘管如此，香港在一九四九年承受最後一波來自中國的大量移民之後，人口組成開始逐漸穩定下來。六七年左派暴動之後，香港人開始比較積極追尋本土認同，香港政府也開始推行種種塑造香港認同的政策，而整個七、八〇年代則是香港住民土著化與香港身分認同形成與穩定最關鍵的時期。

上述香港的國家與社會發展歷程，為香港日後的民族形成奠下了幾個重要的基礎：準領土國家制度架構、公民（市民）整體的形成、社會的整合、土著化與香港認同的形成。如法國大革命理論家Abbé Sieyès所描述的一個以共同法律、政治體制與公共文化為核心的「**公民民族**」（civic nation）似乎已經呼之欲出——然而這個發展還缺少了一個關鍵環節：**民主化**。借用後殖民理論家謝平（Pheng Cheah）的話來說，民主化是連結社會與國家，並且使「公民全體」轉化為真正的公民共同體，具有形成集體意志的能力，從而將外來殖民者的國家「有機化」（organicize）為香港人民**自己的**國家最關鍵性的去殖民工程。基於地緣政治考量，缺乏遠見的港英政府要遲至一九八〇年代中英談判過程，才開始進行小幅度的香港民主化，然而此時已因受制於北京而無法放手改革，也因此使香港自治共同體形成的最關鍵工程處於未完成的狀態，導致貽禍至今。

英國民族主義理論家Anthony Smith在《民族認同》（*National Identity*，一九九一）一書中回顧世界史上各民族形成的經驗時，歸納出幾種民族形成的路徑，其中由殖民地轉化為民族國家的類型，被他歸類為「**從殖民地到民族**」（colony into nation）的路徑。許多亞非前殖民地形成的國家都屬於這個類型，臺灣雖然國家形成過程較為曲折，但也算是這個類型的案例之一。[6]香港的民族形成過程，儘管還在發展之中，然而香港民族的雛型確實形成於殖民統治之下，因此應該**可以視為「殖民地到民族」路徑的一個特殊個案**。這個港英統治下開始形成而「未完成」的民族雛形，在新宗主國中國統治下，成為香港民族主義興起的社會基礎。如今香港的民族與國家形成進入了一個新的階段，民族主義興起，試圖以政治行動介入歷史，促成香港政治共同體的完成。

五

當代新興的香港民族主義，是在一百五十年的英國殖民統治下，以香港本地的社會整合與政治發展為現實基礎，受到九七後新宗主國中國的侵入性官方民族主義國家統合政策刺激而產生的政治與歷史社會學現象。這個命題說明了，當代香港民族主義是在**連續殖民**的情境下產生的思想與運動，它是一種英國歷史學家John Breuilly在《民族主義與國家》（*Nationalism and the State*，一九八五）所說的反對政治（opposition politics），既受制於國家，同時又試圖挑戰國家。讓我們對當代香港民族主義的兩個代表性論述稍做檢視。

陳雲充滿創意的「香港城邦自治論」是一種弱小民族民族主義的變形。他迴避民族主義概念，借用公民共和主義（civic republicanism）的語言來證成香港主體性與高度自治，然而他的公民共和主義是基於一個奇妙的歷史論證：香港是城邦（polis or city-state）——也就是公民共和主義思想的起源場域——的一種當代形式。換言之，陳氏將香港（與新加坡等）做為殖民地貿易港市的歷史，連結到現代主權國家體系興起前的古典／中世紀城邦國家與歐陸自由市的傳統之上，**發明**（invented）了一個從古希臘、文藝復興到現代「殖民城邦」的城邦系譜，從而將古典城邦與自由市才擁有的自治傳統順帶**挪用**（appropriated）到事實上缺乏自治傳統的城市殖民地香港之上，以這個**想像的城邦自治傳統**做為香港自治的論據。換言之，香港自治的正當性基礎不是香港民族的自決權，而是香港城邦的歷史與其固有的自治特質。在這個歷史論證之上，陳氏再將原本被公民共和主義視為共和政體**存在前提**或存續條件的公民德行（civic virtues）轉化為界定香港**認同的判準**，於是「香港人」或「香港市民」成為一種基於價值而非以血緣形成的政治範疇。

陳雲宣稱他的主張是一種現實政治（*realpolitik*）的論證，因為他不支持香港獨立，而且他的香港自治目的在於防衛與保護香港固有的自治與主體性，不在挑戰中國主權或介入中國政治。他之所以拒絕使用民族主義概念，應該也是出於現實主義之考量，因為如此勢將與中國民族主義，尤其是官方民族主義直接衝突，風險過高。然而陳雲看似現實主義的主張，依然處處充滿理想，乃至夢想，因為他所發明的香港城邦自治傳統，其實是一種尚未實現的未來願景（vision）。而正如英國政治哲學家Margaret Canovan在《民族屬性與政治理論》（*Nationhood and Political Theory*，一九九六）所提醒我們的，起源於城邦政治的公民共和主義預設了一個高門檻的城邦認同條件，當代香港人的香港認同雖然日益高漲，但顯然離古典共和主義的要求仍有一段距離。陳雲筆下香港市民的愛港心（Hong Kong patriotism），無疑也是一個尚待實現的願景。

整體而言，筆者仍將香港城邦論視為一種民族主義的變形。首先，陳雲事實上預設了一個香港的公民共同體或者公民民族（civic nation）的存在。其次，他的整個論證仍舊在歷史學家Ronald

Suny（二〇〇一）所謂「民族的論述」（discourse of the nation）內部操作的。換言之，這個論證是在不挑戰，乃至接受現代主權民族國家普遍秩序的前提下，有意識地選擇以不完整主權之前現代非民族國家政治形式做為香港逃避大國兼併吸收的保護殼（protective shell）。這種「沒有民族主義的民族主義」（nationalism without nationalism）的奇妙論證，其實是政治學家 Louis Snyder（一九八二）所說的缺少獨立實力的弱小民族民族主義（mini-nationalism）的變形。

六

與香港城邦論的迂迴論證相對照，香港大學《學苑》二〇一四年二月號所倡導的香港民族自決論，則是一種明快而明確的香港民族主義論述。「**香港民族，命運自決**」這開宗明義的八個字首先突破了香港人政治想像的邊界，打開了「潘朵拉的盒子」（Pandora's box），讓不可想像的變成可以想像的，並且在來日的行動中，逐漸可能成為自然的、合理的，乃至正當的。這是一種政治修辭對行動的召喚。莎士比亞詩云：「What's in a name?」（名字有什麼呢？）為自我命名，就是召喚民族現身的第一步。然而在自我命名之外，《學苑》的青年理論家們也費心描繪他們理想中的香港民族容顏。首先，香港民族是一個進步的政治共同體。他們引述英國左翼政治哲學家 David Miller 在《論民族性》（*On Nationality*，一九九五）一書的主張，強調一個有明確邊界的香港民族之存在，是在香港可能實施分配正義（distributive justice）的前提，因為有限資源不可能無限分享，也因為只有民族成員的同胞情誼與互信（trust）才能滋生願意公平分配的意願。這個劃清共同體邊界的主張是對中共放鬆內地移民入港，導致香港社福資源被大量侵蝕的直接反彈，也清楚透露了這一波香港民族主義的防衛性格。

其次，香港民族的形成史，是一部與中國逐漸劃清界線的歷史。他們引用安德森（Benedict Anderson）在《想像的共同體》一書中關於殖民地民族主義興起的解釋，主張香港認同於十九、二十世紀之交首先形成於香港的華人菁英階層（也就是安德森所說的殖民地雙語菁英〔colonial bilingual elite〕），然後在一系列與中國本土互動的歷史經驗中（如一九二五年的省港大罷工、一九四九年中共建國、一九六七年暴動），逐步形成廣泛的香港本土認同。其後經過一九八九年天安門事件之衝擊，以及九七之後中國對香港日益增強的干預過程中，多數港人終於確立了「立於香港，團結拒共」的政治共識。第三，香港民族是一個文化共同體。他們引述安德森的印刷資本主義論證，主張七〇年代以來興起的本土粵語通俗文化，透過電影、電視與音樂等媒體，發揮了早期印刷術的功能，凝聚了香港人意識，同時也區隔了來自大陸的他者。最後，香港民族享有民族自決的權利，應該獨立建國。他們引述安德森「想像的共同體」這個主觀主義的民族定義，區別種族與民族，主張香港人已經形成一個具有共同文化的心理共同體，而這個共同體的共同心理特徵——他們稱之為香港的**民族神話**（national myth）——則是渴望遠離共產黨主導的中國。已經形成、具有共同心理特徵的香港民族，當然擁有國際法上的自決權，此時應該建立主權的獨立國家，才能保護香港免於來自中國與其他國家的侵犯。在積極表述主張之外，這期《學苑》的民族自決專輯中也刊登了一篇基於後殖民觀點的文章，對當代本土思潮做批判性檢視。

在前面所簡單勾勒的《學苑》青年知識分子集團的民族自決論中，我們可以觀察到幾個特徵。首先，這是一個公民的民族主義論述（discourse of civic nation），所謂「香港民族」主要是以共同命運、共同政治社會體制、共同心理特徵與共同價值等標準來界定的，與血緣、種族無關。年輕的作者們雖然強調香港民族具有共同的粵語文化，然而這個文化與香港價值一樣，本質上是開放，可以經學習而獲得的。這個開放的公民民族論，恰與北京的血緣民族論成為鮮明對比。第二，「香港民族」是在現代歷史過程中形成的政治建構物。這個吸收了當代社會科學建構論（constructivism）觀點，因而具有反身性格的（self-reflexive）自我認識，也和北京的「炎黃子孫」之類的古老本質主義成為強烈對比。第三、對分配正義與後殖民批判的關注，說明這是一個吸收了左翼視野的民族論。換言之，**傳統的左、右派二分法，已經無法準確掌握這個新興民族主義的特質**。這三個特徵正是筆者所謂「**晚期民族主義**」**的共同特質**：在經歷了八、九〇年代來自西方社會人文理論的後現代、解構與後殖民思潮的激烈批判檢討之後，任何稍具正當性的民族主義論述都不可避免地必須辯證地吸收這些批判意見，整合到自身的視野之中。當代的臺灣民族主義論述也同樣具備了這種**晚期民族主義的辯證的進步性格**。

七

我們不能忘記，陳雲的城邦自治論和《學苑》的民族自決論本質上都是防衛性的論述，而他們試圖防衛的他者，正是中國國家的官方民族主義。然而這種防衛性民族主義的興起，說明一個有待被保衛的主體事實上**已經存在**——換言之，做為一個有機連帶的香港共同體已經存在，而來自新宗主國的威脅只是加速了這個共同體的**政治化**而已。這個香港共同體或許還不能稱之為一個完整意義的「民族」，因為它欠缺成熟的集體意志形成能力與機制，然而政治共同體的集體意志形成能力並非只靠國家制度的賦予而產生——社會學家韋伯（Max Weber）早就提醒我們，**由下而上的民主鬥爭也會建構與形成集體意志**。港英政府的躊躇不前，以及北京國家權力的入侵，終於點燃了香港人民追求決定自己命運的政治行動熱情。此時此刻的香港民主運動，正在試圖走完香港政治共同體形成的最後一哩路，也就是建構民主自治的機制，使社會與（香港）國家產生有機連結，使香港的市民整體經由民主參與——赫南（Ernest Renan）所說的「**每日舉行的公民投票**」（un plebiscite de tous les jours）——形成真正自我統治、自我決定的政治共同體（self-determining community）。所謂「民主」的古典意義，就是人民（demos）的自決與自我統治，而正是在這個古典的意義上，**香港的民主時刻**（democratic moment）**與民族時刻**（national moment）**正在相互重合，彼此滲透**。從人民意志的角度而言，這是最光明的時刻。

然而這也是最黑暗的時刻，最遙遠的一哩路，因為香港人高漲的人民意志已經誘發宗主國的疑慮與進一步干預。二〇一四年六月十日中國國務院發布〈「一國兩制」在香港特別行政區的實踐〉白皮書，明確表達**新宗主國對香港的全面與最終管治權**：

> 中華人民共和國是單一制國家，中央政府對包括香港特別行政區在內的所有地方行政區域擁有全面管治權。香港特別行政區的高度自治權不是固有的，其唯一來源是中央授權。香港特別行政區享有的高度自治權不是完全自治，也不是分權，而是中央授予的地方事務管理權。高度自治權的限度在於中央授予多少權力，香港特別行政區就享有多少權力，不存在「剩餘權力」。[7]

這段語意明確、毫無疑義的文字說明，無論是委曲求全的泛民主張，婉轉曲折的城邦論，還是大開大闔的自決論，在追求中央集權式控制的國家眼中，都是脫軌，都是造反。就在筆者行文的此刻（二〇一四年），中國網軍已經大舉駭入香港大學預定於六月二十二日舉行的網路普選公投網站，阻礙香港人民追求民主自決之集體意志的和平表達與形成。宗主國國家權力已經啟動，殖民地人民意志依然高昂，對決態勢似乎已經隱然形成，然而美麗的自由城邦將會走向何方？在這個世界史的時刻，我不禁想起愛爾蘭作家貝克特（Samuel Beckett）的那句名言：

I can't go on. I'll go on.

這是民族主義研究當代經典《想像的共同體》的作者安德森教授在幾年前的一場演講之中，為了鼓勵受困於帝國夾縫之中的臺灣人而送給我們的一句話。請容許我在此將這句話語轉贈給同樣受困在帝國陰影下的，所有驕傲的，勇敢的，自由的香港市民。

（二〇一四年六月二十日稿成於台北南港四分溪畔，二〇一六年四月修訂於草山）

注釋：

1 Ernest Gellner, *Nations and Nationalism* (Ithaca: Cornell University Press, 1983), 1.

2 參見香港大學民意研究計畫（HKU POP）網址，http://goo.gl/0rbVxE。

3 李啟迪調查，〈《學苑》民意調查：政治與抗爭〉，《學苑》二〇一四年二月號，頁二十至二一。

4 二〇一四年年底雨傘革命結束後，香港的政治本土主義急速向民族主義轉化，而原已出現的民族主義思想也急速成熟、深化與擴散。首先在意識形態領域中，二〇一五年相繼出現了首部香港民族史論述——徐承恩的《鬱躁的城邦》，與首部本土主義的政治實踐論述——方志恆主編的《香港革新論》，使香港民族主義思想結構日趨完整。其次，一種可稱之為學生民族主義（student nationalism）的現象正式浮現，從港大《學苑》到理大、浸大，從論述到組織，以驚人的速度在大學生群中擴散、深化。第三，香港民族主義正式從公民社會領域跨入政治，並且正在開始形成與分化出新、舊世代的政治代表——前者如梁天琦領導的「本土民主前線」與「學民思潮」黃之鋒所領導的「香港眾志」(Demosisto),後者如陳雲領導的「城邦派」。二〇一六年三月二十八日,由新生世代民族主義者組成,公開主張香港民族獨立的「香港民族黨」正式成立。另一方面,泛民政黨也開始向本土轉向。關於後雨傘時期香港民族主義發展的完整觀察,參見吳叡人,〈歷史、政治與青年激進主義:後雨傘革命時代香港本土主義思潮的初步觀察〉,發表於中央研究院社會學研究所亞洲社會轉型主題研究小組主辦,「後太陽花與後雨傘運動之臺港社會政治轉變比較研討會」,二〇一六年三月二十五日。

5 即二〇一一年引發全港關注的〈環珠江口宜居灣區行動重點計畫〉這個驚人的計畫。近日激發香港公民社會激烈反對,並導致占領立法會行動的新界東北新發展區計畫,就是上述區域整合計畫的一環。參見〈深港一體化殺到埋身　必須反對新界東北興建富豪雙非城計劃!〉(https://goo.gl/qSi0hZ)。

6 關於臺灣民族主義的興起與臺灣民族國家的形成,請參考本文作者以下兩篇作品:Rwei-Ren Wu, "Fragment of/f Empires: The Peripheral Formation of Taiwanese Nationalism," in *Taiwan's Struggle: Voices of the Taiwanese*, ed. Shyu-tu Lee and Jack F. Williams (Lanham, MD: Rowman & Littlefield Publishers, 2014), Chapter Two; Rwei-Ren Wu, "Nation-State Formation at the Interface: The Case of Taiwan," (Paper prepared for the International Conference on *Taiwan in Dynamic Transition*, May 24-26, 2013, University of Alberta, Edmonton, Canada).

7 http://goo.gl/UgbaaS

參考書目(部分)

香港大學學生會,《學苑》(二〇一四年二月號)。

吳叡人,〈歷史、政治與青年激進主義:後雨傘革命時代香港本土主義思潮初步觀察〉,發表於中央研究院社會學研究所亞洲社會轉型主題研究小組主辦,「後太陽花與後雨傘運動之台港社會政治轉變比較研討會」,二〇一六年三月二十五日。

高馬可（John M. Carroll），林立偉譯。《香港簡史——從殖民地至特別行政區》。香港：中華書局，二〇一三。

陳雲，《香港城邦論》。香港：天窗出版社，二〇一一。

Anderson, Benedict. *Imagined Communities: Reflections of the Origins and the Spread of Nationalism*. London: Verso, 2006〔1983〕.

吳叡人譯。《想像的共同體：民族主義的起源與散布》。臺北：時報，二〇一〇。

Brass, Paul R. *Ethnicity and Nationalism: Theory and Comparison*. New Delhi: Sage, 1991.

Breuilly, John. *Nationalism and the State*. Chicago: University of Chicago Press, 1985.

Canovan, Margaret. *Nationhood and Political Theory*. Cheltenham: Edward Elgar, 1985.

Cheah, Pheng. *Spectral Nationality: Passages of Freedom from Kant to Postcolonial Literatures of Liberation*. New York: Columbia University Press, 2003.

Gellner, Ernest. *Nations and Nationalism*. Ithaca: Cornell University Press, 1983.

Miller, David. *On Nationality*. Oxford: Oxford University Press, 1995.

Renan, Ernest. *Qu'est-ce qu'une nation? et autres essais politiques*. Paris: Pocket, 1992.

Sieyès, Emmanuel Joesph (Abbé Sieyès). *Political Writings*. Edited and Translated by Michael Sonenscher Indianapolis: Hackett, 2003.

Smith, Anthony. *National Identity*. Reno: University of Nevada Press, 1991.

Snyder, Louis. *Global Mini-Nationalisms: Autonomy or Independence*. Westport: Greenwood Press, 1982.

Suny, Ronald. "History," in E*ncyclopedia of Nationalism* vol.1, ed. Alexander J. Motyl New York: Academic Press, 2001.

Tilly, Charles. *Democracy*. Cambridge: Cambridge University Press, 2007.

Weber, Max. *Economy and Society: An Outline of Interpretive Sociology*. Translated by Ephraim Fischoff , ed. Guenther Roth and Claus Wittich. Berkeley: University of California Press, 1978.

12. 歷史與自由的辯證

——對香港國民教育學科爭議的反思

如今我們已經不可能再接受十九世紀式的國家強制，由上而下塑造認同的「國民教育」。我們要求的，是使我們有能力由下而上，自我塑造、自我形成的「公民教育」。

最近（二〇一二）香港特區政府試圖在小、中學推行德育與國民教育學科的政策，激起香港公民社會的強烈反對。長久習於自由的港人拒絕北京的洗腦教育，應是可預期之事，然而從一海之隔的臺灣觀之，這個事件的世界史意義卻是清晰無比：如果九七領土轉移意味著中國在香港進行國家權威建構（state-building）的開端，那麼國民教育學科則是中國想要把港人改造成「真正的中國人」的民族塑造（nation-building）工程的起點。

國民教育的支持者主張，國民教育乃是天經地義之事，世界各國都在施行。香港既已回歸中國，自當施行國民教育，培養國家認同。表面上看來似乎如此，因為我們身處的這個世界確實被切割為近兩百個主權國家，這些國家大都將自己界定為民族國家（nation-state），有國號、國旗、國歌，而總數七十億的人類則被納入非彼即此的國家之內，接受教育，學習對所屬國家的忠誠。我們的世界，本來就是一個無國籍者難以容身，無處可逃的世界。然而我們必須理解，凡存在者並非皆合理，這個民族國家體系的形成其實是非常晚近的事，而它的正當性也不是毫無問題的。

已故的英國社會人類學家蓋爾納（Ernest Gellner）曾經為民族（nation）與民族主義（nationalism）下了簡潔的定義：民族是享有共同意志、共同文化與共同政治邊界的共同體，而民族主義則是一種意識形態，它相信這三種邊界的重合，乃是最自然、合理的秩序。然而蓋爾納告誡我們說，人類社會的文化與政治邊界自古以來就是混雜、模糊而不一致的，三種邊界的重合根本不是人類的本然面貌，而是現代化的產物。現代工業社會的出現，產生了對同質、流動的，可以替換的勞動力的功能需求，然而同質化的社會不會自然發生，需要政治力的介入去促成。這就是十八世紀末誕生的民族主義思想的歷史任務：去「糾正」「不自然的」文化與政治邊界混雜的狀態。蓋爾納將這個邏輯濃縮成以下箴言：「不是民族創造了民族主義，而是民族主義創造了民族。」

這個「民族主義創造民族」的歷史過程是血跡斑斑的，因為任何試圖「清理」駁雜交錯、邊界模糊的人類地圖，將它改造成條理井然、彼此分隔的文化政治區塊的嘗試，都不得不仰賴暴力。政治學家安德森（Benedict Anderson）在《想像的共同體》中所描繪的四波先後出現的民族主義——美洲殖民地的獨立革命、歐洲的群眾性語言民族主義、官方民族主義，以及二十世紀前半的亞非反殖民民族主義——在短短兩百年間整個重劃了人類政治地圖，創造了今天我們所存身的民族國家的世界。然而這也是最血腥的兩百年，不同世代、不同地區的民族主義者們為了使政治邊界符合文化邊界，涉入了革命、戰爭、征服、奴役、強制遷徙、同化、教育灌輸、種族清洗與滅絕；他們付出重大的犧牲，創造了過去從未存在的民族與國家，但也造成了無數語言、文化、族群的消失。我們今天認為理所當然的世界，我們信仰為神聖美麗的疆域，其實有著一個不神聖的、暴力的起源。

上面這幅殘酷圖像，不只是亞、非、拉丁美洲的第三世界史，而是源於西方文明核心地區，然後逐步擴散到全球的世界史。被認為是文明先進國代表的美、英、法等國，都在這段殘酷物語中一一現身。本文所關心的主題——「國民教育」的原型，就是第三共和時期的法國所創造的，它的目的在經由強制的語言同化與愛國主義灌輸，將占人口絕大多數，完全不說法語，沒有法國認同的農村民眾改造成「法國人」。一般認為極度自由開放的美國，在十九、二十世紀之交，為了同化大量來自東歐的新移民，也進行了激進的第三共和式國民教育。「Melting pot」（熔爐）這個看似無害的暗喻之中，包含了渴望消滅他者的國家暴力。

民族主義從西方向世界各地擴散，在十九世紀末激發了中國的民族主義，而這股強大的意識形態與政治運動開始逐步將一個古老的帝國改造為現代民族國家。從十九世紀末到一九五〇年代的半世紀，可謂現代中國民族國家與認同形成的關鍵期，然而一八四二年即割讓給英國的香港，卻自始至終未曾（直接）參與這個過程。一八九五年割讓給日本的臺灣，同樣也在中國民族主義興起之前，就離開了中國歷史的軌道。從中國民族主義的角度，我們可以理解為何北京如此汲汲於在香港推廣國民教育：一九九七年才納入領土，從未直接受到中國民族主義洗禮，而且又長期受到英國文化汙染的港人，不僅是「遲來的中國人」（belated Chinese），他們的中國性

（Chineseness）也是不純正、不充分的，而不足、不純的中國性，則是港人對國家缺乏忠誠，不斷要求自主的根源，為了正本清源，應該清除港人殘餘的英國意識，將他們徹底改造為純正的中國人。這個邏輯，和一九四七年二二八事件之後，國民黨政府將臺灣人的反抗歸因於「日本的奴化」，如出一轍。從北京（或者一九四七年的南京）觀之，香港人和臺灣人都是「未完成」的中國人。

在前述的歷史脈絡下，我們或許可以將這次國民教育科事件理解為港人一次遲來的現代性（belated modernity）洗禮，因為這是他們第一次經驗到現代民族國家（nation-state）直接向他們需索靈魂的忠誠。港人過去曾是大英帝國的臣民，而那是一個多民族帝國成員的身分，他們也從未被真正納入帝國的核心，也就是所謂the British nation（大英民族）之中，因此做為英帝國臣民的港人，是一種異質的、中間性的（liminal），而且相對自由的存在，他們的認同也是多元的，不確定的。如今，這群自由的、異質的人民首度被一個強大的，中央集權的民族國家納為「國民」，受到逐漸緊密的控制，並且被灌輸一種高度同質、一元化的認同與忠誠。歷史（History）姍姍來遲，但終於還是來到了美麗的自由港。

黑格爾在《歷史哲學講義》中說：「在世界史之中，唯有那些已經形成國家的民族才值得我們關心。」所以，被某個巨大的威權民族國家吞噬，被強制塑造為臣服的「國民」，就是今日香港人——或者明日的臺灣人？——的宿命嗎？或許未必如此，因為黑格爾是民族主義興起的預言家，然而我們卻處在後民族主義的二十一世紀初，我們擁有黑格爾當時所沒有，所不曾想像的力量——兩百年迂迴曲折的民主政治洗禮。

確實，對政治共同體的認同自古有之，因為人類經營共同生活必須有邊界，不過在現代以前，國家的擴張力與穿透力有限，地球上仍有許多無國家社會，可以逃離國家掌握。如前所述，現代的民族／國家認同是現代性的產物之一（巨大的歷史運動與政治暴力的產物），對許多人而言，它是不請自來，被強加在身上的東西。它的一個特徵是無所不在，因為國家瓜分了地球上所有土地，所有人都毫無選擇地被納入特定國家之內，被需索忠誠——除了縱橫七海的海盜之外。

我們應該如何面對這種令人不悅的人類境況（human condition）呢？在人類尚未進化到可以不靠政治權威就能產生自發性秩序（無政府主義的理想世界）之前，我們恐怕得和某個被強加於我們身上的民族認同（national identity）共存，而且我們也將不可避免地被規定為某「國」的「國民」。怎麼辦？民主政治為我們提供了部分解答。所謂「民主」最古典的定義，就是組成政治共同體成員的自我統治，而自我統治的人民，則被亞里斯多德稱為「公民」。這個古典的「民主」定義給我們的啟示是：我們應該將消極被動的「國民」身分轉化為積極主動、自我形塑、自我決定的「公民」認同。如果一個國民的身分暫時是不可避免的，那麼我們要求至少擁有決定要成為哪一種「國民」的權力。我們做為某國國民的身分，以及我們對這個國家的認同，即使起源是不自由的，最終它應該被轉化為自由的、協商的、開放的身分與認同。誠如哲學家盧梭所說，即使最初的社會契約是預設的，然而被納入契約的公民有權在直接的政治參與過程中，不斷更新和國家之間的契約關係。他們有權就國家認同與國民身分的邊界、內容與象徵，進行自由地表達與討論，讓自己對這個共同體的想像與其他公民的想像相互碰撞、交融。最終，如果他們認為這個身分認同不再具有政治或情感的正當性，他們有權力終止這個契約，甚至脫離（exit）這個共同體。這是一個不完美的選擇，源於不完美的人性。

如今我們已經不可能再接受十九世紀式的國家強制，由上而下塑造認同的「國民教育」。我們要求的，是使我們有能力由下而上，自我塑造、自我形成的「公民教育」（civic education）。美國政治哲學家 Amy Gutman 將公民教育界定為「培養促進政治參與之諸美德的教育」。公民教育不是由上而下的強制灌輸，而是由下而上的辯論、協商與共識形成，它的基礎在於共同體的政治正當性，而不是任何大寫的「歷史」，抽象的「土地」「人民」，以及帶有劇毒的「血緣」。

特殊的歷史經驗雖然使香港人尚未產生強大的政治主體，但也賦予香港人一種宗主國人民所欠缺的開闊的、自由的、世界主義式的精神，這種精神使香港人必然會激烈抗拒宗主國那種「臣民」式的洗腦。站在臺灣觀看為自由而奮戰的香港人，筆者深刻體會到這個事實：自由的、世界的香港人唯一能接受的中國認同，是一個民主的、自我決定的、以及自我統治的公民認同。

（二〇一二年八月十六日，南港）

13. 航向烏托邦
——論小國的靈魂

只有深入理解挪威和臺灣的歷史—這兩個小國的靈魂—之後，我們才會理解到命運與偶然的力量，才會體認到我們和我們的祖先們是在何等惡劣的條件下，經歷多少艱辛歷程，才獲致了今日如此微小，但卻無比美麗的成果。

阻擋不了浪潮，那就航行吧。

——瑪格麗特．愛特伍（Margaret Atwood）
《洪荒年代》（*The Year of the Flood*）

1.

在後福島的年代——在資本主義全面失控，物質主義洪水肆虐，帝國主義與殖民主義重新崛起，人類精神再度淪入荒原狀態的頹廢年代，分處地球一南一北的兩個小國，兩座在洪水中遙相對望，殘存著夢想與純真的島嶼，成為受困的人們想像另類文明的投射對象：南亞的不丹，以及北歐的挪威。試圖以「國民幸福指數」（GNH）的浪漫神話取代「國內生產總值」（GDP）或「國民生產總值」（GNP）的不丹，象徵著牧歌式的，前資本主義秩序的最後淨土，而以小國航行於強權夾縫的惡水之中，一意追求屬於自己的民主、平等、質實剛健、自主獨立而又兼善天下之道的挪威，則代表著另類的，後資本主義秩序下的文明典範。厭倦了貪婪與慾望的無限擴張，不甘於自我毀滅坐以待斃，以及渴望從帝國強權欺凌下獲得解放的，受苦的，受困的人們，於是紛紛築起想像的方舟，航向這兩座世界邊緣的烏托邦之島，航向島嶼靈魂深處，在過去與未來的夢想之中，過去與未來的夢想之間，搜尋屬於現在的希望。

2.

李濠仲這冊《小國的靈魂》，就是一部受困中的臺灣人航向烏托邦的紀錄，而他選擇的目的地，是未來之島——挪威。然而如同所有的烏托邦紀行，如斯威夫特（Jonathan Swift）的《格列佛遊記》，如孟德斯鳩的《波斯人書簡》，《小國的靈魂》也是一冊雙重文本，記錄著平行的，或者交錯的靈魂探索之旅：文本（text）是挪威，次文本（subtext）是臺灣，而文本與次文本之間，則存在著一片比較，對照，與反思的餘白。所以，《小國的靈魂》的一個可能的閱讀策略是，順著這片餘白，思索挪威與臺灣的分歧與交會，探究從「北方之道」（Norway）迂迴通往南方之島的航路，並且想像南十字星如何可能閃爍在恆久的白夜。

3.

為何南方之島會渴望北方之道？臺灣人這個「北方意識形態」從何而生？答案其實是明顯

的：對於百年來一直依附於美、日發展模式，乃至如今正在自覺或不自覺地向當代中國發展模式靠攏的臺灣而言，挪威經驗代表了一種更為優越的文明選項。理由是列舉不盡的。比方說，首先，做為高度資本主義化國家，挪威卻有效地馴服了資本主義惡靈，建構了以平等主義為核心價值的均富社會，與令人豔羨的社會福利體系。其次，擁有北海油田的豐富資源，但卻自我節制，以後代為念，不濫用資源，同時也悉心愛護國土環境。第三、做為民主先進國家，挪威不僅在國內的民主、人權的表現舉世敬服，歐、美、日瞠乎其後，甚且還成為對外輸出民主、人權、和平與其他進步價值的最重要國家。第四、做為僅擁有人口五百萬的小國，現代挪威的文化成就驚人，出現了作家易卜生、哈姆笙，音樂家葛利格與畫家孟克等偉大藝術家，界定了整個現代人類心靈的風貌。最後，也是最為驚人的，就是做為國際政治的小國，挪威不僅靈活運用結盟與不結盟策略，長期遊走於對峙強權之間，更進一步超越現實主義邏輯，有效建立人權推廣與和平中介的「品牌」，發揮軟實力，成為國際政治中道德規範的仲裁者。

如此一幅富而好禮，天人和諧，自尊自主，兼善天下的小國圖像，如何不讓長期仰大國鼻息生存，現實、「務實」到幾乎喪失了夢想能力的小國臺灣人也為之動容動心呢？對美與善的事物動心是自然的，甚至是好的，然而我們不得不先**抗拒**這個渴望——因為挪威與臺灣同樣身為「小國」的事實，只是地緣政治的表層現象。我們必須深入這兩個國家形成的**歷史**——它們在世界史出現的時間與過程——才能比較正確理解與分辨這幅動人圖像之中，哪些是結構與偶然

（contingency）的產物，哪些是意志與智慧的選擇結果。前者可望而不可及，無法複製，難以抗拒，屬於**命運**（fortuna）的領域，而後者才是我們可以師法的，可以從事**行動**（action）的範疇。

4.

首先，讓我們觀察這兩個小國在世界史出現的時間。現代挪威國家的形成屬於十八、十九世紀歐洲民族國家形成運動的最後一波，整個過程在二十世紀初期已經完成；而臺灣的國家形成，則與二十世紀亞、非與東歐殖民地發展為民族國家的前後幾波浪潮重疊，是一種「**晚期民族主義**」（late nationalism），至今仍在發展之中。雖然兩個國家的形成史都有「連續殖民」的類似結構——挪威在五百年間先後為丹麥、瑞典所支配，而臺灣則在四百年之中經歷荷蘭、西班牙、清帝國、日本與（美國支配下的）國府的連續外來統治——然而在世界史出現之時間差異，從一開始就促使這兩個小國走向歧異的發展道路。這個命題有兩個主要涵義。第一，從一八一四年的埃茲伏爾憲法到一九〇五年正式脫離瑞典獨立，挪威在這九十年之間完成了現代民族國家建構的基本工程，也確立了高度穩固的民族國家認同。臺灣的國家形成源於日治、國府兩政權的國家建構（state-building）與制度積累，而在八〇年代後半以來的民主化過程中才逐漸確立國家意識，然而這個晚熟的國家認同至今尚未穩定，使臺灣因內部分裂，遲遲難以形成一個統一的國際政治行動主體。第二，挪威獨立（一九〇五）雖然較西、北歐各國為晚，但仍然在第一個主權國家壟斷組織(亦即一九一九年的國際聯盟)出現之前,因此不僅獨立門檻較低,並且還有機會參與日後國聯與聯合國的建構與發展,甚至運用此一舞臺合縱連橫,創造小國的國際空間。臺灣的國家形成時間與中國的國際崛起重疊,以致遭遇到被中國支配下國際主權國家壟斷組織驅逐、封鎖之命運,不僅獨立門檻大幅提高,而且也完全無法運用此一舞臺。

5.

挪威的民族國家形成運動的第二個重要歷史特徵是,民主化不僅是民族建構工程(nation-building)的一個重要面向,同時也**先於**工業化而發生,這使得民主、人權、平等諸價值比經濟發展先得到鞏固與確立,成為挪威政治文化的支配性價值。這是當代挪威社會平等主義、民主、人權等非物質主義的普世價值比在一般先進資本主義國家獲得更高尊崇的原因。然而民主化之所以先於工業化出現,主要的結構性因素,在於挪威沒有土地貴族階級,卻存在著強大的自由農民層。十九世紀初期挪威民主化與民族形成的動力,主要正是來自這個領有土地的自由農民層與城市的激進知識分子的結盟。這就是**現代挪威左翼政治霸權的社會根源**,而勞動階級政黨則是到了二十世紀三〇年代才在政治上崛起,取代農民階級成為主導階級,並且開創了挪威著名的組合主義體制(corporatist regime)。專研民族主義的當代挪威政治學者托尼森(Stein Tønnesson)稱這個由農民而工人的政治整合過程為「**經由階級路徑而形成民族**」(class-route to nationhood)模式。

這也是臺灣完全無法複製的歷史經驗。臺灣的民族國家形成，採取了完全不同的模式。一九二〇年代臺灣民族運動的出現，主要是由若林正丈教授說的「土著地主階級」，亦即臺灣本土地主階級所主導，戰後的民主運動，則由一九六〇年代的地主階級仕紳，轉換為一九七〇年代以來的新興中產階級。而不論戰前、戰後，臺灣的弱勢階級如農民、勞工等，都長期受國家力量的嚴厲壓制，遲遲無法形成政治行動的主體。臺灣左翼政治傳統的薄弱，適與挪威的左翼政治霸權成對比，究其結構性根源，恐怕在於臺灣移民社會階級形成的相對不穩定，以及先後殖民國家的長期鎮壓。而左翼政治傳統的薄弱，可能就是造成臺灣社會重自由而輕平等，重物質而輕人文之政治文化的主要原因之一。

6.

前述信手拈來的兩個例證，已足以說明挪威經驗的特異性，源於特殊的歷史經驗，因此非常難以複製。然而這絕非意味挪威經驗對臺灣毫無價值；相反的，學習「北方之道」的歷史經驗，對於臺灣人有無比的重要性，因為唯有理解歷史的限制與可能，我們才會懂得如何在歷史給予的條件下，冷靜地衡量與選擇我們的夢想與行動，並且公平地評價我們所擁有的成就。在處於內部分裂、民主倒退、貧富不均、文化淺薄，以及國際孤立困境的臺灣人眼中，挪威的圖像當然無比美好，然而只有深入理解挪威和臺灣的歷史——這兩個小國的靈魂——之後，我們才會理解到命運與偶然的力量，才會體認到我們和我們的祖先們是在何等惡劣的條件下，經歷多少艱辛歷程，才獲致了今日如此微小，但卻無比美麗的成果。

寫出傑作短篇〈植有木瓜樹的小鎮〉的臺灣小說家龍瑛宗曾經在日治末期的隨筆〈熱帶的椅子〉（一九四二）中，抱怨臺灣的熱帶風土過於感官，野蠻，以致無法產生偉大的思想與文化，然而他接著說：

> 對於生自熱帶本身的文化，我是悲觀的。然而，既然生在熱帶，就不能對精神風景的荒涼袖手旁觀。自然是豐饒美麗的，但卻是文化的荒蕪之地。然而即使是寥若晨星，也想在那裡種上精神之花。

無獨有偶，挪威最偉大的劇作家易卜生也曾經在晚年如此描述他的祖國：

> 北方的人們所擁有的偉大而嚴厲的風景，以及寂寞與封閉的生活……迫使他們不去麻煩其他人，而只專注於自己的事，所以他們變得深思而嚴肅，他們思考、懷疑，甚至絕望。在挪威，每兩個人就有一個哲學家。而在那些黯淡的，覆蓋著濃霧的冬日裡，啊，他們多麼渴望陽光啊！

因為南方灼熱明亮的陽光，才迫使重感官的臺灣人開始思考自身的貧困與豐饒；因為北方嚴厲陰暗的寒冬，才迫使耽於思考的挪威人開始追求白夜的色彩，北方之光。我們都是自身歷史美麗與殘缺的產物，但我們不甘於只是歷史的產物，於是我們熱烈地觀看彼此，相互描摹。闔上《小國的靈魂》，我將挪威美麗的景致銘記心中，讓它誘發我的想像，然後用最臺灣的熱情，最挪威的虔敬，一段一段尋找、一筆一筆描繪從南方之島通往極北邊境的曲折航道。

（二〇一三年三月三十一日．南港）

社會意志的創生

再脫困(II)

14. 社會運動、民主再鞏固與國家整合——公民社會與當代臺灣公民民族主義的重構二〇〇八—二〇一〇

具有活力的公民社會，就是協助臺灣渡過雙重制度危機，重新鞏固臺灣的民主體制與國家認同最關鍵的向心力。

Democratic action.....is necessarily the action of people who join with each other in particular circumstances, recognizing and nurturing distinctive dimensions of belonging together.[1]

——Craig Calhoun，二〇〇七

前言：何謂「臺灣的離心力與向心力問題」？

做為一個社會學的暗喻（metaphor），日文中所謂「離心力與向心力」（遠心力と求心力）的修辭相當生動地捕捉到這個事實：社會或共同體之內聚力（cohesion）乃是各種因素相互作用之動態過程的暫時性均衡狀態。借用這個具有動態特質的修辭來描述近二十年來臺灣的政治內聚力之變遷，尤為適合。在一九九〇年代的脈絡裡，臺灣的「離心力與向心力」問題顯然指涉當時國內政

治最受注目的特徵，也就是在民主化過程中浮現的「統獨問題」或國家認同問題。不過，這個在民主化前期被誘發的現象，事實上也經由日後持續的民主化過程而逐漸獲得解決，並且出現某種折衷性的主流共識：臺灣是一個主權獨立的國家，國名叫作中華民國，臺灣的未來由兩千三百萬臺灣人共同決定。[2] 然而進入二〇〇〇年代以後，新的外部因素——中國的崛起——誘發了新的國內政治問題，即所謂「親中或傾中」與「反中或遠中」力量之抗衡問題。在這個新的脈絡之中，「臺灣的離心力與向心力」問題產生了新的意義，因此應該被重新陳述如下：近年來中國經濟力量迅速崛起，並且乘著資本全球化的浪潮，為臺灣帶來巨大的經濟整合與政治統一的壓力；如果經濟整合的物質誘因是可能促使臺灣政治內聚力崩解的主要「離心力」，那麼足以抗拒這個離心力，維持臺灣政治內聚力（political cohesion）的「向心力」是什麼？

一　問題意識與論證

1. 本文的問題意識：主權民主國家體制的崩解危機？

面對中國崛起所誘發的離心力，維持臺灣政治內聚力的向心力是什麼？對於這個問題，筆者主張，臺灣的「主權的民主國家體制」與該體制所創造的國民意識與國家認同，是抗拒來自中國巨大的「以商圍政，以經促統」壓力（離心力）最主要的內部凝聚因素（向心力）。這個觀察有兩個理論根據。第一，筆者從歷史制度論（historical institutionalism）的「制度性積累效果」（cumulative effects）觀點，主張從清領後期、日本統治到國民黨統治的一百五十年間，臺灣經歷了「不連續與累積性的民族國家形成」（discontinuous and cumulative nation-state formation），而這段過程所形成的主權民主國家制度對政治菁英的片面行動有高度制約效果。[3]第二，從民主理論觀點而言，民主化過程所開啟的政治參與強化了國民對對臺灣政治共同體的認同，而民主化所帶來的國際正當性又進一步強化臺灣的國家地位（statehood）。[4]整體而言，歷史性的制度積累所形成的主權民主國家體制消極地防止政治菁英片面與中國進行統一協商的行動，而民主化則積極地強化了臺灣的國家認同與國家地位。這個觀察，同時也是本文以下的問題提起與論證的前提。

基於上述前提，本文所欲解答的問題可以陳述如下。二〇〇八年一月及三月，國民黨分別在立委選舉和總統大選獲得壓倒性勝利（超過四分之三國會席次與近六成總統選票），而在野的民進黨則因陳水扁貪瀆醜聞而喪失社會信任，一蹶不振。在國民黨一黨獨霸體制下，臺灣政治體系的制衡功能嚴重萎縮，使臺灣民主政體陷入倒退，乃至崩解的危機。在中國促統壓力與馬英九政權親中政策之下，臺灣民主的倒退崩解意味著「向心力」的危機：臺灣內部的政治凝聚力可能受到腐蝕，進而使臺灣政治共同體瓦解，最終遭到中國的兼併。面臨此種因制度性失敗（institutional failure）造成的民主政體崩解（democratic breakdown），以及可能伴隨而來的國家體制崩解（state disintegration）的雙重危機，臺灣內部還有什麼可以構成「向心力」的力量？

此處所謂臺灣民主崩潰的危機，有以下三點具體內涵。首先，這是一次政治菁英自我引發的民主危機。二〇〇八年初立委選舉的極度不均衡結果[5]，主要的制度性因素是二〇〇五年第七次修憲時將國會席次減半，並改採單一選區兩票制。然而國會減半與選制改變，卻是國民黨和民進黨聯合主導完成的，主要目的之一在壓抑小黨的生存空間。因此，民進黨大敗，國民黨在國會一黨獨霸的狀態，是兩大黨基於各自利益計算，合謀修憲，進行政治交易所產生的不預期結果。[6]第二，國會選舉和總統大選結果，引發民主體制之制度性失敗的可能。所謂制度性失敗，包括代議機構內制衡機制的失效，總統行政權獨大造成三權分立制衡機制的失效，以及在野黨失去社會信任，使其做為政黨的利益匯聚與代表（interest articulation and representation）能力下降。第三，民主體制的制度性失敗則可能誘使國民黨重建某種新威權統治，並在缺乏社會共識與有效監督的情況下，直接與中國進行政治談判，引發臺灣內部之衝突與分裂。

事實上，二〇〇八年五月以來國民黨新政權的若干作為，已經開始出現政治學者 Steven Levistky 和 Lucan Way 所描述的**競爭性威權主義**（competitive authoritarianism）的種種特徵。[7]比較受注目的例證，如擴張警察權與限制集會自由[8]，控制公共與商業媒體（介入中央通訊社與公共電視人事與新聞編輯方針，用廣告收買商業媒體等）[9]，運用檢查權與監察權打擊政敵[10]，弱化立法權[11]，侵犯司法權（經濟部與環保署拒絕服從最高行政法院判決）[12]等等。至於壓制民間反對，與中國實質上的政治談判，也已經在進行之中。[13]

表一・國民黨統治下臺灣民主體制之倒退

二〇〇八年五月至二〇一〇年一月

時間	事件	意味
二〇〇八年五月	國民黨再度取得政權後，檢察官相繼對民進黨政權高官與民進黨籍地方首長進行搜索。	檢察權的政治濫用
二〇〇八年九至十二月	國民黨政權對國家中央通訊社與中央廣播電臺高層人事與編輯方針開始進行干預。	控制媒體
二〇〇八年十一月四、五日	中國特使陳雲林來臺期間，馬政權動員七千名警力強硬鎮壓臺北市民眾示威，發生多起警察暴力事件。	警察權擴張與集會遊行自由之限制
二〇〇八年十二月起	國民黨政權干預公共電視人事，引發董事會激烈抵抗。與此同時，國民黨也開始收買與威脅商業媒體。	控制媒體
二〇〇九年十月	與美國談判牛肉進口以及與中國談判簽署「經濟合作架構協議」(ECFA)過程均未與國會協商。	行政權擴張與立法權弱化
二〇〇九年十二月	交通部以不簽署正式協議以迴避國會監督的方式，與中國直接協定增加四個中臺直航航點城市。	行政權擴張與立法權弱化
二〇一〇年一、二月	中科管理局無視行政法院要求停工判決，繼續中科三期開發之施工。行政院環境保護署並於二月五日在五大報刊登廣告攻擊法院判決。	行政權侵犯司法權
二〇一〇年六月	兩岸經濟合作委員會在缺乏國會有效監督情況下成立。	行政權擴張與立法權弱化
二〇一〇年十一月	二〇一〇年年底五都選舉前，民進黨籍臺中與高雄市長候選人相繼遭地檢署偵訊。選後民進黨籍臺南縣長辦公室與市長官邸亦遭檢方搜索。	檢察權的濫用
二〇一一年一月五日	國民黨政權第三度否決臺灣團結聯盟所提之ECFA公投案。	國民參政權之限制

2. 本文的論證：公民社會、民主鞏固與國家整合

讓我們簡單重述本文的問題。當臺灣內部政治的統獨爭議逐漸解決之時，中國崛起的外部因素又向臺灣提出新一波的統獨問題：面臨巨大的經濟誘因與政治壓力，臺灣會逐步走向與中國的政治整合（或者成為中國政治附庸），還是會繼續保持目前的事實獨立狀態？臺灣歷經長時間而形成的主權民主國家體制，原本是有效維繫臺灣獨立自主最重要的向心力，然而二〇〇八年的國會和總統選舉結果，造成國民黨支配下的競爭性威權體制的出現，也使維繫臺灣政治內聚力的國家體制出現重大破綻。在民主倒退與國家解體的雙重危機下，臺灣還有什麼構成向心力的力量，足以與經濟利益這個強大的離心力抗衡？

對於這個問題，本文的主張如下：具有活力的公民社會，就是協助臺灣渡過雙重制度危機，重新鞏固臺灣的民主體制與國家認同最關鍵的向心力。在以下兩節的篇幅中，筆者將分成三個步驟，逐步鋪陳這個論證。在第二節，筆者將討論公民社會與民主鞏固之關係，並且描述其展開的過程。首先，本文主張臺灣在民主化的過程中，已經發展出類似當代西方民主國家制度性政治與非制度性政治（公民社會／社會運動）並存之雙軌審議的政治形式。當制度性審議的運作出現危機，非制度性審議的持續運作防止了臺灣民主國家體制崩解，並促使其重新鞏固。其次，本文歸納出「逆說的民主鞏固」模式，用以描述從二〇〇八年五月國民黨新政權成立以後至二〇一〇

年底五都大選為止這段時間中，具有活力的臺灣公民社會／社會運動團體如何發揮非正式審議功能，制衡正在萌芽中的新威權政體，並促使選票移動，最終導致民進黨恢復制衡能力的動態政治過程（political dynamics）。在第三節，筆者將進一步討論公民社會的意識形態如何促使在野黨重構其意識形態與正當性。筆者將指出，臺灣公民社會意識形態中已經出現一個從社會出發，以全體臺灣住民的公共利益為核心的進步本土主義共識，而這個社會的臺灣主體論或者進步的本土主義也成為民進黨重構其政治路線，重新形成一個具有正當性的新公民民族主義（new civic nationalism）的重要思想母體。

3. 公民社會與民主鞏固：概念、理論與臺灣經驗

公民社會／社會運動與民主化之間到底存在什麼關係？在回答這個問題之前，讓我們先釐清幾個概念問題。首先，本文所使用的公民社會（civil society）概念，基本上參考政治理論家Jean L. Cohen和Andrew Arato的模型，意指國家（state）與市場（market）之外的第三領域。其次，在這個模型中，公民社會和國家、市場之間同時存在著對抗與互補的雙重關係，而三個領域雖然彼此相異，但界限也非截然劃分。公民社會與國家的重疊部分構成所謂「政治社會」（political society），如政黨、議會與選舉制度等，而在公民社會與市場的重疊部分，則構成「經濟社會」（economic society）。本文對公民社會即採取狹義的用法，指涉政治社會以外（即未與國家重疊）

的部分。用 Cohen 和 Arato 的話說，就是「**追求自由、平等與諸種多元價值之社會運動團體與 NGO 構成之網路**」。[14] 因此，當我們質問社會運動與民主化存在何等關係之時，其實就是在質問（狹義的）公民社會與政治社會的關係。

關於這個問題，當代以歷史社會學為研究途徑，提出「爭議政治」（contentious politics）概念的社會運動研究，已經提出不少洞見。我們可以分起源與發展、民主化過程，民主鞏固，以及民主擴張四個階段加以討論。首先，針對起源問題，歷史社會學家 Charles Tilly 指出，歷史上而言民主化與社會運動具有共同的起源，也就是十九世紀歐洲平民階級或群眾參與政治討論的需求，而在其後的民主化開展過程中，體制內的議會政治與以群眾抗議為主的社會運動則是平行發展，但也相互重疊的兩個途徑，其目的都在影響政治決策。[15] 其次，就過程而言，社會運動在民主轉型期，經常與政黨結盟推動民主化，並且在民主化初期發揮加速自由化（liberalization）步伐的功能。第三，在民主鞏固階段，透過弱勢群體公民權的爭取，社會運動促使民主體制從形式上的民主轉化為實質的，以及更包容的民主。經由這個爭取公民權的過程，社會運動也協助擴散了民主的價值。最後，在擴張的階段，社會運動一方面在國內透過種種參與民主與審議民主的實驗，試圖補充和修正議會民主的不足，另一方面也開始跨出國界，推動民主的國際化。[16]

另一方面，當代政治學由於過度重視菁英協商在民主轉型過程的角色，對於社會運動著墨不多。Juan Linz 和 Alfred Stepan 是少數的例外。在討論民主鞏固時，他們將「自由與活潑的公民社會」

和「相對自主的政治社會」列為兩項必須被塑造（crafted）的條件，並且直接指出它們的互補性：

所謂「公民社會」，指涉在一個政治體之中，具有自我組織能力和相對自主的團體、運動與個人嘗試闡述各種價值，組成各種結社與團體，並且促進其利益的領域。公民社會可以包括多層次的社會運動（例如婦女團體、社區組織、宗教團體，以及知識團體）與來自社會各階層的社團（如工會、企業家團體和專業社團）。所謂「政治社會」意指政治行動者競逐對公權力和國家機器之合法控制權的場域。公民社會自身或許能夠摧毀一個非民主的政權，但是民主鞏固（或者一個完整的民主轉型）必然涉及政治社會。民主鞏固要求公民發展出一種對政治社會的諸核心制度，如政黨、立法機關、選舉、選舉規則、政治領導，以及跨政黨聯盟的理解與欣賞。

我們不只應該強調公民社會與政治社會的差異，也應該強調它們的互補性。人們有時會看不到這個互補性。在這兩個領域中，經常會有一個被重視，而另一個被忽視。更糟的是，在民主共同體當中，公民社會和政治社會各自的辯護者常常採用對另一方的正常發展具有敵意的論述與實踐……政治社會的民主領袖經常主張公民社會在扮演過它的歷史性角色之後，應該被解除動員，使正常的民主政治得以發展。這樣的論證不只是壞的民主理論，也是壞的民主政治。一個健全的公民社會，由於具有生產不同的政治選擇並且監視政府和國家的能力，

> 能夠協助啟動轉型，能夠防止倒退，能夠推動民主化的完成，能夠協助鞏固和深化民主。因此，在民主化過程的所有階段，一個活潑而獨立的公民社會的價值是難以衡量的。[17]

這個主張，幾乎完全呼應了上述社會運動學者的觀察。

與經驗政治學相反，在規範性政治理論（normative political theory）的領域，特別是在參與民主（participatory democracy）與審議民主（deliberative democracy）理論中，公民社會與民主的關係卻是最受關注的焦點之一。政治哲學家哈伯瑪斯（Jürgen Habermas）在分析民主所具有的溝通特性時，構思了一種非正式的審議如何在制度性政治之外發生，形成輿論，然後回過來影響制度性審議的「雙軌審議」(double-track deliberation）過程。[18] 國際關係學者的Jack A. Goldstone的研究，證實了在穩定的民主政治中社會運動與制度性政治過程之間確實存在著密切的互補關係。[19] 換言之，哈伯瑪斯的理論構想同時也是一種經驗性的觀察，而且這個觀察印證了前述社會學與政治學實證研究對民主「鞏固」與「擴張」階段，社會運動所扮演角色的論證。

社會運動研究與民主轉型理論關於社會運動與民主化關係的描述，對於理解臺灣八〇年代以來的民主化過程相當具有啟示性。當代臺灣社會學的實證研究已經指出，戰後臺灣的社會運動從自由化、民主化到鞏固階段，始終是民主轉型過程不可分割的一部分，同時在這個過程中也與推動民主的主要政黨民進黨有過密切結盟的經驗。[20] 二〇〇〇年民進黨政權成立之後，由於受到少數執政的制約，以及民進黨視社會運動為政治運動之延伸或附庸的思考之影響，雙方的結盟關係逐漸瓦解，社會運動的角色也由盟友轉變為「監視者」。[21] 然而社會運動與民進黨同盟的解體，意味著一個獨立於政治社會之外的，自主的公民社會的誕生，而自主的公民社會正是民主鞏固的必要條件之一。

受到當代西方與臺灣的社會運動與民主化實證研究與規範性政治理論的啟發，本文進一步提出以下兩點觀察。第一，近三十年來的民主化過程，確實已經在臺灣創造了一個制度化的審議（選舉、代議機構、司法、監察等政治社會的諸制度）與非制度化的審議（公民社會，主要指涉社運與媒體的公共空間）雙軌並存的民主政治形式。當前者功能在二〇〇八年五月暫時失效，民主制開始出現破綻之際，後者持續而積極地發揮審議功能，成為防止民主崩解的重要機制。從二〇〇八年五月到二〇一〇年年底五都選舉為止的兩年半之間，臺灣公民社會極度活躍，「第二軌審議」（track-two deliberation）明顯可見。這段政治過程，可以被稱之為已經開始出現破綻之臺灣民主制的「再鞏固」（reconsolidation）與擴張重疊的階段。做為臺灣主權國家體制核心的民主制的再鞏固，同時也使國家體制重新獲得鞏固。第二，在這段制度化審議陷入衰退狀況的時間，公民社會對於防止民主倒退的具體貢獻，主要表現在三個方面：**制衡**、**促成選票轉移**，**以及在野黨意識形態與正當性的重建**。這三者都有助於在野黨的復甦與重建，以及民主體制（與主權國家體制）的鞏固。

下一節，我們將分析二〇〇八年五月到二〇一〇年底之間，公民社會／社會運動如何經由非制度性審議過程，有效制衡一黨獨大的國民黨政權，並且促成選票轉移，使在野的民進黨逐漸復甦的動態過程。

二 論證（I）：公民社會與民主鞏固——制衡與選票轉移的動態過程

1. 制衡與選票轉移的邏輯：逆說的民主鞏固，二〇〇八年五月至二〇一〇年十二月

二〇〇八年五月執政之初，掌握行政權、立法權與司法權全面優勢的國民黨籍總統馬英九，在執政不到兩年（二〇一〇年二月立委補選之後），其統治權威即以驚人的速度下墜，幾乎提早成為實質上的跛鴨總統（lame duck）。另一方面，歷經二〇〇八年國會與總統大選大敗，且因弊案喪失社會信任的民進黨，卻在同一段時間之內逐漸恢復元氣，到了二〇一〇年年底五都選舉，總得票數已經超越執政的國民黨。我們該如何解釋此一現象之發生？馬英九統治權威迅速下墜的過程，又透露了什麼關於臺灣政治共同體之內聚力、國家認同，以及內部各種社會力之關係的訊息呢？筆者提出「逆說的民主鞏固」模式，來分析、解釋這個現象，並且重建這段政治發展的動態過程。必須說明的是，「逆說的民主鞏固」是一個關於這段時間臺灣政治發展的**宏觀層次的詮**

釋架構（macro-level interpretive framework），並非投票行為與選票移動的實證研究。

(1) 論證邏輯

我們先扼要敘述「逆說的民主鞏固」的論證邏輯。二〇〇八年三月總統大選馬英九大勝，加上一月分國民黨在立委選舉獲得超過四分之三的席次，於是重新形成臺灣政治之一黨獨大體系。一黨獨大的重新出現，造成體制內制衡機制（國會、司法、監察）失靈，臺灣民主制開始朝競爭性威權主義方向退化，不受制約的國民黨新政權也開始強力推動親中路線。在此情形下，臺灣陷入民主倒退與國家體制崩解的連鎖危機。然而以下的種種因素，遏阻了此一情勢的持續發展。

首先，一個結構性因素，也就是二〇〇八年爆發的全球金融危機，導致了臺灣國內經濟衰退，失業率上升，分配惡化。[22] 這個狀況相當不利於執政者說服中下層民眾支持由壟斷資本所主導的與深化中國經濟整合的路線，因為深化整合有可能導致分配的進一步惡化。換言之，臺灣階級政治的空間已經開始出現。另一方面，全臺各地科學園區的過度與不當開發，也使土地、農業與環境問題在此時再次浮上政治的舞臺。[23] 整體而言，二〇〇八年臺灣的經濟情勢創造了公民社會／社會運動擴張的契機。其次，在個體層次上，馬英九總統個人在種種重大政策議題與危機上的領導失敗（leadership failure），例如臺北市長任內強力推動的木柵貓空纜車與捷運內湖線案，以及總統任內發生的八八風災與美國牛肉進口事件，都嚴重腐蝕其統治權威與正當性。[24]

全球金融危機的結構因素，加上個體層次的領導失敗，造成了國民黨政權之統治權威危機，並且創造了強大的反對民意。然而，此時最大的反對黨民進黨尚未重整旗鼓，無力對這股反對民意進行匯聚與代表，因此形成了一個反對政治的真空狀態。不過，此種因政黨無力而形成的反對政治空間的真空，卻為臺灣的公民社會（社會運動、公共媒體與商業媒體所提供的輿論空間）打開了一個巨大的發言空間。公民社會的力量確實也適時地取代了喪失公信力的反對黨，成為批判政府施政，並且匯聚、表達（articulate and voice）反對民意的主要力量。換言之，具有較高正當性之公民社會團體，在此時部分地發揮了原來應屬政黨的功能，取代了政黨，成為有效的制衡力量。不過，公民社會的反對力量，雖然有效地匯聚與表達了民意，但因自身缺乏甄拔政治菁英代表民眾利益（recruit and represent）（亦即推派代表參與選舉，進入立法部門影響政策）的實力[25]，所以其有效反對的政治後果，是削弱國民黨政權正當性，造成二〇〇九年以來的幾次選舉中，選票大量流向原來一蹶不振的民進黨，使民進黨獲得復甦的機會。

選票向反對黨的板塊式移動，進一步使馬英九政權內部發生領導危機。選票流失，導致國民黨內部依賴選票為其權力基礎的中央立法部門與地方行政立法部門的政治菁英（民選政客），為求防止選票繼續流失，而在特定公共政策上公開反對中央，並且與民進黨競逐反對民意（overbidding），其結果是進一步腐蝕馬英九的統治權威。國民黨的分裂與馬英九統治權威的持續衰退，則反過來使公民社會發言與動員空間持續擴大，因此批判、監督與制衡政府的力量也持續增長。同樣的，壯大的公民社會的反對能量，持續在政治上挹注有待復甦的反對黨民進黨，於是我們觀察到民進黨從二〇〇九年到二〇一〇年之間，在幾次勝選之後重整士氣，蔡英文主席領導權威日益鞏固，政黨團結日益加強。突然之間，民主體制內的兩黨相互制衡機制似乎出現了重新發揮作用之可能。

一言以蔽之，這是一個結構性危機與領導失敗導致的新威權統治崩解之下降螺旋（downward spiral）或惡性循環。整個下降螺旋的動態過程可以簡單描述如下：結構性危機與領導失敗↓公民社會興起，取代反對黨界定公共利益與發聲，有效制衡↓選票移轉至反對黨，反對黨復甦↓國民黨民選政客叛變，領導危機加深↓公民社會發聲空間擴大↓選票轉移效應，反對黨持續復甦↓體制內制衡機制逐漸恢復。

由結構性危機與個人領導失敗所誘發的新威權統治之迅速崩解，可以說是一種**逆說的民主鞏固過程**（paradoxical process of democratic consolidation）。所謂「逆說的鞏固」，意指民選的統治者意圖擴張權力，弱化民主，建立新威權體制的嘗試失敗，反而導致了非預期的民主鞏固後果。

(2) 動態過程的重建：二〇〇八年五月至二〇一〇年十二月

「逆說式民主鞏固」的邏輯其實從二〇〇八年下半年（野草莓學運）就已經局部出現（公民社會代替失去公信力的民進黨發聲制衡行政權擴大），然而比較完整的模式則從二〇〇九年八月八八風災之後開始出現，到了二〇一〇年二月立委補選後，一個相當完整穩定的「逆說的民主鞏固」模式已經形成。二〇一〇下半年到五都選舉的政治局勢則大抵依循此一模式持續發展。五都選後，民進黨已經正式恢復制衡實力（總得票數）。受到篇幅限制，筆者無法在此完整敘述整個過程，因此以下將以事件時序排列的方式，在〈表二〉重建這個過程。我們主要的目的，在觀察領導失敗、公民社會反對，以及選票轉移這三個變數的相互關係。

表二、「逆說的民主鞏固」開展的動態過程

（起始條件）

結構性危機：全球金融危機（二〇〇八—）

新威權政體的發軔：絕對多數的一黨獨霸體制，反對黨式微（二〇〇八年五月—）

（原型）

二〇〇八年十一月三日至七日，中國海協會會長陳雲林來臺期間，國民黨政權以警察權強力鎮壓民眾示威，引發多起警民衝突事件。

十一月六日起，全臺五個城市大學生先後發起「野草莓」運動，與社運團體和學者結合，要求國安會祕書長與警政署長下臺，廢除《集會遊行法》。同時間，參與運動之學者組成「臺灣守護民主平臺」，開始進行全臺學界之組織、串連。

（第一階段）

領導失敗：

二○○九年八月，八八風災與救災過程，馬政府高層出現種種失誤與失態。

公民社會反對運動：

二○○九年八月，馬政府在八八風災中表現引發國內外媒體與網路串連激烈批判，支持率大幅下降。以南部受災地區原住民運動團體為中心，結合環保、人權團體成立之「南方部落重建聯盟」成立，展開重建運動。二十六至二十九日，各族原住民運動者串連陳情、抗議立法院災後重建條例之草率立法。

二○○九年八月，澎湖返鄉青年結合在地鄉親與環保運動團體發起之反博奕公投運動開始增溫。

選票轉移效應：

二○○九年九月二十六日，雲林縣立委補選，民進黨劉建國勝。

二○○九年九月二十六日，澎湖博奕公投，反方獲勝。

二○○九年一月十三日，立法院通過博奕條款（71:26，國民黨主導，蔡英文指示民進黨全員投反對票）。二月四日，降低地方公投門檻。三月一日，澎湖縣政府開始舉辦系列博奕說明會。

（第二階段）

領導失敗：

二〇〇九年十月，國安會祕書長蘇起主導下馬政府與美國簽署「美國牛肉輸臺議定書」，同意大幅開放美國帶骨牛肉進口。此一決策事前並未預先向社會大眾進行說明與溝通，也未與國民黨掌握的立法院協商。

公民社會反對運動：

十至十一月，針對美國帶骨牛肉有狂牛症感染疑慮，民間展開反對運動。消費者基金會、主婦聯盟與董氏基金會聯合發起反對美國牛肉進口公投運動，要求與美國重新談判，一個月內超過二十萬人連署。

＊十一月，臺南社區大學「自然與環境學程」揭發臺灣南部養鴨場戴奧辛（dioxin）與稻田重金屬（鉻）汙染事件，加深民眾對食品安全之恐慌。

＊十二月三十日，來自各族原住民運動者共同成立「原住民部落行動聯盟」，拒絕官方強制移住政策，要求對等協商八八風災災後部落重建計畫。

國民黨民選政客叛變：

二〇一〇年十月二十六日，臺北市長郝龍斌反對美牛內臟進口，臺中市長胡志強、臺東縣長鄺麗貞先後跟進，國民黨嘉義縣長候選人翁重鈞也公開反對。

二〇一〇年一月五日，立法院通過禁止六項高風險部位進口。

選票轉移效應：

二〇〇九年十二月五日，縣市長選舉，國12民4，總得票相差2.5%（47.8754% vs.45.3245%）。

（澎湖國民黨險勝民進黨595票，如加上綠黨候選人所得票數，整體選票移動現象明顯）

二〇一〇年一月九日立委補選（桃園、臺中、臺東），國0民3。

二〇一〇年二月二十七日立委補選（桃園、新竹、嘉義、花蓮），國1民3。

＊二〇一〇年一月七日，反美國牛肉進口公投連署審查第一階段，中選會審查通過。

＊二〇一〇年二月十一日，國安會祕書長蘇起辭職。

（第三階段：二〇一〇年年初以後的發展）

領導失敗：

〔工業園區土地徵收〕

二〇一〇年一月最高行政法院撤銷中科三期環評報告，經濟部與環保署公然抗拒法院判決，也未要求廠商友達停工。

二〇一〇年六月九日，苗栗縣政府強制徵收並破壞苗栗竹南鎮大埔里農地。

＊〔擴大石化業〕

二〇〇八年十一月，經濟部支持國光石化公司至彰化西南沿海地區設置第八套輕油裂解廠，並列為國家重大計畫。

公民社會反對運動：

〔反工業園區土地徵收運動〕

二〇一〇年四月，中科三期建地農民與環保律師控告環保署。

二〇一〇年六月十二日，公民記者「大暴龍」赴大埔採訪記錄，並將警察摧毀農地影像上傳公共電視PeoPo新聞平臺後，在網路廣泛流傳。大埔農運爆發，並與全臺各被徵收土地區進行串連。

二〇一〇年七月十七日，全臺各地反徵收地區自救會與臺灣農村陣線等社運團體發起反農地徵收「臺灣人民挺農村717凱道守夜行動」。

〔反石化業運動〕

二〇一〇年六、七月，社運與文化、學界反國光石化運動

*二〇一〇年七月，雲林臺塑麥寮第六套輕油裂解廠大火汙染事件，爆發居民反對運動

選票轉移效應：

二〇一〇年十一月二十七日，五都選舉，國3民2，總得票數（率），國3369052（44.54%）民3772373（49.87%）。【五都市議員：國130民130】

關於〈表二〉，我們有以下幾點分析與說明。

首先，筆者想針對本文使用的「領導」概念稍做說明。關於現代總統制下總統的領導（leadership），美國政治學者 Richard Neustadt 主張：「**總統的唯一權力是說服的權力**」，而總統的說服能力又與其人格特質（personality）密切相關。[26] 另一位政治學者James D. Barber則從心理學角度，主張總統的人格特質對其領導有重大影響：「一個總統的人格特質，和他所面對的權力處境，以及他擔任總統期間國民最重要的『期待的氣候』（climate of expectation）彼此互相作用。他的人格是否和這些外在因素同調或者共鳴，決定並啟動了他的總統任期的動態模式」，而總統人格特質的形成關鍵在其生命早期經驗，因此欲解釋特定總統之領導，必須探究其早年生命經驗。[27]

二〇〇九年八八風災期間馬英九（及其政府高層）引發外界嚴厲批判的種種言行，無疑是Barber上述論證的最佳例證。外界對馬這段時間內的發言與作為，最主要的批判在於其「傲慢」、「疏離」與對民眾受苦「缺乏同理心」，而這幾種特徵有可能就是其人格特質的表現。筆者對於其人格特質形成與童年生活有如何關連，在缺乏充分研究佐證之前，不敢妄下斷言。然而，這些發言表現確實透露馬的人格似乎對當時全國民最重要的「期待的氣候」無法產生「同調與共鳴」，也就是對人民的受苦表達共感與同理心，並且負起責任，有效率救災。這種涉及傲慢、疏離，欠缺同理心的特質，似乎也反映在二〇〇九年另一次重大的領導失敗，也就是美國牛肉進口的決策過程。在這個過程，他甚至沒有試圖說服黨所完全支配的國會，只在國安會內部形成決策。至於民眾在此事件中的「期待的氣候」，也就是對健康風險的深刻憂慮，似乎完全不在其決策考量之內。

正因如此，八八風災中所暴露的馬的人格特質與外在期待之間的落差，確實如James Barber所預測，「啟動了其總統任期的動態模式」。如〈圖一〉所示，以二〇〇九年八月八八風災時個人支持度的最低點（滿意度：二一·九％，不滿意度：六四·八％）為界，風災以來至二〇一〇年十二月為止，馬的滿意度始終在三成上下，不滿意度則始終維持五成左右，模式相當穩定，即使在二〇一〇年七月ECFA簽訂後也並未明顯回升。

接下來，筆者將對〈表二〉描述之各階段稍做說明。

二〇〇八年十一月六日爆發的「野草莓」學生運動，可以說是「逆說的民主鞏固」模式的原型。在當年十一月三日到七日中國海協會會長陳雲林來臺期間，馬政府以警察權強力鎮壓民眾示威，引發多起警民衝突事件，造成輿論譁然，重傷馬政府形象。這是領導失敗。十一月六日，民進黨發動示威爆發流血衝突，引發媒體批判與內部爭議，反對的正當性反而受到質疑。這是無力制衡的在野黨。同一天起，全臺五個城市大學生前後發起「野草莓」靜坐示威運動，與人權、環保、婦女、媒體改革、勞工等社運團體和學者結合，取代陷入暴力與內部路線爭議的民進黨，運用人權論述批判警察權擴張與人權侵害，要求廢除《集會遊行法》，時間前後長達近兩個月，獲得廣泛社會支持。這是公民社會取代在野黨進行制衡。這個運動的主要成果是，一方面在政治上阻擋了《集會遊行法》朝更嚴厲的方向修訂，另一方面則創造一批社會運動與政治運動的新生代幹部，並且促成公民社會的一次團結。不過，由於運動過程中或結束後沒有選舉，無法觀察選票轉移效應。

第二階段，其實就是「逆說的民主鞏固」邏輯展開的第一個循環（cycle）。二〇〇九年一月十三日，立法院通過博奕條款（71:26，國民黨主導，蔡英文指示民進黨全員投反對票）。二月四日，降低地方公投門檻。三月一日，澎湖縣政府開始舉辦系列博奕說明會。這是馬政權初期國民黨在沒有重大領導失敗的條件下，透過代議機關強力主導（開發主義路線）政策方向，民進黨完全無力制衡的典型個案。八月八八風災救災過程中馬英九總統與劉兆玄行政院長發生重大領導失敗，引發來自公民社會強烈批判，劉兆玄被迫去職，馬個人政治聲望下降到最低點，統治權威也隨之下降。在這個政治條件下，公民社會在澎湖進行的地方反對運動因此得以成功。因此，第二階段「逆說式鞏固」是在八八風災引發的民間反對運動和先前展開的反博奕運

圖一、馬英九就任總統以來滿意度趨勢

二〇〇八年六月至二〇一〇年十二月

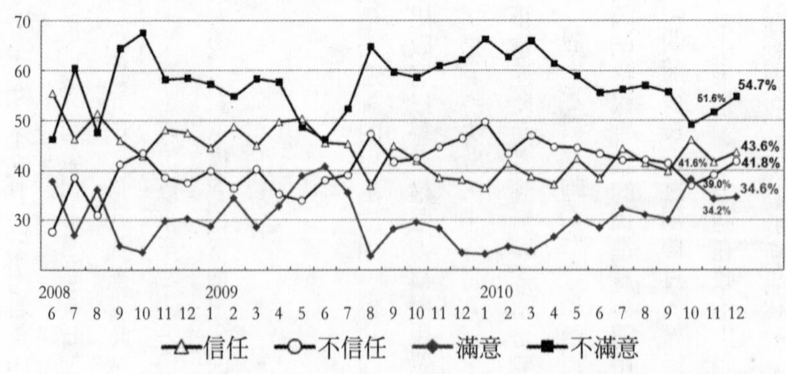

製作：《遠見》民意調查中心。

動匯聚（converge）的接點（juncture）上形成的雙重選票轉移：同一天進行的雲林立委補選投票和澎湖博奕公投中，國民黨雙雙敗北。第二階段（第二個循環）比第一階段更完整地展示了「逆說的民主鞏固」的邏輯：危機，領導失敗，社會運動發聲制衡，選票轉移，國民黨民選政客叛變。國民黨民選政客叛變會出現，說明本階段選票轉移的危機是真實的。這是兩個因素造成的。第一，進口美國牛肉議題涉及全民健康，不分黨派，激起的反彈更大。第二，與第一階段產生效應的累積與加乘之結果。

第三階段（二〇一〇年二至十二月）最典型的領導失敗案例為苗栗縣大埔農地徵收事件。這是中央（行政院院長吳敦義）和地方（國民黨籍苗栗縣縣長劉政鴻）雙重的領導失敗。行政院不止在園區開發與土地徵收政策失誤，而且缺乏政策溝通與說服能力，只能任憑地方政府以警察權強制執行，事後也無力約束地方政府服從協商結果。在這個事件中，公民社會透過網路和媒體有效傳播警察強制封鎖道路，破壞農田的過程，其殺傷力不下於二〇〇九年八八風災。不過，這一年特殊之處有三。第一，公民社會的反對運動呈現高度組織化（農村陣線與各地自救會）。第二，由於大埔事件涉及開發（經濟發展模式之爭）、土地徵收、農業與環保問題，在社運團體有意識地串連之下，這個運動與同時存在臺灣各地的許多同類型運動（最具代表性者為臺中、彰化的中科三四期反對運動，國光石化設廠反對運動，以及雲林麥寮臺塑六輕廠反汙染）有匯流的趨勢（參見表三〈各反徵收區概況〉）。整體而言，本年度以六、七月大埔農運為中心，引發各地農運與環保運動之匯流與分進合擊，創造出這年社運中最大的政治反對的動員力量，也在十一月底的五都選舉，再一次驗證了「逆說式民主鞏固」的邏輯。不過，五都選舉的結果（或者說，從二〇〇九年以來一系列選舉的累積結果），形成國民黨與民進黨平分天下的局面，這意味著在野黨力量的全面復甦，以及前兩年以社運為中心的「逆說式民主鞏固」過程的暫時終結。

(3) 公民社會的行動者分析

在前面所描繪的「逆說的民主鞏固」動態過程中，扮演了比較重要角色的公民社會的行動者，在二〇〇八年有野草莓學生運動，二〇〇九年有八八風災的公民媒體運動，受災原住民家園重建運動，澎湖反博奕運動，臺南社區大學「自然與環境學程」揭發土地銘汙染運動，反對美國牛肉進口公投運動，二〇一〇年有苗栗縣大埔、後龍反農地徵收運動，臺中后里中科三期開發反對運動，彰化二林相思寮中科四期開發反對運動，雲林反臺塑六輕汙染運動，彰化反國光石化設廠運動等。就運動類型而言，則包括了學生運動、人權運動、公共媒體運動、原住民運動、環保運動、消費者運動以及農民運動等。

關於涉入「逆說的民主鞏固」政治過程的社會運動，我們有以下幾點分析與說明。

首先，在這一波公民行動主義（civic activism）浪潮中，雖然特定運動可以從議題或成員主體來辨識其屬性，但幾乎每一次運動都是多種類型社會運動行動者的結盟，因此也同時帶有多種運

表三、各反徵收區概況

各反徵收區	地點	開發案	土地徵收面積	備注
苗栗竹南大埔自救會	苗栗竹南大埔	竹南科技園區	28公頃	對當地農業嚴重的環境汙染
苗栗後龍灣寶自救會	苗栗後龍灣寶	後龍科技園區	150公頃	總開發面積362公頃，徵收民地占總徵收面積51%，並引入傳統產業汙染當地農地
竹北璞玉自救會	新竹竹北、芎林	臺灣知識經濟旗艦園區（前身為「璞玉計畫」）	447公頃	
竹東二重埔自救會	新竹竹東二重埔	「新竹科學園區三期」後變更為「客家農業休閒專用區」	440公頃	
臺中后里自救會	臺中后里	臺中科學園區三期	0.6公頃	對當地農業嚴重的環境汙染
彰化二林相思寮自救會	彰化二林	臺中科學園區四期二林基地	80公頃	總開發面積650公頃，對當地農業嚴重的環境汙染
彰化高鐵（田中）自救會	彰化田中	臺灣高鐵彰化站	183.34公頃	
臺北縣土城彈藥庫自救會	臺北土城	土城都市計畫案	20公頃	總開發面積139公頃
桃園鐵路地下化自救會	桃園中壢、平鎮	臺鐵桃園中壢段高架化工程	5.3公頃（拆除建物2.7多公頃）	四千多戶、二萬居民面臨房屋拆除的命運

*說明：全臺閒置工業區生產基地高達2263公頃，其中，科學園區閒置用地尚有253公頃，政府進行重大開發案時，未妥善利用這些閒置地，反在各縣市徵收農地、進行新的開發。

資料來源：各自救會、臺灣農村陣線整理。取自〈臺灣農村陣線0717凱道守夜行動各徵收區資料〉，見苦勞網網站：http://www.coolloud.org.tw/node/53238

動合流的性質。例如，野草莓運動是學生運動，但也是人權運動和公民媒體運動，以及一次大規模的學界動員。在八八風災的原住民重建運動中，人權與公民媒體運動者也非常活躍。澎湖反博奕運動主要是環保與學生運動的結合。反美國牛肉運動既是消費者運動，也帶有環保運動的性質。二〇一〇年的反農地徵收運動是農民運動、人權運動、公民媒體運動與學生運動的匯流，而反石化工業運動則包含了環保、公民媒體與學生運動。隨著局勢的發展，反農地徵收與反石化運動又彼此交會、交錯，形成農民、環保、學生、人權與公民媒體等運動交融互助的狀態。這個現象顯示了臺灣公民社會內部，一個相互重疊，彼此結盟，而且相當穩定的社會運動網路的形成。

其次，上述這些運動**並未**涵蓋活躍於臺灣公民社會中所有類型的運動。它們甚至不包括幾個最重要的社會運動，如婦女運動與勞工運動。筆者所選擇的，是在這段民主再鞏固的政治過程中以個別或合流的方式，取代民進黨形成政治反對力量，並且對國民黨政權發揮了**有效而明顯的制衡效果的社會運動**。更具體而言，本文所處理的，都是在這段時間中，**在特定政策議題上，或者在結構上處於與國家直接對立位置的社會運動**：反對警察權擴張與《集會遊行法》（學生運動，人權運動），批判、揭發國家領導者失誤（公共媒體運動），反對設立賭場（環保運動），反對美國牛肉進口決策（消費者運動），反對風災後遷村政策（原住民運動），反對農地徵收政策（農民運動），反對工業園區開發與反對石化業（環保運動）。

婦女運動是臺灣戰後傳統最久，實力最堅強，而且在制度與政策層面的改革獲致最大成果的社會運動。在臺灣民主化過程中，婦女運動也一度與民進黨有過結盟。不過，很可能正因為婦女運動在制度改革上的成就，也使它沒有直接涉入這一波民主再鞏固的過程[28]：當代臺灣婦女運動已經跨越群眾示威運動的初期階段，發展到得以直接進入國家體制內部，進行政策擬定與制度改革的階段了。[29]因此，婦女運動與國家之間，也不再只是單純的「社會對抗國家」的對立關係，而是政治學者黃長玲所謂國家與社會「彼此鑲嵌，互相形構」（mutually embedded and reciprocally constitutive）的關係了。[30]在民主化過程中同樣有過與民進黨結盟經驗，在政策改革上也有相當成果的勞工運動，沒有涉入民主再鞏固過程的原因，則似乎與組織力量的衰退，傳統「廠場工會」的組織型態無法因應經濟全球化產生的新一波分配問題有關。[31]

儘管如此，婦女運動與勞工運動沒有直接捲入這一波民主再鞏固的過程，並不代表它們所主張的價值與論述對民進黨的路線重構沒有發揮影響。事實上，**這一波公民社會的行動主義對於臺灣的政治社會，特別是在野的民進黨，帶來了一次全面性的進步主義壓力以及再正當化**（re-legitimate）**的要求**。在下一節的討論中，我們會看到包括婦女、勞工與環保、農業在內的諸進步性社會議題，如何在民進黨重建正當性的思考過程中留下痕跡。

最後，我們不能忘記一個特殊的行動者類型，也就是在社會運動中幾乎無役不與的公民媒體運動者。他們突破商業媒體的封鎖，在許多次事件中透過網路迅速傳播訊息，同時也協助深化議題的公共討論。從運動觀點而言，他們扮演了傳播、動員、組織與審議的關鍵角色。這個運動包含三類相關的行動者。第一類是以公共電視（PTS）新聞部為主的「制度內運動者」。一方面，公視新聞部所製作的幾個重要節目，如探討公共政策的談話節目《有話要說》，完全以環保議題為中心的紀錄片節目《我們的島》，以及紀錄片節目《獨立特派員》與《紀錄觀點》等，針對許多重大社會爭議進行商業媒體難以想像的深入討論。另一方面，他們也於二〇〇七年在網路上設立「PeoPo：People Post公民新聞平臺」，提供民間的「公民記者」自由投稿。第二種是民間自行成立的網路公民媒體，如《南方電子報》、《苦勞網》、《環境資訊中心》、《小地方－臺灣社區新聞網》、《莫拉克獨立新聞網》、《臺灣好生活電子報》、《全球之聲（Global Voices Online）》等。[32] 第三種是運用前述幾種網路管道以及個人部落格進行採訪、攝影、撰寫、製作與傳播新聞的所謂「公民記者」。他們有部分是網路公民媒體的正式成員，但也有很多民間的個人新聞工作者。上述這三類公民媒體的行動者都共同具有清晰的社會改革意識，他們所創造的網路媒體也已經在商業媒體之外，逐漸形成一個獨立的媒體網絡，不僅有效地傳播各種被國家與市場壓抑的公共議題訊息，並且也創造了一個深度討論的公共空間。毫無疑問，這是公民社會試圖創造一個不被國家與市場力量扭曲的公共言論空間的努力，因此筆者將之定位為一場正在進行中的公民媒體運動。[33]

在過去幾年中，公民媒體運動者已經成為社會運動場域的固定核心成員。傳播學者管中祥對於他們扮演的角色有扼要清晰的描述：

二〇〇七年的樂生保留運動，透過了網路動員、獨立媒體、部落客的報導，以及各式各樣的文化行動，在媒體扭曲與忽略了的情況下，成功地動員了五千人走上街頭，捍衛樂生院；二〇〇八年，「野草莓學運」更將網路直播帶進社會運動，形成全國網路大串連。二〇〇九年，八八水災發生後，許多部落客及網民立即彼此串連，彼此分工，臺灣各地的網友自動透過網路發布當地受災消息，不但快速地將災區資訊有系統地傳播到臺灣各地，到災區探訪，扮演起協助救災的重要角色，利用Google地圖及開放性軟體，整合民眾提供的訊息，其資訊整理及傳布的能力與效率遠遠勝過官方救災體系及主流媒體，甚至成為官方救災及主流媒體報導最重要的資訊提供者。[34]

二〇一〇年大埔農民運動的爆發，更是公民媒體運動的經典之作。警察在六月九日封鎖、破壞大埔即將收成的稻田的事件，主流商業媒體完全沒有報導。化名「大暴龍」的公民記者率先將其採訪之影像新聞發布於PeoPo，幾天之內有數十萬人看到警察封鎖農地，以怪手破壞長滿稻穗之稻田的驚人景象。隨後有更多公民記者投入追蹤報導，並將該則新聞譯成英文上傳CNN網站，終於引起商業媒體跟進報導，整個事件也開始受到社會高度矚目。在這個過程中，各地的公民記者開始建立聯繫網路，同時也協助促成全臺各地農地遭受強制徵收地區農民的彼此串連，一場二十年來最大規模的農民運動就此誕生。[35]

三 論證（II）：公民社會與政治正當性的重建——社會運動、進步本土主義，以及臺灣公民民族主義的重構

1. 社會運動與民進黨的意識形態重構

在臺灣民主再鞏固的過程中，公民社會／社會運動不只透過非制度性制衡與選票轉移間接促成了民進黨的復甦，它的論述對民進黨重建其正當性的作為也產生了形塑的作用。我們觀察到，蔡英文領導的民進黨在選舉持續獲勝的同時，在意識形態上也開始出現「再進步化」的傾向。更具體而言，在國民黨政府受困於來自公民社會的強大批判，統治正當性日益低落之時，新的民進黨領導階層採取了與曾一度背棄的社會運動重建論述結盟（discursive alliance）的策略，試圖吸收社會運動的論述養分，重建做為民主改革政黨的政治正當性。在民進黨意識形態「再進步化」過程中，我們觀察到臺灣公民社會的論述正在促成——或者迫使——政治社會中最主要的意識形態之一，也就是臺灣的公民民族主義（civic nationalism）進行論述重構，朝向更具進步性與包容性，而且政治整合功能更強的方向轉化。

對於這個命題，我們有必要稍加申論。首先，以民進黨為主要政治代表的當代臺灣民族主義，原本就是一種以政治自由主義（民主自決權，即政治的公民權，political citizenship）為核心的公

民族主義或自由的民族主義（liberal nationalism）。這個意識形態在近年的政治動員能量已達飽和，而且無力整合為藍綠立場割裂的臺灣社會。主要原因在於，雖然它是一種以公民權（而非血緣）為核心的政治性的民族主義，具有一定的進步性格，但其歷史論述過度反映特定族群（所謂「本省福佬」族群）的經驗與歷史意識，所以動員能量受到限制。此外，這個意識形態已經和近年臺灣政治的藍／綠二元對立結構密不可分，幾乎完全被等同於泛綠陣營，因此更加難以擴張。

第二，公民社會／社會運動在既有的政治公民權基礎上，進一步要求社會的公民權（social citizenship，如分配正義、環境權、健康權、文化權等）的實現，而這個基本上以「臺灣」為邊界，以公民身分界定，以維護弱勢者權益以及社會整體的「公共利益」（public interest）為核心價值的觀念，在貧富差距日益加大的臺灣，逐漸成為一種可能跨越藍綠界線與族群區隔的共同價值。當然，在跨越藍綠和族群界線的同時，這個中間偏左的意識形態的擡頭，也暗示了「階級」似乎正在取代族群成為臺灣最顯著的政治分歧（political cleavage）。整體而言，這個以社會為中心的「**進步的本土主義**」路線的擡頭，進一步彰顯了政治社會的民族主義論述所面臨的正當性危機，但也為其重構提供了意識形態基礎。

第三，在蔡英文領導下逐漸復甦的民進黨，為了擴大其社會支持，已經開始在某種程度上吸收社會運動的進步本土主義，並且用以重構其政黨路線與意識形態。從二〇一〇年八月起陸續公布的〈十年政綱初稿〉各篇中，我們可以觀察到民進黨重建公民民族主義路線的可能與限制。最後，我們也不能忘記，臺灣社會運動的進步本土主義路線並非在最近幾年間出現的，而是累積了近三十年的運動論述成果與實踐經驗的結晶化。不過，當代公民社會論述與九〇年代為止的論述最大的不同，在於其**主體意識**的相對成熟。換言之，這是一個與民進黨分道揚鑣之後，逐漸從政治社會獨立出來的自主論述。因此，第二節所描述的選票轉移，主要是政黨與社會運動功能分化導致的結構性現象，未必是社會運動界的主觀期待。而本節關於民進黨向社會運動靠攏的動向，則是政黨單方的**政治選擇**，並不意味社運界「再附庸」於政治社會。這個現象反映了兩年多來，臺灣的政治社會與公民社會之間已經產生微妙的主客易位狀態，也印證了公民社會主體性的成熟。

2. 臺灣公民社會的進步本土主義

在這一小節，我們將對幾個涉入二〇〇八年到二〇一〇年臺灣民主再鞏固過程的主要社會運動的訴求，進行初步的意識形態分析。本文所選擇的分析對象，是二〇〇九年的反對美國牛肉進口公投運動，二〇一〇年的苗栗大埔反農地徵收運動（以及與大埔農運合流的中科三、四期開發反對運動）和國光石化廠建設反對運動。[36]

(1) 反美國牛肉進口公投運動

二〇〇九年十一月二日，由消費者基金會聯合主婦聯盟與董氏基金會發起的反對美國牛肉開放進口公投運動，是一次運用制度性的民主機制（公民投票）推動消費者保護的社會運動，因此在訴求之中，我們觀察到政治公民權（民主、自決與國家主權）和社會公民權（消費者權、健康權與環境權）訴求的奇妙結合。

從該運動陸續對外所發布的幾次公開聲明（新聞稿）文本之中，我們可以將其論述邏輯扼要歸納如下。為了達成捍衛做為消費者的「國人」=「臺灣人」所擁有的「健康自主權」，以及消費者安身立命所在之「國土」=「臺灣的土地」免於被毒害的環境權，和「國家」=「臺灣」不受外來強權干預的主權，援用「國家主權」的國際法原則（國家對外主權不容侵犯）、「主權在民」或「國民主權」的民主原則（國家主權屬於國民全體），與聯合國人權公約的「自決權」民族主義原則，發動公民投票以抵抗外國強權（美國）的壓迫與本國政府的屈服。[37]毫無疑問，這是在臺灣這個國家範圍內，將「全體消費者」和「全體國民」「臺灣人」重疊，在涉及消費者權利的特定議題領域（健康）以及延伸的相關領域（環境），直接運用古典的民族主義（國家主權與民族自決）與民主原則（主權在民與民主自決）。這個主張，同時包含了四種不分黨派的臺灣人共享的公共利益：健康權、環境權、民主自決權與國家主權，前兩者為社會人權，後兩者為古典的政治人權，因此我們或許可以稱之為一種「消費者的公民民族主義（consumer's civic nationalism）」。

(2) 苗栗大埔反農地徵收運動

苗栗大埔、後龍反對農地徵收的運動（以及合流的中科三、四期反對運動，還有全臺各地的類似運動）所涉及農地問題的核心，其實是臺灣政府（包括過去的民進黨政府）為了促使產業「根留臺灣」而在各地徵收農業用地，開發為所謂「工業園區」，廉價提供產業之工廠用地的政策。一方面，這個政策是臺灣戰後數十年「以農養工」政策的結果（農業萎縮，農村凋敝，城鄉發展失衡）與延長（工業繼續擴張，農業繼續萎縮）。另一方面，這個政策同時也是資本全球化所引發的產業外移壓力下的產物。此外，過度開發也導致近年地方政府與財團勾結以科學園區之名炒作地皮，進行房地產買賣的惡果。這一波的農民運動是對這兩項先後壓榨農業的政策同時反彈的結果，它所提出的反開發主義、追求「土地正義」，以及建設永續型農業等訴求，同時包括了傳統農民運動比較側重的物質主義訴求（土地財產權與所得分配問題），以及當代社會運動研究所謂的後物質主義的（post-materialistic）訴求，如糧食自給、環境保護，以及農村文化自主等問題。

關於這一波農運所涉及的農村土地問題，人類學者李宜澤提出了最完整的論述。在〈國際觀點看農村土地的生態價值〉一文中，他從環境保護、資源權益，以及土地正義三方面探討了這個問題。[38]首先，農地具有調節環境的功能，不應任意破壞。其次，任何農地之開發利用計畫，應尊重現有農地耕作者權益。第三，在中國崛起與兩岸區域經濟整合的壓力下，臺灣政府取代世界銀行的角色，直接以國家權力強制徵收農地進行園區開發，違背土地正義（不尊重地主主權，以及片面決定開發主義方向）。[39] 長期關心農民的土地財產權，並且積極涉入此次農運的地政學者徐世榮，也特別強調資源權益和土地正義。[40]

促成這一波農運的靈魂人物，臺灣農村陣線的發言人，同時也是農業經濟學者的蔡培慧，則從反對文化剝削與農村文化權的角度，對這次運動賦予了後物質主義的意義。在〈戰後農村發展概述〉一文中，她指出九〇年代以後臺灣農業政策走向集中農地進行商業開發的方向，於是農民分化成兩個主要群體——搭上開發列車，以及拒絕或無力跟上開發腳步者。前者轉化成富裕的「市民」，而後者繼續當生活困窘的「農民」。這兩種社群不只具有經濟上的差異，同時也代表了兩種文化：城市文化與鄉村文化。當代臺灣農民被剝削，主要是後一族群，而且不只在物質上被剝削，同時在文化上也被壓迫（被迫放棄鄉村文化與生活形態）。蔡提醒讀者，開發主義對農村的剝削不只是物質的，同時也是文化的。基於此，她主張鄉村文化不應被消融於都市文化之中，而具有其存在的權利。[41]

整體而言，這一波農民運動的興起，是對國家在新自由主義全球化壓力下，協助、乃至主導資本入侵農村，破壞本地農業生產、生態環境，以及農村文化與生活方式的抗議。從國際政治經濟學的角度觀察，它近似於後殖民理論家Pheng Cheah（謝平）所描述的，發生於當代亞洲新興國家內部的反資本全球化的群眾性民族主義（popular nationalism）。[42] 不過比較特殊之處是，在臺灣的脈絡中，這個群眾民族主義運動直接反對的不是外國資本，而是本地資本，以及扶持本地資本的本地國家。另一個特徵是，臺灣新農民運動的意識形態雖然保有傳統民族主義對「土地」的重視，但卻將土地與血緣分離，而與普遍的進步價值，如人權、糧食自給、環境生態等公共利益結合，而它所欲保護的文化，也不再是本質主義式的「民族文化」，而是做為在資本主義城市文化之外的，另一種文化選擇的本土農村文化。就這個意義而言，這個農民運動展現了某種鮮明的公民民族主義色彩。

(3) 國光石化建設反對運動

國光石化建設第八套輕油裂解廠的反對運動以及雲林麥寮臺塑六輕場大火汙染的抗議運動，在性質上可以清楚歸類為環境保護運動，而其訴求不只是反對既有與將來可能發生的汙染，已經進一步發展到質疑，乃至反對臺灣繼續推動石化工業的國家產業政策層次了。換言之，這個還在發展中的環保運動，已經對臺灣政府長期主導的開發主義政策提出根本質疑，而在這一點上，它事實上已經與大埔等地的新農民運動合流了。

國光石化反對運動到目前為止所提出的論述，主要可以區分為兩種類型：理性的論證，以及感性的召喚。理性論證的代表性文本，是由臺灣環境保護聯盟國光石化環評監督小組所編輯整理的《虛幻之石化王國——探討國光石化的必要性與其環境影響評估》。[43] 這本總共只有三十頁的手冊，從環保與經濟專業（環境科學、公共衛生、地質學與經濟學）的角度，以完整的統計資料評估與駁斥官方及業界支持國光石化設廠的論點。這是一種直接與官方論述針鋒相對，「以專業制專業」訴求民眾理性判斷的政策辯論式論述。

由於有許多藝文界人士積極參與反國光石化運動之故，感性召喚的文本已經累積甚多。[44]在此我們只針對運動初期的一篇重要文本，也就是「全民來認股，守護白海豚」運動的緣起聲明〈全民來認股，守護白海豚：搶救臺灣母親之河濁水溪口，保護瀕臨絕種臺灣白海豚　行動緣起〉，進行分析討論。本文不長，但卻極具典型性，因此將全文前半引用如下：

「全民來認股 守護白海豚」

搶救臺灣母親之河濁水溪口，保護瀕臨絕種臺灣白海豚

我們每個人心中都有一畝田，現在您可以買下濁水溪口的一小畝溼地，種下保護白海豚的希望、種下臺灣永續發展的未來，留給下一代子孫一片臺灣母親之河口海岸溼地淨土。

白海豚有難 海岸大開發

臺灣中西部海岸有一群鮮為人知的白海豚，又叫作臺灣媽祖魚，正受到嚴重人為干擾和開發威脅，族群數量不到一百隻，已被聯合國列為最高保育等級，即將面臨絕種的臺灣白海豚。過去三、四十年來許多重大開發案逐漸壓縮、汙染臺灣白海豚的生存環境，導致族群數量銳減瀕臨絕種。

如今又將在濁水溪口海域填海造陸超過四千公頃的工業區，興建國光石化輕油裂解廠。在全球暖化、氣候變遷的年代，每年排放一千二百萬噸二氧化碳的國光石化，不但加速暖化趨勢而且影響到國土安全，這將是導致這群白海豚滅亡的最後一塊大石頭。現在，如果我們袖手旁觀沒有任何行動，那臺灣白海豚將會是本世紀繼長江白鱀豚後滅絕的哺乳類動物。

大家一起來救援白海豚

濁水溪口的泥灘地海域不但是臺灣白海豚洄游覓食的棲地，更是彰化淺海養殖漁業區、國際候鳥重要的覓食生態環境。而國有財產局極有可能以一平方公尺一百元的便宜價格，賤賣給民間財團國光石化公司超過二千公頃的泥質潮間灘地。

為此，我們要用國民信託的方式，透過每個人的「一股」力量共同把國土買回來，不能讓國家以低廉的價格販賣珍貴且無可回復的生態價值。國民信託在國際上早已成為全民以自主的力量，參與維護國民共有財（生態環境、文化史蹟等）的重要工具，人民才是臺灣最大的財團，為了臺灣永續發展的未來，我們決定站出來，保護全民的環境與我們賴以維生的海洋。[45]

與環保聯盟的專家觀點相對（或者互補），這是一篇群眾動員的敘事，目的在召喚閱讀者的情感與認同。一開始，我們就讀到「**臺灣母親之河濁水溪口**」這種關於「土地」最經典的民族主義式修辭。不過，文中所提出的「臺灣永續發展」理念，是一種反開發主義的另類經濟發展思考，又與傳統重商主義式的經濟民族主義有別。不只如此，我們接下來又讀到「以全民自主力量」「維護國民共有財（生態環境、文化史蹟等）」「保護全民的環境」的召喚，這又是有別於傳統的文化民族主義的思維，因為環境、古蹟（歷史）與文化被視為「國民共有財」，換言之，也就是將土地、歷史、文化從傳統的族群血緣的表徵轉化為公共財（public good）的公民權概念。最後，文章宣稱反對國家將國土賤賣給財團，「人民才是臺灣最大的財團」，要透過每人一股的力量「共同把國土買回來」。在這裡，宣言作者建構了人民／全民與國家／財團的二元對立圖式，清楚透露出一種反國家與反資本的「人民主義」（populism）思考。而「全民認股」集資購買土地的行動，則是一種挪用資本主義邏輯（財產權）對抗資本對環境入侵的策略。不只如此，宣言將此種認股行動定義為「全民自主參與」保護國民公共財的行動，說明宣言作者認定這個行動具有跨越代議機關，行使公民自我統治權與政策審議權的「直接民主」的意涵。換言之，這是一個活生生的「第二軌審議」運作的實例。整體而言，我們可以清楚地看到一個透過環保主義與公民社會論（公共利益與直接民主），將傳統的文化民族主義敘事轉化為進步的公民民族主義的論述。

另一篇重要的文本是由知名的社會運動部落客Munch在其部落格上發表的〈國光石化不能說的祕密——跨海的臍帶關係〉。[46]在文章中，作者分析臺灣政府急於開發國光石化背後的目的（形成石化業的「臺灣上游，中國中下游，中國與東南亞市場」的垂直分工計畫），以及其不可行（中國早已擬定自己的本國石化業垂直分工計畫，以中國本土為上游，臺灣被納入中下游，做為市場之一，因此臺灣石化業有強大的外移誘因）。作者主張應放棄在產業發展與中國競爭（已經不可能）的開發主義路線，轉而重新界定新的發展方向，找出臺灣的優勢，進行產業轉型：「其實面對工業中國的強勢崛起，臺灣必須認清競爭態勢，反而利用此一時機，進行產業轉型，像歐美先進國家一般，排除汙染產業，在創意、管理、貿易與行銷等知識產業上精進，找出臺灣的國際競爭力，這是中國之弱，也是臺灣真正優勢所在。甚至在產業分工下，讓中國拚工業，臺灣重拾農業生產的優勢，毋須在工業生產和中國纏鬥，而是以農業優勢進軍缺糧的國際市場。」

Munch為公視記者郭志榮的筆名，長期關懷環境議題，但並不屬於任何社運團體。他這篇在網路上流傳甚廣的文章的重要性在於，它比任何直接的運動聲明或專業論證都更直接觸及整個臺灣石化產業問題的根本：在國光石化設廠爭議（以及其他全臺各地工業園區開發爭議）背後的國際政治經濟結構問題，也就是中臺兩國國家主導的開發主義計畫之競爭。這篇文章**不能**簡單歸於公民民族主義之範疇，不過作者明確反對臺灣的國家開發主義路線，主張重新界定臺灣優勢與發展方向。這個思路與社會運動的主流思考是一致的。

(4) 小結：社會公民權論述與民族主義、政治整合的關連

英國社會學家T. H. Marshall在一九五〇年所提出之公民權的三階段發展論（民事權→政治權→社會權），歷經半個多世紀以來已經在社會學與公民權研究領域中形成一個古典傳統。在這個思想傳統之中，社會權一直被視為透過分配正義的實現達成社會包容（social inclusion）乃至政治整合的重要機制。這個思考中，預設了政治共同體的界限以及享有公民權的「公民」屬於這個特定共同體成員的身分，以及對這個共同體的忠誠心。政治上，這個以社會公民權為基礎的共同體的形式是民族國家（nation-state——更精確說，應該是「福利的民族國家」welfare nation-state），而由所有公民所形成的公民全體（citizenry），因為共同遵守一套法律，共同享有權利，同時也對國家與彼此負有道德與忠誠的義務，因此可說是一種道德的共同體。[47] 這種以社會公民權與分配正義為核心的共同體主義思考，源於二十世紀初期的英國，當代英國社會主義政治哲學家David Miller由此經驗反省，得到沒有預先存在的民族共同體就不可能實現分配正義的結論，這個結論也成為支持某種進步民族主義的論據。[48]

當然，我們並未忘記當代環保運動的政治思想所構思的「公民」概念，基本上是跨越國界的。不過，這個問題在理論上並非沒有解決之道。Andrew Dobson所構想的「生態或環境公民身分」（ecological citizenship），在「積極參與」上符合古典的公民定義（「自我統治的人」），但與古典公民權概念不同的是，它指涉一種出於正義感與同情心的，非契約式的公民責任而非權利，而且這是一種對於「地方和時間的陌生人」（同國人或不同國人，以及未來的世代）的相互責任。[49] 換言之，「生態公民身分」不與特定政治共同體或民族國家連結，是一種「地球公民」的世界主義式思考。不過，綠色政治思想雖然主張全球主義，但在實踐上也提倡在地主義。[50] 這種基於「正義感與同情心」，對於「時空之中的陌生人」的責任感以及積極參與的生態思考，若置於在地實踐過程中，很容易就會與在地的特定共同體結合，形成愛鄉土主義（patriotism）思考——「對於我們的想像共同體內的同時代與未來的陌生人（子孫）的責任感」，這就很接近安德森（Benedict Anderson）在〈民族之善〉（The Goodness of Nations）一文裡面所描述的那種進步的民族主義了。[51] 不過，這種在地實踐中出現的民族主義的親和性，由於在本質上受到其世界主義視野所制約，因此不至於形成排他的民族中心主義。**這是環保運動或生態主義政治思想對在地政治共同體的認同形成的兩面效應：加強公民責任感與參與感（因此會造成認同增強），但同時也制約在地認同的墮落或惡化**。在這一波臺灣的環保運動中，我們清楚地觀察到此種兩面效應。

事實上，在社會運動的社會公民權（土地正義、消費者權益、健康權、文化權）和環境公民身分等主張中，同時蘊含了許多公共利益或公共財的視野，如社會平等、文化多元、國民健康、環境保護、永續發展等。至少，於在地實踐的層次中，這些公共利益或公共財是定住於臺灣這個地方的全體臺灣人及其後代所共同擁有或共同得以運用或享用的。這種公共利益概念，是平等主義、多元主義，甚至國際主義的（環境），與傳統經濟民族主義或地緣政治所主張的「國家利益」（national interest）有別，因此事實上提供了「臺灣人」概念一個進步的（公民的，而非血緣或種族的）共同性基礎。在某個意義上，這種公共利益的概念也為任何試圖建構臺灣共同體的計畫，提供了一個新的正當性基礎。這不是以個人為中心的私人利益論述，而是以共同體成員彼此之間相互的友愛與責任感為前提的共同利益論，因此預設了任何共同體形成所不可或缺的情感條件——也就是亞里斯多德在《倫理學》所說的「**政治性的情誼**」（concord）。[52]

不管是以民族國家為範圍的社會公民權，或者全球視野在地實踐的「生態公民身分」，都共同強調一個古典共和主義式的政治德行——公民參與的責任。它們在社會運動和媒體公共空間對公民參與責任的召喚與實踐，正是在實踐當代新民主理論——特別是審議民主（deliberative democracy）與激進民主（radical democracy）——所開拓的非制度性領域政治參與的視野。不過，我們同時也應記得托克維爾的古典洞見：除了補充制度性政治的不足，協助鞏固民主之外，積極參與同時也有集體認同的塑造作用。

整體而言，這些有時互相協力，有時互相交錯的社會運動，雖然在政治上或許各有其立場，但是他們的視野和目光確實交會在一個明確的焦點：臺灣。他們沒有特別說什麼「臺灣人四百年的歷史悲情」或者「獨立建國」，因為這會觸及尚未解決，因此容易導致分裂的**政治象徵**（political symbols）問題。不過他們眼中的臺灣，早已是一個不證自明的、事實上的國家，而他們做為有責任感的臺灣公民，積極參與臺灣公共事務、對臺灣政府施壓，以及對臺灣公共政策的發言與自身介入的民主行動，每一刻都在證明這個國家的存在。他們所關心的，比較不是這個國家的形式（國名），而是它的內容：臺灣是不是一個民主自由、多元開放、公平正義、有源源不絕的文化創造力、有美麗豐富的生態環境，有開闊進步的國際視野，經濟上可以永續發展，代代子孫可以長久在此安身立命的家園？這是一種經由公民社會各行動者由下而上「視野的交融」（fusion of horizons）所形成的，以臺灣為中心的進步的本土主義。而且，這是一種「**社會性的政治願景**」（societal political vision），因為**它所構思的政治秩序的核心**，**是自主多元的公民社會**，**而非國家**。這個社會性的政治願景的出現與擡頭，對於傳統以「國家」為中心的臺灣民族主義思考，正在默默地產生衝擊。最後，我們必須強調，社會運動的進步本土主義雖然具有若干公民民族主義的要素，也可能衝擊或影響政治場域中的民族主義思考，但是嚴格而言它自身還**不是**一種完整的民族主義，因為在它的視野之中（刻意？）闕漏了任何民族主義意識形態所不可或缺的核心要素，也就是共同體的**歷史意識**。

3. 公民民族主義的再出發？民進黨「再進步化」的動向

二〇〇八年五月十八日，蔡英文接任民進黨主席。蔡的任期，正好是本文所描述的民主再鞏固的階段，她對臺灣公民社會所蘊含的動員潛力，以及其種種訴求所享有的高度正當性，顯然有所體會。公民社會這兩項特質，特別是高正當性，剛好是喪失了社會信任的民進黨所迫切需要的。二〇〇九年二月，民進黨恢復社會運動部。二〇〇九年六月十二日，前客委會主委羅文嘉發行《二次黨外：Movement》雜誌，宣稱將走「中間偏左」路線。蔡英文到場致意，在致詞時表示：「**在歷經兩次重大選舉挫敗、試圖恢復中的民進黨，是不可能獨力支撐臺灣的民主往前走，民進黨必須與社會運動結合，才有力量走向更完整的民主**。」[53]這個發言，公開宣示民進黨試圖重新與社會運動建立民主同盟關係的路線。

從二〇〇九年九月以後，民進黨展開一系列向社會運動路線接近的行動。九月四日，徵召社運部兼客家事務部主任楊長鎮參選苗栗縣長。九月二十一日，發表〈民主進步黨對澎湖博奕立場之聲明〉，反對澎湖設置賭場，支持永續發展、文化教育之路線。[54]二〇一〇年二月立委補選之後，民進黨在政治上稍微站穩腳步，正式開始處理黨路線問題。四月起舉辦四場「臺灣無可迴避的挑戰」座談，與社會對話，做為草擬〈十年政綱〉的預備工作。從八月起，陸續公布了〈十年政綱初稿〉的〈族群篇〉（八月十一日）、〈性別篇〉（八月二十五日，劉毓秀）、〈教育篇〉（九月十七日，林萬億)、〈農業篇〉(十月十三日)。十月二十七日討論了〈經濟篇〉,由於尚有爭議,正在檢討中。〈十年政綱初稿〉尚未全部出爐,不過就已經發表的部分觀察,民進黨檢討中的黨路線確實吸收了臺灣社會運動界的不少主流共識。[55]

大約與此同時,民進黨對許多重要的社會運動事件的發言,也清楚顯示向公民社會價值接近的傾向。二〇一〇年六、七月聲援大埔事件,反對政商勾結開發,強徵土地,並且提出「農業基本法」主張。同一時間,也聲援雲林六輕大火受災麥寮養殖戶。二〇一〇年七月二十八日民進黨第十四屆第一次中常會,邀請雲林縣長報告「從六輕石化投資看地方發展困境」,蔡英文並做出回歸黨綱之生態保育優先的基本價值,正式檢討黨對石化產業立場等裁示。[56]

二〇一一年元旦,蔡英文發表〈做一個相信土地與人民的政黨:寫給二〇一一年的民進黨黨主席蔡英文元旦文告〉,提出尊重中華民國體制,但是重申「民主(自決)」的基本原則,同時清楚表明某種「向左轉」路線(分配正義),也就是凸顯「進步」價值:

> 我們跟國民黨最大的不同就在於,國民黨認為「沒有中華民國就沒有臺灣」,而我們卻相信「沒有臺灣就沒有中華民國」。簡單說,他們膜拜的是「政權與統治者」,而我們信仰的是「土地與人民」。這裡的區別,在於我們堅持臺灣的優先性,而我相信我們是站在多數人民的這一邊。……二〇一〇年,對絕大多數臺灣人民來說,還是辛苦的一年。GDP恢復成長,

消費也較為活絡，可是同一時間，物價也在上漲，最重要的，絕大多數人民的薪水與收入卻沒有成長。這代表了我們的經濟發展進入了一個新的模式，一個財富分配的不均等的發展型態，所以有人是開開心心享受復甦的果實，卻有人仍在寒冬裡與子女淚眼相望。這個模式繼續走下去，貧富差距、城鄉差距的現象會更加惡劣。

二〇一一年，民進黨的另一使命，就是要提出一個有別於目前國民黨的新經濟思維，來抵擋貧富差距的趨勢繼續在社會裡惡化。當國民黨自滿於一時GDP成長的數字裡，我們要走進人民的生活中，實際關心他們的就業與收入。數字再怎麼高，只要一般人民感受不到就是空的。民進黨要感受人民的感受，要為那些沒有經濟資本、也沒有社會資本的多數人民，構築一個安心的未來。民進黨是為這些人存在，我們每天都要自我提醒，如果沒有民進黨，這些人民的未來誰來為他們思考？這是我們創黨的初衷，也是此時此刻的我們必須捍衛的價值。

事實獨立，民主自決，土地與人民，多元族群與多元歷史記憶，兩性平等，分配正義，環境保護，永續農業，永續經濟發展——這些主張有的延續了〈黨綱〉、〈行動綱領〉與〈臺灣前途決議文〉的主張，有的則修正、補充乃至超越了這些先前的政黨價值。雖然還存在著許多空白，不過這些主張已經共同構成了一個進一步沖淡族群中心色彩，並且稍稍向左移動了的新公民民族主義雛形。整體而言，我們可以觀察到，蔡英文領導下的民進黨確實在黨內路線檢討的過程中逐漸

「再進步化」與「向左轉」，有向公民社會靠攏的明顯跡象。這個動向在多大程度上反應蔡的個人信念，我們不得而知。不過至少可以確定，這應該反映了蔡英文對政治現實的判斷與理性選擇的結果。「在歷經兩次重大選舉挫敗、試圖恢復中的民進黨，是不可能獨力支撐臺灣的民主往前走，民進黨必須與社會運動結合，才有力量走向更完整的民主。」這段公開發言，說明蔡清楚認識到民進黨實力的限制與社會運動的政治潛力，以及兩者結盟的現實必要性。

必須注意的是，民進黨「再進步化」與重建正當性的動向之中，其實潛藏著許多涉及臺灣政治發展根本難解的問題。如果這是衰弱的民進黨基於實力原則考量的策略性轉向，那麼一旦民進黨實力重新壯大，乃至重新執政之後，是否會背棄此刻擁抱的進步價值，重返現實主義乃至「反動化」？果真如此，則此刻民進黨的「再進步化」只不過是從「執政→在野→再執政」的循環的反映而已，並非深刻的路線轉換。如果在實力考量之外，「再進步化」確實反映了領導層的信念，那麼民進黨是否能夠壯大到取得穩定多數執政，以推動進步政治的實力？而即使取得了穩定多數的選票，執政的民進黨又在多大程度上，能夠有效克服種種結構性限制（如政治學家 Adam Przeworski 所說的「國家對資本的結構性依賴」[57]，或者地緣政治結構對臺灣執政者行動自由的制約），有效推動其進步路線？也就是說，民進黨會不會陷入另一個更深層的結構性循環的宿命？這些問題的解答，超越了本文的範圍，也超越了筆者的能力，我們只能等待歷史的發展。

結論：自由與共同體的辯證

本文的問題意識是，當中國崛起的經濟誘因在臺灣內部創造了巨大的離心力，親中的國民黨又在二〇〇八年的選舉大敗民進黨，重新建立新的威權體制，使臺灣的主權民主國家體制出現破綻，制度性的向心力弱化之時，臺灣還存在著什麼足以創造政治凝聚力的向心力？筆者主張，臺灣的公民社會，就是主權民主國家體制之外另一個重要的向心力。在檢視二〇〇八年到二〇一〇年的臺灣政治發展過程時，筆者觀察到當政治社會的制衡機制失靈之際，活潑的公民社會取代了衰弱的在野黨形成政治反對力量，透過制衡、間接的選票轉移，以及正當性的壓力，促使在野黨逐漸復甦，也使臺灣的民主體制重新獲得鞏固。不只如此，由於臺灣公民社會同時監督與制衡國家與市場／資本，因此除了發揮重整、鞏固政治社會的功能之外，也構成一股抗拒中國以經濟利益誘導、逼迫整合的力量。

上述的發現，某個程度上似乎印證了古典社會理論與政治哲學的一個洞見：所謂「公民社會」理念所描述的，其實是一個政治共同體自我組織的能力，或者一個社會不藉由國家之力而自我組織的能力。[58] 這個觀點儘管與無政府主義所描述的自發性秩序（spontaneous order）願景有部分重疊，但仍然有所差別，因為公民社會預設了國家與政治社會，而純就政治面而言，它的自我組織能力表現在公民對共同體公共事務的自主參與，以及經由參與過程更新與鞏固國家、政治社會以及公民社會自身。不過，如果進一步從歷史角度觀之，這種具有自我組織能力的公民社會其實是民族國家形成過程後期的特定階段，也就是民主化的過程中的產物。換言之，它是所謂現代性（modernity）的一種表徵。德國社會學家Peter Wagner曾指出現代性同時具有「規訓」與「解放」兩種意義。[59]本文所討論的公民與公民社會就是現代性的兩義性最好的例子，因為它們同時是規訓（國家形成）與解放（賦予權力，empower）的產物。換言之，現代公民社會的自治與自我組織能力是國家「創造公民」之後，公民試圖民主化國家權力過程的產物。由此觀之，臺灣公民社會在民主再鞏固期所發揮的政治整合力，其實透露了關於臺灣國家形成的重要訊息。如果成熟自主的公民社會是民主化的產物，而民主化又是民族國家形成的一個後期階段，那麼一個蓬勃而具有自治能力的臺灣公民社會，是不是表徵著臺灣的國家形成事實上已經達到一個相當成熟的階段了呢？這是我們必須進一步深入思考的問題。然而如果此一命題為真，這就意味著充滿活力，憧憬自由的臺灣公民社會將永久被禁錮在國家形式的牢籠之中嗎？那也未必，因為國界之外還有世界，解放之後還有解放。筆者在這裡提出的關於臺灣政治的歷史命題，只不過意味著通往自由之路總是曲折的，辯證的，多歧的，而且漫長的。

注釋：

1 「民主行動……必然是人民在特定情況中彼此連結，認識並培育共同歸屬的各個特殊面向的行動。」

2 這是國民黨與民進黨事實上的共同主張。關於國民黨立場，參見時任總統的馬英九的二〇一一年元旦祝詞〈壯大臺灣，振興中華〉，取自中華民國總統府網站，http://goo.gl/UCZcXd。關於民進黨立場，參見〈臺灣前途決議文〉（一九九九年），http://goo.gl/zafiPG。至於一般民眾態度，根據聯合報民調中心在二〇一〇年八月所做調查，已經有超過半數臺灣住民（五一％）主張臺灣「永遠維持現狀」。這個數字再加上主張「盡快獨立」的十六％與「先維持現狀再獨立」的十五％，支持廣義的臺灣獨立者，已經超過八成。參見《聯合報》二〇一〇年九月十一日。此外，根據《遠見》雜誌二〇一〇年十二月所做民調，即使臺灣和中國在政治、經濟與社會條件已經很接近，仍然覺得沒有必要統一的臺灣民眾有六七％。參見遠見雜誌民調中心，〈「馬總統滿意度、民進黨中國政策、民眾終極統獨觀」民調〉，取自遠見民調中心網頁，file:///D:/My%20Documents/Downloads/P-215.PDF。

3 Rwei-Ren Wu, "Discontinuous and Cumulative Nation-State Formation: A Political-Historical Interpretation of Democracy in Taiwan," paper presented at International Conference on the After the Third Wave: Problems and Challenges for the New Democracies held on August 13th-14th, 2007, Taipei, Taiwan; Paul Pierson, "Big, slow-moving, and.....invisible: macro-processes in the study of comparative politics," in *Comparative Historical Analysis in the Social Sciences*, ed. James Mahoney and Dietrich Rueschemeyer (Cambridge: Cambridge University Press, 2003) ,177-207. 此外亦可參見Pierson的歷史制度論專著*Politics in Time: history, institutions, and social analysis* (Princeton: Princeton University Press, 2004), 90-92.

4 參見本書第二章〈民主化的弔詭與兩難？對於臺灣民族主義的再思考〉。

5 兩黨總得票率差距不大（國民黨五一．二三％，民進黨三六．九一％，相差僅一成四），但是在新的單一選區兩票制之下，國民黨取得八十一席，民進黨只有二十七席，席次比為71.1：23.9，相差近五成。

6 林繼文，〈憲改為何休市？〉，收於吳介民、范雲、顧爾德主編，《秩序繽紛的年代：走向下一輪民主盛世》（新北市：左岸文化，二〇一〇），頁二一三至二二八。

7 所謂「競爭性威權主義」指涉一九九〇年代出現在東歐與非洲的一種穩定的混合政體，主要是由成熟的威權政體退化或崩潰，或者是民主政體退化而形成。競爭性威權主義的不民主特徵表現在以下四個方面：1.選舉過程中騷擾反對者及其支持者；2.脆弱的立法部門；3.運用司法或準司法手段騷擾選舉對手；4.使用比較巧妙的手段，壓制獨立媒體，對媒體進行直接收買或以廣告配額收買、介入公司財務、分化董事會，與以法律限縮報導自由。這四種現象在臺灣新政權下都已經陸續出現。Steven Levitsky and Lucan A. Way, "The Rise of Competitive Authoritarianism," in *Democracy: A Reader*, ed. Larry Diamond and Marc F. Plattner (Baltimore: John Hopkins University Press, 2009), 244-258.

8 最有名的例子是二〇〇八年十一月四、五日，中國特使陳雲林來臺期間，馬政府動員全臺七千警力強力鎮壓臺北市民眾示威過程所發生的警察暴力事件。

9 關於馬政府控制公共媒體與收買威脅商業媒體，參見司馬門生，〈棍棒與胡蘿蔔齊下，第四權奄奄一息〉，《財訊》三四六期（二〇一〇年五月），以及Freedom House, "Freedom of the Press-Taiwan(2009)," http://goo.gl/T4K0kZ。關於馬政府購買媒體廣告偽裝新聞以進行政治宣傳，也就是所謂「置入性行銷」，參見田習如，〈你看的是新聞，還是廣告？政府帶頭買新聞，花的都是你我的納稅錢〉，《財訊》三六〇期（二〇一〇年十一月）。

10 亦即檢察官與監察委員「辦綠不辦藍」的現象。二〇〇八年五月國民黨重新執政之後，檢方連續偵辦前民進黨政府官員與現任民進黨籍地方首長（雲林縣長蘇治芬與當時的嘉義縣長陳明文先後被收押），但是國民黨籍政治人物涉及弊案則遲遲未有進展。此一現象引發曾負責偵辦陳水扁總統國務機要費案，並起訴陳水扁夫婦的檢察官陳瑞仁之批評。參見〈辦綠不辦藍？陳瑞仁憂辦案群組化〉，《自由時報》二〇〇八年十一月十二日，http://goo.gl/aJrkPI。二〇一〇年年底五都大選前，民進黨臺中市長候選人蘇嘉全，高雄市長候選人陳菊先後遭到地檢署偵訊，顯示此一現象在選舉期間更為明顯。五都選後，臺南縣長蘇煥智辦公室與縣長官邸也遭到檢方搜索。

11 最明顯的兩個例子是二〇〇九年與美國談判牛肉進口的過程，以及與中國談判簽署〈兩岸經濟合作架構協議〉（ECFA），完全未與立法院協商。另一個例子是，交通部在二〇一一年以不簽署正式協議的方式，迴避臺灣國會監督，直接和中國協定在兩岸直航航點中增加四個城市。換言之，交通部在未經國會監督下私下與中國修改條約。見《自由時報》二〇一一年一月二十六日報導，http://goo.gl/0VSfV8。

12 二〇一〇年一月，臺灣最高行政法院判決撤銷經濟部所屬中部科學園區第三期開發的環境評估報告，要求停工，中科管理局無視此一判決，繼續施工。另一方面，行政院環境保護署則於二月五日在五大報刊登廣告，攻擊法院判決。這個行為被法學者描述為「行政機關對法律體制的不服從」。參見李惠宗，〈從法學方法論談中科事件「停工，不停產」的弔詭〉，《臺灣法學雜誌》第一六一期（二〇一〇年十月一日），頁一至十六。

13 二〇一〇年六月已經與中國簽訂ECFA，二〇一一年一月六日成立的兩岸經濟合作委員會（兩岸經合會），在缺乏有效監督的情況下，極可能成為中、臺實質共治的狀況。此外，二〇一一年一月五日，國民黨政府連續第三度否決臺灣團結聯盟所提出的ECFA公民投票案。

14 本文所討論的公民社會模型，主要參考Jean L. Cohen and Andrew Arato, *Civil Society and Political Theory* (Cambridge, Massachusetts: MIT Press, 1994[1992])，特別是pp.17-18, 410-420, 492，以及川崎修、杉田敦編，第十章〈市民社会と新しいデモクラシー論〉，《現代政治理論》（東京：有斐閣，二〇〇六），頁二四三至二六〇。此外，關於如何在經驗上如何進一步區分「公民社會」與「政治社會」，本文主要參考專研民主轉型的政治學者Juan Linz 和 Alfred Stepan的經典定義。參見Juan J. Linz and Alfred Stepan, "Toward Consolidated Democracies," in *Journal of Democracy* 7.2(1996):14-33.

15 轉引自Jack A. Goldstone, "Introduction ," in, *State, Parties, and Social Movements,* ed. J.A. Goldstone (Cambridge, UK: Cambridge University Press, 2003).

16 本段關於社運與民主化之研究成果的整理，主要參考C.W. Haerpfer, P. Bernhagen, R.F. Inglehart, and C. Welzel, *Democratization* (Oxford, UK: Oxford University Press, 2008), chap.12, 172-185.

17 Juan J. Linz and Alfred Stepan, "Toward Consolidated Democracies," 17-18.

18 Della Porta & Mario Diani, *Social Movements: An Introduction* (Blackwell: Oxford, UK, 2006[1999]), 241.

19 Jack A. Goldstone , "Introduction ," 8-9. Goldstone提出四點互補效應：提供定期選舉之外的參與管道，使政策議題進一步聚焦，制衡，與選票轉移。

20 蕭新煌，〈臺湾の社会運動、市民社会、民主的ガバナンス〉，西川潤、蕭新煌編，《東アジアの社会運動と民主化》（東京：明石書店，二〇〇七），頁三二至四六。

21 特別是在二〇〇二年之後，勞工運動、社會福利運動，以及環保運動先後與民進黨決裂。參見蕭新煌前引文，頁三九至四三。關於民進黨的政治中心主義思考，參見吳介民，〈解除克勞賽維茲的魔咒：分析當前社會改革運動的困境〉，《臺灣社會學》第四期（二〇〇二年十二月），頁一五九至一九八。

22 二〇〇八年臺灣經濟成長率一．八%，失業率為四年來最高（四．一四%），所得分配不均也是歷年最嚴重（政府補貼前最高二〇%家戶收入與最低二〇%家戶收入之比為7.73）。參見主計處〈人力資源調查提要分析：中華民國九十七年〉，取自主計處網頁http://www.stat.gov.tw/public/Attachment/5312103845RP3UP4RX.pdf，以及林祖嘉，〈我國所得分配惡化之趨勢、成因與政策建議〉（二〇一〇）。

23 根據經濟學者陳博志的分析，科學園區政策原本目的在鼓勵企業研發創新，促使產業升級，但是九〇年代以後逐漸變質為特定產業的優惠特權政策，近年來更成為地方政府與財團聯手炒作土地的政策工具。參見陳博志，〈產業創新條例應有創新〉，《看》雜誌六十期（二〇一〇年四月），取自財團法人臺灣智庫網站，http://goo.gl/a7BW8P。

24 在政治學研究中，政治領袖的領導失敗屬於方法論上的個人主義（methodological individualism）層次的問題，缺乏具有解釋力的理論模型，不易進行事前預測，只能在事後重建決策過程，進行人格特質的分析，個人行動意圖之詮釋與整個事件之因果解釋（intentional interpretation and causal explanation）之後，才能確認導致領導失敗的原因與決策的經緯。以馬英九為例，包括反對黨在內，幾乎沒有人預見他在上任總統後會接連犯下幾次如此明顯而重大的領導失敗。正因如此，這幾次失敗的發生令多數人感到意外而不解。很遺憾的，臺灣政治學的總統研究（presidential studies）尚在起步階段，我們對於包括馬英九在內的幾位歷任臺灣總統的生平、人格特質、思想以及領導風格等，尚無嚴謹、深入而客觀的理解。

25 八〇年代後期以來，臺灣社會運動界有過三次主要的組黨嘗試，即一九八七年的工黨，一九八九年的勞動黨，以及一九九六年的綠黨。不過在選舉制度、資源等條件限制下，這些運動型政黨在政治社會建立穩定基礎的努力都沒有成功。工黨早已瓦解，勞動黨只在少數地方保有政治活動力（該黨候選人高凱偉在二〇〇九年年底當選新竹縣縣議員），而綠黨能見度最高，事實上活動力也最強，但在各級選舉上尚無斬獲。參見何明修、蕭新煌著，《臺灣全志：卷九 社會志．社會運動篇》（臺北：國史館臺灣文獻館，二〇〇六），第八章第五節〈組織社會運動政黨〉。

26 Howard Elcock, *Political Leadership* (Cheltenham, UK: Edward Elgar, 2001), 50-51.

27 Ibid, 90.

28 這段時間中婦女運動整體而言並未在婦女政策議題上直接與國家衝突，但有許多個別的婦女運動者參與了其他各種社會運動，在不同議題上與國家衝突。這個情況也適用在勞工運動上。

29 范雲，〈靜默中耕耘細節的婦運革命〉，收於吳介民、范雲、顧爾德主編，《秩序繽紛的年代：走向下一輪民主盛世》，頁一一七至一三六。

30 黃長玲，〈彼此鑲嵌，互相形構：轉變中的國家與社會關係〉，收於殷海光基金會編，《自由主義與新世紀臺灣》（臺北：允晨出版，二〇〇七）。

31 邱毓斌，〈當工運的制度性惰性遭遇全球化〉，收於吳介民、范雲、顧爾德主編，《秩序繽紛的年代：走向下一輪民主盛世》，頁九九至一一六。儘管如此，比較小規模，並且專注於全球化下新勞工議題的工運形式確實已經出現，並且相當活躍，如處理青年貧窮與派遣問題的青年勞動九五聯盟，以及專注於外籍勞工問題的臺灣國際勞工協會。另一方面，這段時間也有幾次受到廣泛注目的工運事件，如二〇一〇年三月爆發的洋華勞資事件與二〇一〇年中國富士康廠員工自殺事件等，不過兩者都是針對個別資本家的抗爭，而富士康雖然是臺灣資本，但是事件發生在中國，因此針對富士康的幾波抗議行動，已經具有跨國的全球正義（global justice）訴求的性格。

32 《南方電子報》（http://www.esouth.org/modules/wordpress/）、《苦勞網》（http://www.coolloud.org.tw/）、《環境資訊中心》（http://e-info.org.tw/）、《小地方—臺灣社區新聞網》（http://www.dfun.com.tw/）、《莫拉克獨立新聞網》（http://www.88news.org/）、《臺灣好生活電子報》（http://www.taiwangoodlife.org/）、《全球之聲（Global Voices Online）》（http://zh.globalvoicesonline.org/hant/）。關於臺灣網路公民媒體的簡介，以及他們在近年臺灣社會運動中所扮演的角色，參見《新使者》雜誌第一二一期（二〇一〇年十二月十日）專題討論。

33 過去數年公共電視決策層積極推動公共媒體運動，清晰地反映在新聞部的公民行動主義傾向上。不過，也因為如此，馬英九政府成立後開始對公共電視進行整肅，然而整肅行動也激起公視方面的強烈抵抗。請參見注8。

34 管中祥，〈政媒聯手下的公共事務無能症〉，《新使者》雜誌第一二一期（二〇一〇年十二月），頁九至十二。

35 參見管中祥前引文，以及陳治安，〈公民記者力量大〉，《新使者》雜誌第一二一期，頁十七至二一。

36 二〇〇八年十一與十二月的野草莓學生運動與馬英九政府的對峙過程，創造了「逆說的民主鞏固」模式的原型，確實有值得對其意識形態進行深入探討。不過這個運動非常複雜，不僅組織從未定型，時間長達兩個月，空間上擴散到全臺五個城市（臺北、新竹、嘉義、臺南、高雄），而且其參與成員除了學生之外，事實上還包括學界、社運團體與一般民眾。就意識形態而言，野草莓運動刻意將其正式訴求限定於「人權」界限之內，並未直接涉及主權問題，而且從頭到尾與政黨劃清界限，其目的即在迴避臺灣政治的藍綠分裂，尋找成員團結的最大公約數。此外，除了最初的三大訴求之外，足以顯示該運動共同立場的文字文本非常少。本文作者對野草莓運動長達兩個月的參與觀察的印象是，參與者的政治立場確實有藍有綠，然而最積極的成員似乎是以傾向本土，同時具有中間偏左色彩的學生、學者與社運團體為主。不過，由於筆者此刻尚無力對該運動的意識形態提出嚴謹的實證分析，本文以下討論將略過野草莓運動。

37 關於「健康自主權」與反對美國強權壓力，參見消費者基金會二〇〇九年十一月五日聲明：「唯有全民站出來，才有機會發出自己的聲音告訴馬政府和美國政府，臺灣人民要有健康自主權！這個權利絕不是政治或經濟壓力可以讓民眾屈服、棄守的！」。http://goo.gl/ACSPzx 關於「全體消費者」概念當中潛藏之「全體國民」概念，參見消費者基金會二〇〇九年十一月十六日聲明：「這次針對美國帶骨牛肉的提案公投活動，是一次全體消費者展現力量的消費運動，消基會一直秉持超然立場，主導民眾對政府進行一場無聲卻是含有極大力道的民生意見表達活動，消基會欣見全體消費者不分老幼、職業、城鄉地域，不辭辛勞地參與並勸進連署，使得能在短短十五天，通過第一階段的公投提案連署的門檻試煉……」。http://goo.gl/HCsBkb 關於阻絕風險於「境外」，保護「國人」與「國土」，反對政府屈服於強權，參見該會最後聲明（二〇一〇年八月十日）：「這次活動的目標是將具有風險的東西阻絕於境外，不要進口臺灣，貽害國土和國人健康。」http://goo.gl/fwnlTx 另外，在二〇〇九年十二月八日的聲明中，則大篇幅直接援引聯合國人權公約的普遍「自決權」和民主的「主權在民」概念，以支持臺灣人行使公民投票的權利，並將此次公民投票界定為「國家之主人」對「消費權」的行使。http://goo.gl/Zu9Nzy

38 李宜澤，〈國際觀點看農村土地的生態價值〉，收於「臺灣農村陣線0717凱道守夜行動各徵收區資料」，見苦勞網網站：http://www.coolloud.org.tw/node/53238。

39 李引用聯合國〈尊重使用權、生計，以及資源的責任農業投資〉報告，指出：「對投資者的想像而言，農地私有化可以造成土地功能集中，資本的有效利用，以及技術的升級晉用。但是在世界銀行提供大量原農耕地私有化的諮詢服務時，世界農糧署也同時警告，這些土地轉移過程絕大多數沒有考慮原居農務勞動者的原有權益，任意驅趕或以片面模式轉移農民的居住與耕作權益，在資源使用上形成新的『資源殖民主義』。也因為集中化的土地失去原有多樣化的使用，容易加速環境破壞，降低食物安全，使僅依賴原有土地的農耕者在脆弱的政經地位下更為弱勢。」，前引文。

40 徐世榮，〈政府比強盜還不如〉，澄社評論，《自由時報》二〇一〇年七月三十日。

41 蔡培慧，〈戰後農村發展概述〉（初稿，二〇〇四），頁十至十一。另請參照蔡培慧，〈油菜花田背後——農業結構與糧食安全〉，《新使者》雜誌第一二〇期（二〇一〇年八月），頁十九至二二。

42 Pheng Cheah, *Inhuman Conditions: On Cosmopolitanism and Human Rights* (Cambridge, Massachusetts: Harvard University Press, 2006).

43 臺灣環境保護聯盟國光石化環評監督小組，徐光蓉整理，《虛幻之石化王國—探討國光石化的必要性與其環境影響評估》（臺北：臺灣環境雜誌社，二〇一〇年九月）。

44 參見吳晟、吳明益主編，《溼地・石化・島嶼想像》（臺北：有鹿文化，二〇一一）。

45 本文取自環境信託基金會網站，http://et.e-info.org.tw/node/112。

46 Munch，〈國光石化不能說的祕密——跨海的臍帶關係〉，取自漂浪。島嶼部落格，http://blog.yam.com/munch/article/28330060。

47 Jytte Klausen, "Social Rights Advocacy and State-building: T. H. Marshall in the Hands of Social Reformers," *World Politics* 47:2 (January1995): 244-267.

48 David Miller, *On Nationality* (New York: Clarendon, 1995).

49 Andrew Dobson, Citizenship and the Environment (Oxford, UK: Oxford University Press, 2003), 106. 正因為ecological citizenship強調義務與責任，而非權利，因此此處不譯為公民權，而譯為「公民身分」，意指由公民身分所衍生的的責任與義務。

50 全球環境保護運動的共同箴言：「全球思考，在地實踐 」（Think globally, act locally）最清楚地表現這種思想。

51 Benedict Anderson, "The Goodness of Nations," in his *The Spectre of Comparisons: Nationalism, Southeast Asia, and the World* (New York: Verso, 1998), 360-368. 不只如此，生態公民思想所強調的公民參與和公民責任感，於在地實踐中會非常接近共和主義所說的patriotism。

52 Aristotle, *Nichomachean Ethics*, trans. Christopher Rowe (Oxford: Oxford University Press, 2002), Book 8.

53〈蔡英文：政黨結合社會運動 讓臺灣走向更完整的民主〉，二〇〇九年六月十二日民進黨新聞稿，取自民主進步黨網頁：http://goo.gl/T15bml。

54〈民主進步黨對澎湖博弈立場之聲明〉，http://goo.gl/AymU4a。

55 編注：民進黨十年政綱全文已在二〇一二年完成，參考http://iing10.blogspot.tw/。

56〈民主進步黨第十四屆第一次中常會新聞稿〉，取自http://www.dpp.org.tw/news_content.php?sn=4523。

57 Adam Przeworski and Michael Wallerstein, "Structural Dependence of State on Capital," *American Political Science Review* 82:1 (March 1988): 11-29.

58 Craig Calhoun, *Nations Matter: Culture, History, and the Cosmopolitan Dream*(London: Routledge, 2002), 81. 當然，本文所指涉的公民社會，不只從國家分化出來，同時也從另一種社會的自我組織機制，也就是市場獨立出來了。

59 Peter Wagner, *A Sociology of Modernity: Liberty and Discipline.*(London: Routledge, 1994), 5.

15. 黑潮論

●●●●●●●黑潮體現的是臺灣社會在資本主義與地緣政治雙重擠壓下渴求自由、平等、認同，以及與世界連帶的解放意志。

黑潮！掀起浪濤，顛簸氾濫，搖撼著宇宙。……時想引黑潮之洪濤，環流全球！把人們利己的心洗滌得乾淨。

——楊華，《黑潮集》（一九二七）

……臺灣之政治運動自始亦可稱為民族運動，從民族發達史立場而言，雖不中亦不遠矣。

——連溫卿，《臺灣政治運動史》（一九八八）

一

三・一八運動的歷史性格：二〇一四年爆發的三・一八反服貿運動預示了臺灣民族國家形成逐漸進入成熟階段，以及在臺灣民族國家範圍內新一波左翼（階級）政治的出現（或者說，臺灣民族主義社會基礎的向左移動）。它同時展現了反帝國主義（中國）、反資本主義、民主鞏固與深化，以及新世代青年層政治主體形成等相互關連的複雜面向。做為臺灣民族國家成熟的表徵，以及反新自由主義資本全球化的在地型態，三·一八運動同時具有全球的，民族國家的，階級的，以及世代的多重意義，然而我們只有經由近百年臺灣民族國家與資本主義形成的歷史脈絡，才能正確理解這個運動的深層歷史性格。

二[1]

關於臺灣的國家化與資本主義化：直到清領時代為止，臺灣主要處在統治力（國家權力範圍與穿透深度）薄弱的封建農業官僚國家（agrarian bureaucratic state）與某種初期的商業資本主義統治之下。現代國家的出現與資本主義化的進行，是在日本統治之下開展，然後在國民黨統治下完成的。這個過程乃是世界性民族國家與資本主義形成之歷史運動後期發展的一環，因此具備了這個歷史運動的普遍性格，但它同時也展現了臺灣基於特殊地緣政治位置所產生的獨特地方性。

特殊性：臺灣做為「**多中心的共同邊陲**」或多數強權之間的「**介面**」（interface）之特殊地緣政治位置，深刻形塑了臺灣之民族國家形成與資本主義形成的軌跡，使這個過程產生了臺灣的特殊性格。處在諸帝國夾縫之中，臺灣數百年來一直是君臨東北亞之不同中心（清帝國、日本、中華民國、美國）相互爭奪與先後試圖兼併、吸收、模塑的對象（筆者稱之為「帝國的碎片」〔fragment of/f empires〕[2]），因此它的民族國家與資本主義形成深受外部因素之影響。臺灣的民族國家形成經驗具有以下兩組二元對立的特徵：**政治史的斷裂** vs. **社會史的連續**，以及**政權的不連續** vs. **制度**

的積累。[3]第一組二元對立意味著政權更迭下，移民社會的持續整合過程；第二組對立則意味著先後外來政權之間制度繼承、積累與發展所導致的政治整合。整體而言，這兩組特徵說明臺灣民族國家形成之迂迴、晚熟、未完成與不穩定性格。與此相較，臺灣資本主義形成則具有深刻的依賴與國家主義（etatisme）性格。[4]

三

邊陲民族主義與資本的不平均發展：在他的論文〈蘇格蘭與歐洲〉（Scotland and Europe，一九七四）中，[5]蘇格蘭馬克思主義者、民族主義者與理論家奈倫（Tom Nairn）從馬克思主義政治經濟學的角度，申論蓋爾納（Ernest Gellner）的工業化社會論證，[6]主張邊陲地區民族主義的出現，是全球資本主義「**不平均而合併的發展**」（uneven and combined development）模式的產物。資本主義工業化的時間差創造了地理上核心（先進）與邊陲（後進）的二元結構，核心地區運用優勢之政治經濟力量支配、剝削後進地區，同時阻礙其發展，這就是核心對邊陲的帝國主義。邊陲的新興資產階級為抵抗核心帝國主義，保護自身階級利益，在邊陲低度發展的條件下，除動員本土群眾（「人民」）力量之外別無選擇；而為動員本土群眾，則必須進行本土主義的文化動員（「民族」）。這就是邊陲地區民族主義的起源。此種因資本主義不平均發展所激發的邊陲民族主義，和資本主義工業化浪潮一樣，也是由西歐向中、東歐與南歐、北歐、愛爾蘭等地一波一波擴張，再擴散到日本與全球各地，形成一個同心圓式的政治地理學軌跡。毫無疑問，邊陲地區的民族主義是世界體系理論家阿里吉（Giovanni Arrighi）、霍普金斯（Terence K. Hopkins）與華勒斯坦（Immanuel Wallerstein）（一九八九）所說的**反體系運動**（antisystemic movements）的一種型態。[7]

四

資本的不平均發展與臺灣民族主義：奈倫關於邊陲民族主義的論證，為前述帝國夾縫中臺灣的民族主義與民族國家之興起、發展與形成提供了一個宏觀而動態的理解架構。我們可以從現代資本主義「不平均而合併的發展」的政治地理學形成軌跡中，將現代臺灣形成過程劃分為以下幾個資本／帝國主義支配階段：（一）日本正式帝國（formal empire）的殖民統治期（古典帝國主義時代）；（二）冷戰二元體系下美國的非正式帝國（informal empire or imperium）支配期；（三）後冷戰新自由主義美國霸權期；（四）中國崛起後的新帝國主義時代。臺灣民族主義與民族國家形成起源、胎動於古典帝國主義時期，其後歷經冷戰與新自由主義的塑造，以及對中國附庸化的過程，最終在三．一八運動中顯現其當代面貌。

五

日本殖民統治（古典帝國主義時代）：日本民族主義出現於一八六〇年代，最初是後進地區回應西方資本——帝國主義向東亞擴張的典型「反帝」邊陲民族主義，但卻迅速轉化成防衛性擴張主義。矢內原忠雄在《日本帝國主義下之臺灣》（帝国主義下の台湾）明確地指出，一八九〇年代的日本資本主義依然低度發展，領土擴張主要出於地緣政治邏輯，並且由國家主導，所以日本因中日戰爭而獲得臺灣，「應視為具有早熟的帝國主義，在帝國主義前期憑藉政治軍事行動而展開帝國主義時代的性質，所謂非帝國主義國之帝國主義的實踐」。[8] 經此一役，日本加入了十九世紀後期的古典帝國主義陣營。[9] 一九二〇年代興起的第一波臺灣民族主義應該視為對於這波古典帝國主義的間接（經由對日本帝國主義）反彈之產物。

六

一九二〇年代初期臺灣民族主義的興起——《臺灣青年》的創刊（一九二〇）、臺灣文化協會的成立（一九二一）與臺灣議會設置請願運動的發軔（一九二三）——大體而言，是日本殖民統治前期制度性差別（「差序的吸收」）、臺灣的社會整合，以及一次大戰以來全球民族自決思潮影響的產物。[10] 這一波運動的主要領導階層，就是若林正丈所說的「臺灣土著地主資產階級」。[11] 臺灣第一代左翼運動者與思想家連溫卿在戰後完成的《臺灣政治運動史》手稿中指出：「臺灣文化協會是以少數資產階級的進步分子為其代表，而以新興智識階級的進步分子為其中心……勞動者及農民尚未加入」，而議會請願運動是「臺灣民族的資產階級以臺灣民族的名義進行的運動」，儘管這個運動有其階級限制，但「他們無意識地將意圖反日本帝國主義的行動統一起來」，喚起了臺灣民族意識。[12]

一九二五年以後左翼（農民）運動興起，這是臺灣史上第一波左翼臺灣民族主義。這個以蔗農為中心的臺灣左翼運動之興起，是臺灣米農獲益上升，導致飽受剝削的蔗農期待升高，從而向日本糖業資本反彈的表現。一九二六—一九二七年間臺灣民族運動的左右分裂，除了日本與全球左翼運動及意識形態的影響之外，也局部反映了日本統治下臺灣米、糖的結構性相剋關係。因輸出稻米獲利的土著地主階層開始和利益一致的日本米作出口商結盟，與日資壟斷的糖業資本對立，然而糖業內部卻依然保持日資壓迫本地蔗農的民族對立結構。[13] 日本勞農派馬克思主義創始人山川均在一九二六年的〈弱少民族的悲哀〉（殖民政策の下の台湾：弱少民族の悲哀）首先將這個米作內的跨民族階級聯盟以及糖業內的民族壓迫，詮釋為**臺灣民族內部的階級分化**，而深受山川均影響並在左右分裂中扮演關鍵角色的連溫卿，日後則在乃師分析基礎上，進一步將米作內的跨民族階級結盟解釋為臺灣民族的新興資產階級被吸收到日本資本主義之中。[14]

七

冷戰期美國霸權下國民黨統治（美國非正式帝國時代），一九五〇—一九八九：韓戰後美國出於圍堵共產主義，保護資本主義的戰略考量，協助日本復甦，恢復其在東亞經濟的領導地位。

另一方面，美國也將臺灣、南韓定位為日本的經濟邊陲或腹地（hinterland），亦即以政治力創造出兩個國家，給予武裝軍援，令其防禦冷戰最前線，並援助、引導兩國經濟發展，使其重新與戰前宗主國日本經濟整合，在某種程度上重建戰前日本正式帝國之結構。於是，東北亞整體形成核心（美國）—半邊陲（日本）—邊陲（臺、韓）的三重結構。這個容許向上經濟流動的非正式帝國結構，導致日本在一九七〇年代逐漸上升，與美國競爭（經濟）核心位置，最終形成經濟上的雙霸權態勢，而臺、韓則上升到半邊陲位置，東南亞則漸成為邊陲。儘管如此，在地緣政治與軍事上，日、臺、韓三國仍然高度依賴美國。[15]

從國家形成的角度觀之，冷戰期美國非正式帝國對臺灣的影響是創造了一個**經由「外來政權本土化」的民族國家形成模式**。韓戰後，美國實質上創造了一個以臺灣（以及澎湖、金門、馬祖）為範圍的領土國家（territorial state）。臺灣經濟史家黃紹恆指出，真正以臺灣為範圍的「國民經濟格局」與「一國資本主義」，要到一九五〇年代才在這個領土基礎上首度形成。[16]然而這個以臺灣為範圍的領土國家最初帶有殖民地式社會結構之特徵（亦即族群與階級分歧重合），美國在六〇年代初期主導的出口導向政策轉向（即所謂「十九點財經改革措施」）促成了本地中產階級的興起，而同一時間有大批基層大陸籍軍人退伍，向下層階級流動，形成族群與階級分歧的交錯，社會結構才開始變化。[17]一方面，本地中產階級的興起導致所謂「本省人」對政治權力的要求（民主），並且誘發族群動員與新一波臺灣民族主義（「臺灣人出頭天」）。另一方面，族群與階級交錯意味著社會開始脫離殖民式結構，進入另一個整合或融合階段。政治面的族群動員以及社會面的族群整合兩個矛盾的過程相互激盪，誘發了自七〇年代中期以來臺灣政治複雜而不穩定的構圖（最鮮明地表現在九〇年代以來的國家認同衝突與藍綠對立之上），必須要再經歷一個世代的民主化（亦即透過政治參與機制來整合、強化認同）與移民的土著化（所謂「外省第三代」的出現），才會逐漸穩定下來。

整體而言，冷戰後期，一九七〇年代興起的這波臺灣民族主義（亦即所謂的黨外民主運動與日後之民進黨運動），是臺灣從資本主義世界體系邊陲上升到半邊陲階段（**被核心收編**）的產物，與古典帝國時代的第一波邊陲民族主義（**對核心的反彈**）的反體系運動性質有所差異。

八

後冷戰期美國新自由主義霸權，一九九〇—二〇〇四：在這段時間，李登輝對內在政治上推動**消極革命**（passive revolution）與**務實民族主義**（pragmatic nationalism），先後收編舊政權部分外省菁英與民進黨所代表的激進民主／民族主義勢力，主導改良主義式民主化，在「中華民國」主權國家架構內進行政治本土化（政治的去殖民化），限縮轉型正義範圍，最終確立「在臺灣的中華民國」的折衷性國家認同，並透過對外記者訪談機會**非正式宣告臺灣獨立**（「兩國論」）。[18] 經濟戰略上，面對中國的巨大磁吸效應，李一方面借自由化之名重組政商集團，然後以此集團為基礎試圖塑造屬於「在臺灣的中華民國」的**民族資本家階級**。亦即，把資本框限在臺灣（中華民國）國家架構內，防止其外流中國（「戒急用忍」），以重商主義（南進）為其擴張尋找出路，再透過全球化（APEC與WTO）的多邊主義規訓與牽制中國。這是明顯的經濟民族主義與地緣政治的思考。

同一時間，民進黨主席許信良出版《新興民族》（一九九五），力主臺灣資本「大膽西進、經略中國」。[19] 這是順應新自由主義邏輯，試圖收編出走中的臺灣資產階級，並將之轉換為國家主導下向中國輸出資本，進而尋求政治上支配中國的**自由帝國主義**（liberal imperialism）之大膽視野。二〇〇〇年之後的民進黨陳水扁政權，大體上仍試圖依循李登輝的消極革命路線，但因國家能力（state capacity）下降，只能順應資本外流中國之勢（例如小三通）。陳也曾試圖創造親民進黨的政商—民族資產階級（如獲聘為「國政顧問團」成員之奇美集團許文龍、大陸集團殷琪與長榮集團張榮發等）。

整體而言，在此階段的民主化與本土化浪潮下，某種折衷式的臺灣民族主義逐漸擡頭，成為主導臺灣政治的意識形態。更重要的是，無論是李登輝，許信良，還是陳水扁，都曾**試圖駕馭新自由主義邏輯以重構臺灣民族主義的階級基礎**，**使資本與新興的臺灣民族國家結合**，因此我們觀察到臺灣民族主義的社會基礎在這一階段有明顯向右移動的趨勢。

九

中國崛起與新帝國主義時代，二〇〇五—：中國在兩千年代中期乘加入ＷＴＯ之勢崛起，是美國後冷戰時期試圖將中國整合到新自由主義全球經濟秩序，進而規訓中國之戰略失敗所致。與此同時，美國在伊拉克戰爭泥沼化與金融風暴之後國力明顯衰退。美國政府在國家情報委員會二〇一二年出版的《全球趨勢二〇三〇》（*Global Trends 2030*）報告中[20]，已經坦承美國正在喪失全球霸權的地位，國際政治將在可預見未來中進入複數區域性霸權相爭的多極體系[21]，而中國則可能在東亞成功挑戰美國霸權，重建新的區域性「華夷秩序」或天朝秩序。後冷戰時期樂觀的新自由主義秩序，正在悄悄轉換為強權以「自由貿易」之名合縱連橫，爭奪劃分勢力範圍（TTP、RCEP等）的古典權力政治格局。從地緣政治的小國角度觀之，新一波帝國主義時代無疑已經到來。

新帝國主義時代的來臨，就是中國國家權力近年向臺灣積極擴張的背景。二〇〇〇年以來，臺灣對中國貿易依賴結構逐漸形成，中國開始運用此一優勢對臺商進行政治規訓，企圖將他們轉化為政治兼併的島內代理人。二〇〇五年三月十四日中共通過並實施《反分裂國家法》。三月二十六日，九〇年代曾多次高聲催促李登輝宣布臺灣獨立的奇美集團總裁許文龍發表〈退休感言〉，宣稱「**臺灣、大陸同屬一個中國**」，「**我們不搞臺獨**」。九〇年代驚鴻一瞥現身的新興臺灣民族資產階級就此解體，轉化為買辦資本（comprador capital），亦即政治學者吳介民所說之「跨海峽政商集團」之一部。[22]二〇〇八年總統大選，本土政權瓦解，九〇年代以來臺灣民族主義試圖駕馭新自由主義邏輯以馴服或結合資本、抗拒中國的計畫以失敗告終。繼之而起的馬英九親中政權，其社會基礎即為本土買辦資本階級。二〇〇八年年底中國特使陳雲林來臺，七大工商團體發表聲明熱烈支持。二〇〇八年旺中集團試圖購併中嘉與壹傳媒。二〇一二年總統大選過程中，臺灣大資本家階級（鴻海郭台銘、長榮張榮發、台塑王文淵、遠東徐旭東、潤泰尹衍樑，以及聯電宣明智、宏達電王雪紅等）全面公開表態支持馬英九與九二共識。在本土買辦資本階級支持下，馬英九先後與中國簽訂ＥＣＦＡ（二〇一〇）與服貿協議（二〇一三），進一步制度化、深化對中國之依賴結構。中國民族主義反向操作新自由主義邏輯，以吸納、收買、規訓臺灣資本與國家的「以商圍政、以經促統」戰略，至此已經獲致重大成果。

政治經濟學家赫緒曼（Albert O. Hirschman）早在一九四五年的依賴理論經典《國家權力與外貿結構》（*National Power and the Structure of Foreign Trade*）中，就對此種大國運用貿易依賴，對小國進行政治滲透與支配的「新馬基維利主義」作為，做過透徹分析。他說：

> 經濟戰爭可以取代轟炸，經濟壓力可以取代揮刀舞劍。事實上我們可以證明，縱使戰爭可以被廢止，外貿還是會造成兩國之間的依賴與影響關係。[23]

一九三〇年代納粹德國先造成東、南歐鄰國如保加利亞等之對德貿易依賴，再運用此一依賴結構要脅、支配這些鄰國，就是強權利用外貿做為國家權力工具最著名的例證。中國挾貿易依賴，創造代理人，滲透、介入臺灣政治，試圖達成領土兼併的地緣政治目的，則是此種「**不流血侵略**」（bloodless invasion）的當代例證。這種具有領土擴張意圖的經濟侵略形式，是中國近年以貿易之名在亞、非、拉等地掠奪資源，輸出資本，擴張市場之新殖民主義作為的一種地區性變形[24]，可以視為當代中國在全球進行自由貿易帝國主義（free trade imperialism）擴張的一環。[25]

例如，藉由高利息借款給財政困難的厄瓜多爾反美政府，在惡劣的勞動、工安與環保條件下，中國石油（PetroChina）與中國石油化工（Sinopec）至今在厄國每日開採原油量已占該國總產量四分之一，兩公司並長期控制該國石油出口近九成，做為清償債務之用。厄瓜多爾前能源部長阿科斯塔（Alberto Acosta）說：「問題在於，我們正在嘗試以中國帝國主義取代美國帝國主義。」[26]

在資本與帝國雙重圍困下，臺灣似乎已成籠中之鳥，無路可出。新興民族國家在帝國夾縫中降生，卻立即面臨附庸與解體的危機。面對此一嚴峻現實，即使連強烈主張中美兩國存在結構性衝突的現實主義智者如John Mearsheimer，竟也不由發出「Say Goodbye to Taiwan!」的悲嘆。[27]

十

魯蛇的逆襲：然而新興的臺灣民族國家終於沒有解體。以二〇〇八年陳雲林「**黑船來航**」所引爆的野草莓學生運動為發端，資本與帝國的入侵在其後六年間激發出一波波來自臺灣公民社會的抵抗行動，而這些行動所蓄積的能量則在二〇一四年春天連續發生的三．一八反服貿運動與四月反核運動中一起爆發，不只擋下服貿與核四，並經由年底的九合一大選轉化為巨大的政治能量，使親中的馬英九買辦政權面臨崩解，主張獨立之民進黨進入準執政態勢，整個改變了臺灣的政治地景。就地緣政治而言，這波運動不只推遲了中國吸納臺灣的時程，同時也對東亞局勢發揮了微妙的潛在影響。

這波臺灣公民社會抵抗資本與帝國入侵，要求自決命運的運動，具有明顯的**公民民族主義**（civic nationalism）特質，而其社會基礎也由前一階段的資產階級大幅地向左移動。我們可以從三重系統性因素來解釋這一波公民的，而且是左翼的臺灣民族主義的興起：前兩者涉及奈倫所說的「資本的不平均發展」之當代型態，也就是新自由主義全球化，第三個因素則涉及臺灣本地特殊的民族國家形成軌跡。

民族國家與民主：第一個系統性因素，是新自由主義資本全球化的內部矛盾。哈佛經濟學者羅德里克（Dani Rodrik）在批判全球化的傑作《全球化矛盾》（*The Globalization Paradox*）中指出[28]，全球化創造了一個「三者擇二」（trilemma）的根本性政治難局：我們無法同時追求民主、民族自決和高度經濟全球化（hyper-globalization）這三個目標，因為全球化必然要求限縮國家主權與壓制國內民意。如果想追求深度全球化，我們或者必須放棄民族國家，接受跨國治理，或者必須放棄民主政治，接受國家菁英與科技官僚強制遂行跨國經濟整合的寡頭統治。如果想保持與深化民主，我們或者必須選擇放棄跨國整合，保有民族國家，或者必須選擇放棄民族國家形式，接受跨國整合與治理。同理，如果我們想保有民族國家，就必須在深化民主和深化全球化之間做抉擇。面對全球市場與一國範圍內民主（national democracy）之間的內在衝突，我們有三組選項：或者限制民主、或者限制全球化，或者嘗試將民主全球化（globalize democracy）。第三組選項理想動人，但卻無法實踐，因為世界各地巨大的差異多元使全球規模的民主治理不可能。換言之，我們一旦選擇全球化，伴隨而來的不會是無國界的普世民主，而是一個反民主的，或者民主高度受限的民族國家形式。[29] 民主全球化不可能，限制民主不可欲，帝國主義不正當，羅德里克因此明確主張：

> 民主和民族自決應該勝過高度全球化。民主國家有權保護他們的社會體制，而當這個權利與全球經濟的要求衝突之時，讓步的應該是後者。（xviii-xix）

馬英九政權與跨海峽政商集團所欲強加於臺灣的全球化模式——經由與中國經濟整合進入世界經濟，由於中國對臺灣明言之領土野心，以及極度不民主的壟斷結構，因此與臺灣的民族國家與民主體制之間存在著深刻而根本的矛盾，很容易誘發出「中國vs.臺灣」的民族主義式抵抗。三・一八所代表的這一波公民民族主義運動，因此可以視為一種全球反新自由主義運動的臺灣在地型態。

階級：第二個系統性因素也與資本全球化有關。正如經濟學家史迪格里茲（Joseph Stiglitz）（二〇一二）著名比喻所顯示的，資本全球化加速各國內部財富集中，導致貧富日益懸殊，造成「百分之九十九的貧困者對百分之一的富人」此種極端的階級分化模式。[30] 如果全球化的「三者擇二」難局容易誘發在地民族主義式抵抗，那麼「百分之九十九對百分之一」的階級結構則為此種在地民族主義抵抗提供了全球化受害者（中下層階級）的社會基礎。

社會：第三個系統性，或者結構性因素，是臺灣特殊民族國家形成模式所創造的社會自主性。近百年來臺灣民族國家形成主要是三個宏觀的歷史社會學過程（macro historical-sociological processes）交互影響的結果：（先來後到移民群體的）社會整合與土著化，（連續外來國家之間的）制度積累，以及最近三十年來民主化過程。社會整合與土著化創造了民族（nation）的母體，外來國家的制度積累與繼承則創造了主權國家（state）的形式，而民主化則透過參與機制整合住民政治認同、連結社會與國家，同時也創造了一個擁有進步本土價值之共識，並且高度自主的公民社會。換言之，臺灣民族國家的形成，並非完全遵循古典的「國家塑造社會」途徑：**過去三十年民主化過程「由下而上」的認同形成過程，深刻塑造了臺灣民族國家中「社會自主」**（societal autonomy）**的性格**。[31] 這種社會的自主性與能動性（agency），說明了當前兩個過程所創造的 nation 共同體和 state 諸體制遭受跨海峽政商集團的侵蝕，當傳統意義下的進步／民族主義政黨與政治菁英（民進黨）喪失了正當性，當臺灣看似已面臨「亡國」危機之時，手無寸鐵的臺灣公民社會卻能夠起而承擔抵抗與自我防衛的行動主體角色。

十一

一個本土左翼政治象徵的形成：黑潮為北太平洋環流系統之一部，北赤道暖流在菲律賓外海分支為二，北上者成為黑潮，以東北走向流經臺灣島、琉球群島、日本列島東岸，與親潮交會後匯入北太平洋洋流，循環不息，連結整個北半球環太平洋地域。黑潮水質潔淨，甚少陽光反射，水色較深，故名「黑潮」。黑潮水溫高，流速快，傳輸量大，蘊藏大量熱能，將熱帶高溫能量輸送至寒帶，平衡南北溫度氣候，使生物得以發榮滋長，也是迴游魚類之迴游輸送帶，故多有漁場。黑潮同時也是文化傳輸帶，亦即日本民俗學之父柳田國男所謂「**海上之道**」，自南而北，將黑潮諸島連結為一個共同文化圈。

臺灣是黑潮之子，在黑色暖流擁抱下孕育生命、開展歷史、連結外部，成為世界之島。對臺灣而言，地理的黑潮象徵純淨、生命、與連結。

在現代政治激進主義傳統中，黑色是反權力、無政府的象徵。在臺灣政治史與思想史中，黑色是戰前左翼運動的核心象徵之一。一九二六年的臺灣黑色青年聯盟首揭黑旗，爭取自由，反抗權力、資本與國家。[32] 一九二七年，曾參與臺灣初期社會主義運動的詩人楊華在獄中書寫《黑潮集》

系列詩篇，批判資本與帝國主義，渴望「引黑潮之洪濤，環流全球，把人們利己的心洗滌乾淨」，首度為臺灣地理上的「黑潮」賦予明確的左翼政治與美學意涵。經過八十年的壓抑、塵封與歷史轉折，黑色的本土反權力象徵終於又在二〇〇八年的野草莓學生運動中現身，並成為此後數年臺灣公民社會抵抗資本、帝國與國家暴力，追求民主自決之主要色彩符號。二〇一四年三月三十日，當五十萬人的巨大黑潮在當代黑色青年的持續召喚動員下湧現臺北街頭，當長期受地盤擠壓、蓄積已久的暖流能量終於爆發，一個臺灣本土左翼傳統的政治象徵於焉形成。

十二

黑潮與臺灣民族國家形成的辯證：黑潮湧現，是現階段臺灣民族國家形成逐漸成熟的表徵，同時也在其自身埋下自我否定的種子。黑潮體現的是臺灣社會在資本主義與地緣政治雙重擠壓下渴求自由、平等、認同，以及與世界連帶的解放意志——一種洗滌、淨化汙濁與不正義的意志，它具有公民民族主義的團結特質，但也包含分裂與越界的因子（族群、階級與其他新興認同），以及無政府的驅力（社會的自主）。如果新的臺灣民族國家無法實現這個渴求解放的意志，如果新的臺灣民族國家竟然扭曲、壓抑這個意志，那麼新一波黑潮必將再起，試圖衝決既有的政治形式與邊界，重新尋找可以許諾解放的，新的政治形式與邊界。這是數百年來臺灣民族國家形成的辯證：它的起源是他律的、外部的、由上而下的，然而它的完成卻是自律的、內部的、由下而上的；它被賦予了國家（polity），但也創生了社會的意志（will）。

讓我們傾聽黑潮。

十三

只要是新生的火，她便能燃起已死的灰燼。

——楊華，《黑潮集》

（二〇一六年一月三十日初定稿，四月一日草山再修訂）

注釋：

1 本節內容主要摘錄自吳叡人，〈「Quo Vadis Formosa?」——黃應貴《「文明」之路》的閱讀筆記〉，第十一、十三小節。參見本書頁三五〇至三五二。

2 Rwei-Ren Wu, "Fragments of/f Empires: The Peripheral Formation of Taiwanese Nationalism," In *Taiwan's Struggle: Voices of the Taiwanese* , ed. Shyu-tu Lee and Jack F. Williams (Lanham, Maryland: Rowman & Littlefield, 2014), 27-33.

3 Rwei-Ren Wu, "Nation-State Formation at the Interface: The Case of Taiwan," paper presented at the International Conference on *Taiwan in Dynamic Transition*, May 24-26, University of Alberta, Edmonton, Canada, 2013。吳叡人，〈重層土著化的歷史意識：日治後期黃得時與島田謹二的文學史論述之初步比較分析〉，《臺灣史研究》十六卷第三期（二〇〇九），頁一三三至一六三。

4 Alice H. Amsden, "Taiwan's Economic History: A Case of Etatisme and a Challenge to Dependency Theory," *Modern China* 5:3(1979): 341-379;

Bruce Cummings, "The Origins and Development of the Northeast Asian Political Economy: Industrial Sectors, Product Cycles, and Political Consequences," *International Organization* 38:1(1984): 1-40.

5 Tom Nairn, "Scotland and Europe," *New Left Review* I/83(January-February 1974):57-82.

6 蓋爾納在一九六四年首先提出民族主義在工業化社會興起的著名論證，後來他將這個古典論證做了更完整的發展，寫成了一九八三年的*Nations and Nationalism* (Ithaca: Cornell University Press, 1983)(「民族與民族主義」，聯經譯本作「國族與國族主義」)。關於蓋爾納的原始論證，參見Ernest Gellner, *Thought and Change* (Chicago: The University of Chicago Press, 1964)。

7 Giovanni Arrighi, Terence K. Hopkins, and Immanuel Wallerstein, *Antisystemic Movements* (London: Verso,1989).

8 引自矢内原忠雄，《帝国主義下の台湾》(東京：岩波書店，一九八八〔一九二九〕)。

9 漢娜．鄂蘭將十九世紀後期興起的帝國主義定性為「布爾喬亞階級政治統治的第一階段，而非資本主義發展的最後階段」，David Harvey據此將本階段（一八七〇—一九四五）界定為「布爾喬亞帝國主義」(bourgeois imperialism）時代。參見David Harvey, *The New Imperialism* (Oxford: Oxford University Press, 2005 [2003]).

10 「差序的吸收」(differential incorporation）是筆者所提出之概念，用以描述包含日本帝國在內的帝國擴張前期治理與吸收新領土的模式。關於此一概念及其對臺灣民族主義興起之催化作用的詳細分析，參照Rwei-Ren Wu, "The Formosan Ideology: Oriental Colonialism and the Rise of Taiwanese Nationalism, 1895-1945," unpublished doctoral dissertation, Department of Political Science, University of Chicago, 2003, chapter 2.

11 若林正丈，〈総督政治と台湾土着地主資産階級—公立台中中学校設立問題，一九一二〜一九一五年—〉，《アジア研究》三十九卷第四期（一九八三），頁一至四一。

12 連氏手稿寫於一九五四到五五年之間，三十三年後才由史學家張炎憲、翁佳音編校出版。參見連溫卿，《臺灣政治運動史》(臺北：稻香出版，一九八八)，頁六〇至六一、八七。

13 柯志明，《米糖相剋：日本殖民主義下臺灣的發展與從屬》(臺北：群學出版，二〇〇三)。

14 連溫卿，〈台湾に於ける日本植民政策の実態〉，《史苑》三五卷第二期（一九七五），頁六一至八三。

15 Bruce Cummings, "The Origins and Development of the Northeast Asian Political Economy: Industrial Sectors, Product Cycles, and Political Consequences."

16 黃紹恆，《臺灣經濟史中的臺灣總督府：施政權限、經濟學與史料》(臺北：遠流出版，二〇一〇)，頁二六至二七。

17 Hill Gates, "Ethnicity and Social Class," in *The Anthropology of Taiwanese Society*, ed. Emily Martin Ahern and Hill Gates (Stanford: Stanford University Press, 1981), 241-281.

18 「消極革命」為二十世紀初義大利共產主義理論家葛蘭西（Antonio Gramsci）用來分析義大利建國運動的概念。根據葛蘭西的詮釋，法國資產階級實力強大，因此得以在大革命中成功建立共和國，但是義大利資產階級太弱，建國運動的主導權落入保皇派的加富爾（Camillo Benso Cavour）手中，因此最終建立了新舊共治的君主立憲國。筆者在另一篇文章中，借用此一概念分析李登輝主導的民主化過程：臺灣本土資產階級部分被國民黨威權侍從體系收編，導致一分為二，無力從外部（即黨外運動）單獨取得政權，最終由身處舊政權之內的李登輝取得主導權。「務實民族主義」則是筆者對李登輝折衷的「獨臺」路線的定性。參見Rwei-Ren Wu, "Toward a Pragmatic Nationalism: Democratization and Taiwan's Passive Revolution," in *Memories of the Future: National Identity Issues and the Search of a New Taiwan*, ed. Stephane Corcuff (Armonk, London: M.E. Sharpe, 2002), 196-218.

19 許信良，《新興民族》（臺北：遠流出版，一九九五）。

20 National Intelligence Council, *Global Trends 2030: Alternative Worlds* (2012), https://goo.gl/FLCv4W.

21 美國政治學者Ian Bremmer稱這個多極體系為「G-Zero world」，意指在國際政治體系內權力極端分散，無力形成領導核心的狀況下，先前所謂G 7 或 G 20的先進工業國集團的概念將喪失意義。參見Ian Bremmer, *Every Nation for Itself: Winners and Losers in a G-Zero World* (New York: Portfolio, 2012).

22 參見鄒景雯，〈星期專訪──吳介民：跨海峽政商集團 正掌控這個國家〉，《自由時報》二〇一四年一月六日。http://goo.gl/70IRvT。在最近的論文中，吳介民改採「跨海峽政商關係網絡」一詞，將有形的「集團」進一步細緻化為一個成員可流動的關係網絡。參見吳介民，〈中國因素的在地協力機制：一個分析架構〉，《臺灣社會學會通訊》八十三期（二〇一五），頁四至十一。為彰顯此概念出現時的脈絡，本文選擇使用最初的「集團」一詞。

23 Albert O. Hirschman, *National Power and the Structure of Foreign Trade* (Berkeley, Los Angeles: University of California Press, 1945), 15. 本文關於赫緒曼貿易依賴理論之討論，最初得之於大學時代以來的好友吳介民教授之提示，特此致謝。

24 胡安・巴勃羅・賈勒德納、埃里韋托・阿拉伍侯（Juan Pablo Cardenal & Heriberto Araújo）著，譚家瑜譯，《中國悄悄占領全世界》（*China's Silent Army: The Pioneers, Traders, Fixers And Workers Who Are Remaking The World In Beijing's Image*）（臺北：聯經出版，二〇一三）。

25 John Gallagher and Ronald Robinson, "The Imperialism of the Free Trade," *The Economic History Review*, New Series 6:1(1953): 1-15.

26 Clifford Krauss and Keith Bradsher, "China's Global Ambitions, With Loans and Strings Attached," *The New York Times*,24 July 2015. (http://nyti.ms/1MoUBLM, accessed: 2016/7/3).

27 John J. Mearsheimer, "Say Goodbye to Taiwan," *National Interest* (March-April 2014). http://goo.gl/VUmHAR。蔡英文在《英派》這本選舉著作中記述二〇一五年六月訪美時，曾赴芝加哥大學會晤Mearsheimer，Mearsheimer向她澄清「Say Goodbye to Taiwan」之標題為*National Interest*編輯所下，並非他文章本意。參見《英派：點亮台灣的這一哩路》（臺北：圓神出版，二〇一五），頁一九六至一九七。事實上，這個澄清並未改變該文的意旨：中國崛起之勢已成，美國協防臺灣不僅將付出愈來愈高代價，同時也將日益無效，因此未來極有可能終止美臺同盟，而臺灣屆時將別無選擇地接受一國兩制。換言之，這篇文章依循Mearsheimer一貫的、攻擊的現實主義邏輯，申論美國未來幾乎必然棄臺的結構條件，不管作者本人主觀上是否贊成棄臺論，該文事實上為棄臺論提供了有力的客觀論據。蔡英文宣稱溝通之後化解「誤會」，但這只是政治語言，從頭到尾就不曾有過誤會，Mearsheimer的分析確實會導出「say goodbye to Taiwan!」的合理預期，該刊編輯所下標題並無錯誤。

28 Dani Rodrik, *The Globalization Paradox: Democracy and the Future of the World Economy* (New York: Norton, 2011).

29 或是一個不民主的跨國治理形式——也就是帝國的統治。這是隱含在羅德里克論證的邏輯後果之一。事實上，十九世紀的資本全球化就是建立在帝國統治的基礎上。

30 Joseph Stiglitz, "Of the 1%, by the 1%, for the 1%," *Vanity Fair* (May Issue 2011). http://goo.gl/kR3PmA

31 關於民主化與公民社會對臺灣國家性格之深刻形塑作用，參照本書第十四章〈社會運動、民主再鞏固與國家整合〉。

32 參見臺灣黑盟母體——日本本土的黑色青年聯盟對「黑色」意義之詮釋：「黑旗は自由のシンボルである。……黑色青年は自由を愛し、權力に屈せず、富者に憎惡の念を抱く。」（黑旗是自由的象徵……黑色青年熱愛自由，不屈服於權力，對富者懷抱憎惡之念。），〈黑色青年〉，《黑色青年》二，一九二六年五月五日。

在當代世界，我們的自由繫於馴服巨靈（taming Leviathan）這個艱難的任務之上，而非逃離它。

*「*Quo Vadis Formosa?*」

——在資本主義—國家巨靈的陰影下

Civilization was an abnormal phenomenon. It involved the state and social stratification, both of which human beings have spent most of their existence avoiding.[1]

——Michael Mann（*The Sources of Social Power*）

一

黃應貴的《「文明」之路》三部作，是一部**宏觀的微型歷史**（macro micro-history）：作者以**全局的觀點**以及**普遍主義的問題意識**，來觀察東埔社布農人聚落這個具體而微的小社會。具體而言，作者將這個布農部落視為一個原型的「社會」，然後細部而深入地觀察其社會變遷。因此閱讀這部民族誌，彷彿像在閱讀涂爾幹的《社會分工論》（一八九三）或突尼斯（Ferdinand Tönnies）的《共同體與社會》（*Gemeinschaft und Gesellschaft*，一八八七）這類古典社會學作品，它所觸發的思緒與想像，與其說是整個臺灣社會的發展歷程，不如說是整個人類文明發展的歷程。在一個啟示的意義上（heuristically），書中描繪東埔社布農人所經驗的「文明之路」，不僅可以視為**地區史**（臺灣史）的縮影，更可以視為**普遍史**（universal history，即人類的文明之路）的縮影。而「布農」，則成為「臺灣人」，乃至「人」的隱喻（metaphor）。也因此，由這部書延伸出來的最主要理論與實踐問題——即所謂「臺灣未來將何去何從？」——必然既是地方的，也是普遍的或全球的問題。

二

所謂「臺灣未來將何去何從？」的提問，隱含了某種對百年多來臺灣「文明化」歷程的**批判性評價**。然而這段「文明之路」到底為布農人（與臺灣人）帶來怎樣的後果，使得作者必須在作品結尾做出此種**文明論式的，而且是政治性的反思呢**？

三

《「文明」之路》書中描繪近百年來東埔社布農人（以及臺灣人）「文明化」或現代化歷程的三個重要面向：（現代／民族）國家化[2]、資本主義化，以及基督教化。該書第三卷所討論的新自由主義秩序，可視為資本主義化的深化（或者anomie 化〔失序化〕，表現在反覆出現的危機）。其中，（現代／民族）國家化與資本主義化（及其新自由主義秩序的階段）造成整個社會的劇烈變遷與共同體規範的解體。然而現代國家與資本主義這兩個歷史運動具有同源共生的關係[3]，這個共生關係在新自由主義秩序下不僅沒有瓦解，反而轉化成更緊密的同盟，更傾向資本，也就是David Harvey所謂新自由主義國家（neoliberal state）的型態。[4] 因此作者在書中再三致意的問題「資本主義之外，還有沒有另外一種可能？」，這句陳述應被重新理解為：「**資本主義—國家的組合之外，還有沒有另外的可能？**」在這個脈絡之中，所謂「臺灣未來將何去何從」的問題，主要應被理解為**如何處理現代國家化與資本主義化所帶來的後果**的問題。

四

資本主義預設了現代（民族）國家，因此要尋找資本主義之外的道路，邏輯上不得不同時思考**是否存在國家之外的社會秩序之可能**（也就是**無政府**選項的現實可能性，包含回返前文明化時期的**無國家社會型態**的可能）。然而無政府主義政治學者James Scott指出，在當代條件下人類社會之**國家化已經是一個難以逆轉的現實**：「在當代世界，我們的自由繫於馴服巨靈（taming Leviathan）這個艱難的任務之上，而非逃離它。」[5] 因此，所謂「尋找資本主義以外的道路」的工作，意味著必須在國家存在的前提之下尋找新的經濟形式。但如果現代國家與資本原本就是密切結合，兩面一體，那麼為了追尋另類文明之路，顯然必須設想如何**分離或重構國家與資本的關係**。換言之，為了追尋資本主義之外的道路，必須同時追尋只會反映資本邏輯與利益的國家以外的國家形式。借用Scott的話說，這意味著必須馴服巨靈，然後運用國家權力與能力（state capacity）探索資本主義之外的另類文明之路的可能。

五

因此所謂馴服巨靈，不只是**馴服國家的暴力性**，同時也必須**使國家權力與資本邏輯脫勾**，**進而運用國家權力制約資本邏輯**。在當代新自由主義全球性擴張的情境中，這意味著控制、運用國家權力來制約、防衛本國與跨國資本對本地社會生活全面性的入侵、滲透與支配。這似乎暗示著某種民主社會主義（而非社會民主）的方向。然而誠如培利．安德森（Perry Anderson）所指出，在資本主義之外，當代尚未出現一個明確清晰的另類新思想選項，以及足以和資本力量抗衡的集體行動主體（collective agency）。[6]摸索另類文明的想像，是一條遙遠漫長（*longue durée*）的道路。

六

此處浮現一個疑問或論證的闕漏（aporia）：如果作者試圖尋求國家與資本主義之外的另類道路，為何全書略過了過去近兩百年來，人類對於這個目標最深刻、最大規模的追求經驗，也就是從普魯東、聖西蒙、馬克思以來的社會主義運動的歷史，反而連結到 Marcel Mauss 呢？

七

那麼**現在**應該要怎麼做？政治理論家John Dunn說現代的代議民主是人民馴服國家暴力的唯一而脆弱的工具。[7]然而即使如此脆弱的武器此刻也在遭受資本的攻擊：娜歐蜜．克萊恩（Naomi Klein）指出，新自由主義做為一種以在地的「民主和自決換取外來資本」的政治經濟安排，正在導致當代各國的民主倒退。[8]當前的課題，**不只是思想的，也是政治的**——亦即必須**鞏固**、**深化與拓展民主**。具體而言，必須一方面強化公民參與直接民主機制，另一方面落實第二代（社會權）、第三代人權（集體權）。

八

推動民主鞏固與深化的主體為何？現代化歷程中，在國家與市場外，還出現了第三部門：**公民社會**。公民社會是回應國家化與資本主義化壓力的產物，它追尋有別於權力集中與無限制資本積累的目標（民主化與公共利益）。儘管有其限制，這個部門仍是唯一可能推動國家與經濟改造的力量。我們必須一方面耐性地思考新的文明想像，另一方面透過公民社會推動的民主化，迫使國家權力與資本邏輯脫勾，阻止資本對環境與社會生活的入侵——這似乎是當前唯一的道路。[9]

九

公民社會形成的辯證：既是國家形成的產物，同時也是反國家（特別是國家之專制權力〔despotic power〕）的力量，吸收了無政府主義由下而上的、自主結盟的、平等主義的激進民主精神。我們可以將之視為**後國家社會內部的一種無政府驅力**（現代化規訓過程所激發的無政府驅力），最終表現於國家的民主化（政治到社會的民主化，公民權與人權的發展）。這是一個**歷史發展的詭論**：古典無政府主義所設想的自發性社會秩序，必須經由國家形成的中介與規訓，才在公民社會上獲得體現。如果用盧梭哲學的語言來說，人必須先變成公民，才會進行自發性合作。[10]

十

這個以公民社會為核心的民主運動既是單一民族國家層次的（national），也是國際性的（international）。就單一民族國家這個面向而言，民主深化表現在公民權的擴張，而公民權預設了一個有邊界的政治共同體，公民權的擴張將帶來公民對共同體認同的鞏固與深化。[11] 民主深化同時也表現在運用國家以管制跨國資本入侵本國，因此具有民族主義色彩（二〇〇〇年以來拉丁美洲各國先後出現的左翼政權即是最典型例證）。大國操作新自由主義全球化以遂行該國地緣政治與經濟目的的帝國主義作為（如美國強銷農畜產品、中國在非洲收購土地與糧食，以及對臺「以商圍政」策略），更凸顯在地公民社會抵抗運動之「反帝」的民族主義色彩。[12]

就國際性這個面向而言，這個民主深化運動乃是被資本的新自由主義化所誘發，因此具有全球性的起源；它以不同形式出現在各個國家，因此具有全球性的擴散規模。儘管這些運動的議題表面分散，其實都涉及新自由主義的全球性擴張，可以互通聲息、相互連結，隱然形成一個世界性的反新自由主義運動——即娜歐蜜．克萊恩所說的「the movement of movements」（諸運動的運動）。[13]用公民社會的語彙來說，這個運動的國際面向，表現在在地公民社會與全球公民社會的連結。

十一

關於臺灣的國家化與資本主義化：直到清領時代為止，臺灣主要處在統治力（國家權力範圍與穿透深度）薄弱的封建農業官僚國家（agrarian bureaucratic state）與某種初期的商業資本主義統治之下。現代國家的出現與資本主義化的進行，是在日本統治之下開展，然後在國民黨統治下完成的。這個過程乃是世界性民族國家與資本主義形成之歷史運動（後期）的一環，因此具備了這個歷史運動的普遍性格，但它同時也展現了臺灣基於特殊地緣政治位置所產生的獨特地方性。

十二

普遍性：做為全球性歷史運動的一環，臺灣的「文明化」引導這個島嶼上的住民走過從地域性共同體與前資本主義經濟演變到民族國家與資本主義國民經濟形成之變遷歷程，終於來到今日的新自由主義化階段，並且和全人類一起承受這整個過程所帶來的文化、社會與心理等層面的巨大變遷。在此意義上，「臺灣何去何從？」這個質問的言外之意（subtext），正是「人類何去何從？」。在這個層次上，前述關於如何處理國家化與資本主義化的一般性討論，可以為回答這個普遍性質問提供參考。

十三

特殊性：臺灣做為「**多中心的共同邊陲**」或多數強權之間的「**介面**」（interface）的特殊地緣政治位置，深刻形塑了臺灣之民族國家形成與資本主義形成之軌跡，使這個過程產生了臺灣的特殊性格。處在諸**帝國夾縫之中**，臺灣數百年來一直是君臨東北亞之不同中心（清帝國、日本、中華民國、美國）相互爭奪與先後試圖兼併、吸收、模塑的對象（筆者稱之為「帝國的碎片」〔fragment of/f empires〕），因此它的民族國家與資本主義形成深受外部因素影響。[14] 臺灣的民族國家形成經驗具有以下兩組二元對立的特徵：**政治史的斷裂** vs. **社會史的連續**，以及**政權的不連續** vs. **制度的積**

累。[15]第一組二元對立意味著政權更迭下，移民社會的持續整合過程；第二組對立則意味著先後外來政權之間制度繼承、積累與發展所導致的政治整合。整體而言，這兩組特徵說明**臺灣民族國家形成之迂迴、晚熟、未完成與不穩定性格**。比較而言，臺灣資本主義形成具有深刻的**依賴與國家主義**（étatisme）性格。[16]

十四

中國帝國主義因素：一九九〇年代後半中國的崛起，創造了一個巨大的政治磁場，重新將形成中、尚未穩定的臺灣民族國家拉向中國民族國家的架構之中，啟動了**臺灣的再邊陲化與再附庸化**的過程。臺灣的再邊陲化與再附庸化，是一個國際政治與經濟互為表裡的過程。一方面，中國崛起改變了國際政治的**權力均衡**（balance of power），使臺灣的國際空間被進一步限縮。另一方面，中國迴避「民族大義」的論證，積極運用新自由主義全球化之邏輯誘導臺灣進入中國政經秩序之中。在新自由主義秩序下，認同成為可購買的商品。事實上，中國的「以商圍政」，就是**在新自由主義邏輯下商品化臺灣人的認同，從而購買這個認同**。[17]中國對臺灣的領土收復型民族主義（irredentist nationalism）——一種**領土帝國主義**的型態，再一次說明**新自由主義具有與大國的擴張性民族主義或帝國主義相互結合**的特質。[18]

十五

主體的消亡？：整體而言，所謂臺灣文明化經驗的特殊性是，晚熟與不穩定的民族國家、依賴發展型資本主義，以及在新自由主義秩序下，民族國家面臨**解體**與資本主義的附庸化危機。以哲學語言來說，臺灣的文明之路見證了**現代政治主體的形成與消亡**（之危機）。被兼併到當代中國政經秩序之內的臺灣，除了**中國民族主義**、**一黨專政**，**與群帶資本主義**（crony capitalism）之外[19]，將不會再擁有任何獨自的文明想像之選項。換言之，《「文明」之路》作者為臺灣所提出的問題，在中國的政治經濟秩序中將完全喪失意義，因為新的宗主國已經為我們預先選擇了道路。

十六

Ultimum Quaestio: Quo vadis Formosa?（臺灣，妳往何處去？）

十七

最後的補充問題：《「文明」之路》的作者似乎暗示「前文明」時代的共同體文化規範（與自然之間相互主體、平等主義、互助、有能者扶助弱者等）可以成為另類文明想像的資源，然而「前文明」時代的，個體未分化出來之前的共同體規範，無法在當代情境下進行機械性複製。應該如何將這些有價值的規範轉化為當代形式的規範？作者提出一個可能性：或許我們必須借助於當代的新的共同體想像機制（從深層的情感繫屬產生的共同體意象〔image〕或意想〔imagination〕）。然而這個說法似乎有點同義反覆（tautological），因為它既未解釋這個深層認同機制最初是如何形成的，亦未有說明它是否能夠以及如何在當代的條件下再生產。

注釋：

1 「文明是不正常的現象。它關乎國家與社會階層化，但這兩者都是人類花大半輩子來逃避的東西。」

2 本文「現代國家」（modern state）與「民族國家」（nation-state）交互使用，指涉與資本主義興起同時出現，以直接統治（direct rule）為主要內容的國家形式。此處「民族國家」並非意指實存的「一民族、一國家」，而是遵循民族主義意識形態所揭櫫的「民族—國家」理念來進行自我理解與自我再現（self-represent）的現代國家形式。

3 Michael Mann, *The Sources of Social Power*, vol.1,2 (Cambridge:Cambridge University Press, 1986); Ellen Meiksins Wood, *The Origin of Capitalism: A Longer View* (London: Verso, 2002).

4 David Harvey, *A Brief History of Neoliberalism* (Oxford: Oxford University Press, 2011[2007]).

5 James C. Scott, *The Art of Not Being Governed: An Anarchist History of Upland Southeast Asia* (New Haven: Yale University Press, 2009), 324.

6 Perry Anderson, "Renewals," *New Left Review* 1 (January-February 2000).

7 John Dunn, *Setting the People Free: The Story of Democracy* (London: Atlantic, 2005).

8 Naomi Klein, "Reclaiming the Commons," *New Left Review* 9 (May-June 2001).

9 Erik Olin Wright, *Envisioning Real Utopia* (London & New York: Verso, 2010).

10 Judith Shklar, *Men and Citizens: A Study of Rousseau's Social Theory* (Cambrdige: Cambridge University Press, 1985[1969]).

11 Jytte Klausen, "Social Rights Advocacy and State-Building: T.H. Marshall in the Hands of Social Reformers," *World Politics* 47:2 (1995): 244-267.

12 Dambisa F. Moyo, *Winner Take All: China's Race for Resources and What It Means for the World* (New York: Basic Books: 2012).

13 Klein, "Reclaiming the Commons". 關於當代反自由主義全球化運動，參見 Tom Mertes ed. *A Movement of Movements: Is Another World Really Possible?* (London: Verso, 2004).

14 Rwei-Ren Wu, Fragments of/f Empires: The Peripheral Formation of Taiwanese Nationalism. *Social Science Japan* 30 (December 2004):16-18.

15 關於政治史的斷裂與社會史的連續，請參照吳叡人，〈重層土著化的歷史意識：日治後期黃得時與島田謹二的文學史論述之初步比較分析〉《臺灣史研究》十六卷第三期（二〇〇九），頁一三三至一六三。關於政權的不連續與制度的積累，請參照 Rwei-Ren Wu, "Nation-State Formation at the Interface: The Case of Taiwan," paper presented at the International Conference on *Taiwan in Dynamic Transition,* May 24-26, 2013, University of Alberta, Edmonton, Canada.

16 歷史學者 Bruce Cummings 主張這是一種（日、美）霸權架構下的依賴發展。參見" The Origins and Development of the Northeast Asian Political Economy: Industrial Sectors, Product Cycles, and Political Consequences," *International Organization* 38(1)(1984):1-40；關於臺灣經濟發展的國家主義性格，參見 Alice H. Amsden, "Taiwan's Economic History: A Case of Etatisme and a Challenge to Dependency Theory," *Modern China* 5:3(1979): 341-379.

17 「交換」(exchange）本來就是認同形成的一種機制，參見 Peter M. Blau, *Exchange and Power in Social Life* (New Brunswick, New Jersey: Transaction Publishers, 1986[1964]). 比較政治學者 René Lemarchand 更指出，在外來統治者與本地社會的連結過程中，侍從主義（clientelism）的政治交換常用以整合本地社會，擴大其認同的機制。參見 René Lemarchand, "Political Clientelism and Ethnicity in Africa: Competing Solidarities in Nation-Building," in *Friends, Followers, and Factions: A Reader in Political Clientelism,* ed. Steffen Schmidt, Laura Guasti, Carl Landé and James C. Scott (Berkeley: University of California Press, 1977), 100-123. 當代中國基於經濟利益對臺灣進行的社會交換行為，對於臺灣人認同的長期影響，值得觀察。

18 早在二〇〇五年，馬克思主義地理學者 David Harvey 即已觀察到中國在阿根廷等地進行傾銷，並迫使當地產業瓦解，成為中國原料供應國的古典帝國主義作為。參見 David Harvey, *A Brief History of Neoliberalism,* 140. 根據 Alex Callinicos 的歸納，包含他本人與 Harvey 在內的當代部分馬克思主義理論家，已經修正列寧古典理論的經濟化約論，主張帝國主義應被視為資本主義與地緣政治交錯的產物，而意識形態因素（如民族主義）必須得到應有的重視。從這個觀點來看，深深整合到全球資本過程的中國，藉資本與商品輸出以及地緣政治的雙重作用而進行帝國主義式擴張，絕非不可預見之事。參見 Alex Callinicos, *Imperialism and Global Political Economy* (Cambridge: Polity, 2009), 1-21.

19 對於當代中國的資本主義型態是否可稱之為新自由主義，筆者持保留態度，因為新自由主義要求某種法治（rule of law）與政治上可問責性（accountability）的制度性門檻，而這兩者顯然均為當代中國政體所付之闕如。參見 Bruce J. Dickson, *Red Capitalists in China: The Party, Private Entrepreneurs, and Prospects for Political Change* (Cambridge: Cambridge University Press, 2003).

＊福爾摩沙圍城紀事
——兼論臺灣的公民民族主義

一齣充滿寓意，引人深思的道德劇在臺灣揭開了序幕。這次的主角不再是過去那些擅長在街頭煽動人心的反對派政治菁英，而是整個公民社會。

We shall meet in the place where there is no darkness.

——George Orwell

在芝加哥經院裡困頓多年，輾轉流浪到美麗的早稻田，最後終於回到了故鄉臺灣的時候，並沒有想到世界的目光已悄悄遠離這個過去英文媒體總愛形容為「有著繁榮經濟與活力民主的島國」，轉移到隔鄰那個正在兇猛地甦醒的帝國之上了。我們的外國主流媒體界朋友們似乎覺得，這個穩定的民主小國如今已經喪失了戒嚴時期那種迷人的「第三世界式」悲劇特質——獨裁、反抗、鎮壓，以及輩出的英雄烈士，還有九〇年代民主化時期那種「大衛對抗歌利亞，光明戰勝黑暗」的好萊塢史詩格局。臺灣是民主化了，但也變得無聊了。他們於是把自己的東方主義之眼，轉向那個鼓動著一顆黑暗之心的，巨大的叢林。

然而正好就在世界的目光逐漸背向臺灣之際，臺灣島開始進入一段波濤洶湧的，完全不可測的新歷史航道之中。從兩千年初期以來，在中國「以商圍政」攻勢、新自由主義資本全球化的滲透，以及政治領導與制度性失敗等多重因素匯聚下，臺灣民主體制逐步倒退，所得分配日益惡化，九〇年代一度短暫形成的社會團結也開始腐蝕，整個國家面臨崩解、從屬化，乃至被併吞的危機。然而也就是在此時，一場可以稱之為「第二波民主運動」的鬥爭悄悄出現，一齣充滿寓意，引人深思的道德劇（morality play）在臺灣揭開了序幕。這次的主角不再是過去那些擅長在街頭煽動人心的反對派政治菁英，而是整個**公民社會**——一個由關懷各種進步議題的ＮＧＯ、學者、學生、個別公民行動者與公共媒體所構成，透過宣傳與直接行動，從社會整體公共利益的角度抗衡國家與市場的網絡。從二〇〇五年前後到此刻的十年間，臺灣人見證了這個極度活躍的公民社會的快速崛起、成長與擴張；在民進黨近乎瓦解癱瘓，完全喪失制衡能力的數年之間，臺灣公民社會網絡扮演了實質的反對黨角色，有效地制衡了掌握絕對權力的馬英九政權，並且在最終創造了巨大的政治能量，重創這個政權，使坐困愁城的民進黨得以復甦、重整，乃至重返執政。

這是一段全新的歷史，湧現出許多新生事物與人物，裡面有很多很多感人的故事，但其中最令人動容的，或許是一整個新世代學生運動與公民運動行動者的出現與成熟。他們以青春的理想主義與熱情緊緊擁抱這個正在崩裂的島，撫慰與療癒她的傷痕，讓她重新變得完整，美麗，而且尊嚴。我何其有幸在這個歷史時點返鄉，從一開始就直接參與、見證了這段歷史，認識了這群新世代的知識分子與行動者，並且在此後幾年間和他們在許許多多大小戰役中並肩作戰，目睹他們從青澀到成熟，從脆弱到茁壯，見證他們如何用自己的身體與智慧創造了一股讓島嶼重生的暖流，巨大的黑潮。然而在這段激動的歷史過程中，**我們的外國主流媒體界朋友大多是缺席的**——他們要等到這兩年忽然覺察到了島內一個新的「勢」已經形成，注意到東亞地緣政治的鐘擺又擺回了美麗島，才又好奇地轉過身來，帶著一點懷疑，一點犬儒，很多上國的傲慢（condescension），以及**幾乎完全不知其所以然的無知**。《黑色島嶼：一個外籍資深記者對臺灣公民運動的調查性報導》的作者寇謐將，是其中極少數的例外，他在這段國際媒體的空窗期，生活在臺灣，站在臺灣政治與社會的第一線，深入觀察，有時甚至還親身參與了這整段活生生的在地歷史，而且是謙遜地，同情地，甚至是熱情地。在這段世界對臺灣視線的漫長空白中，他以他熱烈、即時、細膩的英文報導寫作為臺灣發聲與辯護，並且有力地教育和駁斥了一群無知卻掌握傳播權力的上國犬儒，硬是為被掩蓋、遺忘和抹煞的臺灣打開了一道隙縫，將這一代臺灣青年的吶喊與希望，這一波臺灣人民試圖突破資本與帝國包圍，連結普世價值的民主奮鬥，刻印在那片空白的邊緣，讓他們有了面貌、發出聲音，讓他們終於驕傲地現身於這個世界。這本書，像是一冊當代福爾摩沙的圍城紀事（a chronicle of the besieged Formosa）。

事實上，我們如果把這本書放在某種臺灣文化史——外籍人士對於臺灣的報導式書寫——的脈絡中觀察，它的意義會更加凸顯：達飛聲（James W. Davidson）著名的《福爾摩沙島的過去與現在》（*The Island of Formosa: Past and Present*，一九〇三）見證了臺灣民主國的苦鬥與驚鴻一瞥的臺灣民族國家想像，而一百一十二年後寇謐將的《黑色島嶼：一個外籍資深記者對臺灣公民運動的調查性報導》，則近身記錄了一個以社會為主體的臺灣公民民族主義的降生。

公民民族主義（civic nationalism）是《黑色島嶼》的關鍵字，也是寇謐將對臺灣近年來公民運動的定性。在比較政治學上，公民民族主義通常指涉一種**在共同的領土上**，**基於共享的公民德行、價值與制度**，**共同的歷史記憶**，**以及公民主觀的共同意志**而產生的民族主義。它也可以視為一種以前述要素來界定民族成員身分的原則。公民民族主義與強調推定的共同血緣（經常是虛構的）與客觀文化特徵（如語言）的**族群民族主義**（ethnic nationalism）成為鮮明的對比。在世界近現代史上，各地區因其不同的歷史條件常導致不同的民族國家形成路徑與民族身分界定原則：德國、義大利、中國與日本的民族主義具有強烈的族群文化與血緣色彩，而法國與美國、加拿大等國則強調公民德行、制度與共同意志才是構成民族（nation）的要素。出身魁北克法語區，同時深受法國政治文化與加拿大聯邦主義薰陶影響的寇謐將使用civic nationalism一詞來描述臺灣的公民運動，必須從這個脈絡來加以理解，其語意與當代政治哲學中公民共和主義（civic republicanism）所說的愛國主義（patriotism）頗有重合之處。在英文或法文中使用civic nationalism不會成為問題，也不會被誤解，然而臺灣公共論述深受當代中國漢語用法的影響，經常把「民族主義」一詞窄化成族群或血緣民族主義，以致常常忽略了在公民德行與政治意志基礎上形成的nation與nationalism類型，從而引發了許多誤解與衝突。

寇謐將把當代臺灣公民運動定位為一種公民民族主義是具有洞見的，不過我們或許可以為這個命題做幾點補充說明。首先，當代臺灣公民社會的公民民族主義並不是臺灣政治史上最早出現的公民民族主義，而只是最近的一種型態。一九二〇年代出現的第一波臺灣民族主義雖然帶有漢族中心色彩，但基本上是建立在共同領土與共同政治命運的基礎之上，到了霧社事件後終於在論述中納入了原住民，因此已經可以看到某種多族群的「公民」特性。戰後初期廖文毅的臺獨運動一度提出血緣民族主義的主張，但是很快就被六〇年代的王育德和史明強調領土、歷史乃至階級的民族論取代。一九六四年，醉心於法國史家赫南（Ernest Renan）公民民族主義思想的彭明敏教授提出〈臺灣自救運動宣言〉，則是臺灣政治史上出現的第一個完整的公民民族主義論述。一九七〇年雷震在〈救亡圖存獻議〉中提出建立「中華臺灣民主國」的主張，則是外省人首度提出的公民民族主義論。在前述這些論述基礎上，一九七〇年代中後期興起的黨外民主運動與其後的民進黨所提出的臺灣民主自決論，已經是成熟的公民或自由民族主義（liberal nationalism）。九〇年代李登輝的兩國論試圖融合「中華民國」與臺灣領土，在性質上也是公民式民族主義。因此我們大體可以說，早在當代公民社會的公民民族主義出現之前，某種以臺灣為領土範圍的公民民族主義早已成為臺灣政治場域中的主流共識。

其次，當代臺灣公民社會所表現出來的公民民族主義與政治場域的公民民族主義雖然有所重疊——兩者都支持臺灣是主權獨立國家，但仍然有一個關鍵的差異：**前者以「社會」為核心，具**

有高度社會自主性，後者則以「國家」為中心。對於公民社會而言，愛國心或者對政治共同體的認同必須受到他們所信仰的進步價值的檢驗與制約，否則將失去正當性。

第三，寇謐將指出臺灣公民運動的公民民族主義不是突然出現，而必須放在脈絡之中才能正確理解。這個說法雖然方向正確，但卻不完全：我們不僅要回溯兩年來學運分子如何在歷次運動中獲得鍛鍊與成熟的歷程，更要追索整個臺灣公民社會從一九七〇、八〇年代隨著民主運動而出現的三、四十年來，如何經歷成長、擴張、被政黨收編，最終脫離政治場域而產生自主性的複雜歷程。換言之，當代臺灣公民社會的整個網絡、組織、論述與路線的形貌，是過去三十餘年臺灣民主化的成果，**它象徵了數百年來被強大的外來國家傳統壓制的民間社會終於形成了一定的自主性**。理解了這個社會自主的脈絡，我們才能正確理解當代公民社會的臺灣認同之進步意義：**民主，就是自決，而自決則表現在社會對國家的馴服與控制**。

時序已經進入二〇一五年年底，而臺灣這座黑色島嶼的歷史即將進入另一個轉折：第三次政黨輪替將要出現，本土派將第二度建立政權，然而中國擴張之勢不衰，美國正在重返亞洲，日本積極再軍備，整個東北亞地緣政治結構勢將為一個進步的臺灣本土政權設下重重限制，使它「左右」為難，動輒得咎。臺灣國家必須在國際政治的險惡現實中追求生存發展，然而臺灣社會也不可能放棄公平正義的願景，那麼**國家與社會該如何重新磨合、彼此鑲嵌，在安全與正義之間找到一個最適的平衡——或者到底存不存在一個最適的平衡？**——將成為我們不可迴避的共同課題。

未來的道路只會更險峻，我們也只能不斷前行，但我們期待寇謐將繼續為我們熱情地、介入地書寫他的黑色島嶼紀事，書寫我們的徬徨、失敗與持續不輟的奮戰，書寫我們對自由、尊嚴與正義的想望。

（二〇一五十一月二十五日，草山）

卷尾語

然而歷史不許諾希望
所以我們繼續行走，hoping against hope
想像天上有大風。[1]

1 「天上大風」，日本詩僧良寬（一七五八－一八三一）名句，傳說良寬應兒童之請寫於風箏之上，期待大風湧動，使風箏自由高飛。

文章出處列表

1臺灣後殖民論綱——一個黨派性的觀點

初稿發表於二〇〇五年五月二十一日臺灣歷史學會「戰後六十年學術研討會—後殖民論述與各國獨立運動」研討會，修訂後發表於《思想》第三期，二〇〇六年十月，頁九三至一〇三。

2民主化的弔詭與兩難？——對於臺灣民族主義的再思考

收錄於游盈隆編，《民主鞏固或崩潰：臺灣二十一世紀的挑戰》（臺北：月旦出版，一九九七），頁三一至四八。

3國家建構、內部殖民與冷戰——戰後臺灣國家暴力的歷史脈絡與轉型正義問題的根源

初稿以〈國家建構、內部殖民與冷戰：戰後臺灣國家暴力的歷史脈絡〉為題收錄於李禎祥等編，《人權之路二〇〇八新版：臺灣民主人權回顧》（臺北：陳文成基金會，二〇〇八），頁一六八至一七三。

4賤民宣言——或者，臺灣悲劇的道德意義

本文日文稿於二〇一〇年刊登於日本岩波書店《思想》雜誌，參見吳叡人，〈賤民宣言——或い

は、臺湾悲劇の道徳的な意義——〉，《思想》一〇三七期（二〇一〇年九月號），頁一一四至一二三。中文稿則初見於徐斯儉、曾國祥編，《文明的呼喚：尋找兩岸和平之路》（新北市：左岸文化，二〇一二），頁一六五至一八〇。

5 比較史、地緣政治，以及在日本從事臺灣研究的寂寞：回應班納迪克．安德森

本文「Comparative History, Geopolitics, and The Lonely Business of Doing Taiwan Studies in Japan: A Response to Benedict Anderson」為二〇一一年五月二十八日於東京早稻田大學舉行的日本臺灣研究學會（JATS）第十三回學術大會上，回應安德森演講的講稿。譯者：胡宗香，修訂：吳叡人。

* "De courage, mon vieux, et encore de courage!" ——寫給Ben的一封信

班納迪克．安德森（一九三六—二〇一五）於二〇一五年十二月十三日於印尼瑪琅（Malang）離世，享年七十九歲。二〇一六年一月六日一群臺北友人在臺北誠品書店舉辦紀念會，此文收錄在紀念冊中。

6 反記憶政治論——一個關於重建臺日關係的歷史學主義觀點

本文修訂稿於二〇一五年五月八日發表於「第五屆臺日亞洲未來論壇：日本研究中的臺日交流一二〇年」國際研討會。

7 救贖賤民，救贖過去——臺灣人對〈村山談話〉的一些反思

本文原為英文稿「Redeeming the Pariah, Redeeming the Past: Some Taiwanese Reflections on the Murayama Statement」。收錄於Kazuhiko Togo ed., *Japan and Reconciliation in Post-war Asia: The Murayama Statement and Its Implications* (New York: Palgrave Macmillan, 2013), 68-90. 譯者：林曉欽，修訂：吳叡人／莊瑞琳。

8 最高貴的痛苦——大江健三郎《廣島札記》和《沖繩札記》中的日本鄉愁

本文初稿發表於二〇〇九年十月七日「國際視野中的大江健三郎文學」學術研討會。收入彭小妍編，《大江健三郎：從自我到世界》（臺北：中央研究院中國文哲研究所，二〇一一），頁六三至九七。

9 論道德的政治基礎——南非與臺灣轉型正義模式的初步比較

本文為戴斯蒙・屠圖（Desmond Tutu）著，江紅譯，《沒有寬恕就沒有未來：彩虹之國的和解與重建之路》（新北市：左岸文化，二〇一三）導讀。

10 獻給琉球共和國——一個臺灣人讀松島泰勝著《琉球独立への道》

本文初稿為日文版，於二〇一二年十一月二十三、二十四日發表於早稻田大學亞細亞機構於沖繩縣立博物館主辦之「二〇一二年次世代国際研究大会」。後收入《第六回次世代国際研究大会報告論集》（東京：早稲田大学アジア研究機構，二〇一三），頁一六五至一八三。

11 The Lilliputian Dream——關於香港民族主義的思考筆記

本文最初刊載於香港大學學生會學苑編輯委員會主編，《香港民族論》（香港：香港大學學生會，二〇一四），頁六五至八八。

12 歷史與自由的辯證——對香港國民教育學科爭議的反思

本文發表於二〇一二年八月香港明報週刊第二二八五期。

13 航向烏托邦——論小國的靈魂

本文為李濠仲著，《小國的靈魂：挪威的生存之道》（新北市：衛城出版，二〇一三）導讀。

14 社會運動、民主再鞏固與國家整合——公民社會與當代臺灣公民民族主義的重構二〇〇八—二〇一〇

本文日文版為〈社会運動、民主主義の再定着、国家統合——市民社会と現代台湾における市民的ナショナリズムの再構築（二〇〇八—二〇一〇年）〉，收入沼崎一郎、佐藤幸人編，《交錯する台灣社會》（千葉：日本貿易振興機構アジア経済研究所，二〇一二），頁三一一至三六六。

15 黑潮論

本文初發表於二〇一五年三月十四、十五日臺灣教授協會三一八太陽花運動一週年學術研討會「重構臺灣——太陽花的振幅與縱深」，後收入《照破：太陽花運動的振幅、縱深與視域》（新北市：左岸文化，二〇一六），頁二三至四八。

*「Quo Vadis Formosa?」：在資本主義—國家巨靈的陰影下

1.「民主、和平、護臺灣」（一九九六／三二二全球燭光守護臺灣民主運動宣言）

戰爭的陰影，徘徊在海島臺灣的上空。當兩千一百萬臺灣人民將首度完全依其自由意志來選擇國家元首的前夕，對岸的中國卻在臺海陳列重兵，企圖以飛彈火炮恫嚇臺灣人民，左右選舉結果。大軍壓境，新生的臺灣民主正面臨一個存亡絕續的歷史時刻。

民主的本質，就是由人民自己決定自己的命運。臺灣島上的所有住民，數百年來歷經殖民政權的更迭變換與漫長的專制威權統治，終於在付出了無數犧牲血汗之後，逐步爭取到掌握自己命運的權力。一九九六年三月二十三日的總統直選，象徵人民意志由下而上的徹底貫徹，因此是臺灣民主化的歷史過程中最重要的政治工程。然而，近鄰的北京政府對臺灣的民主化卻感到如芒刺在背。這個專事血腥鎮壓的獨裁政權，選在臺灣民主化的關鍵階段對臺進行軍事演習，正因其唯恐日益茁壯的臺灣民主政治，對中國內部的民主勢力產生示範與鼓舞作用。獨裁政權自身深沈的不安全感，終於迫使北京政府鋌而走險，揮軍東向，企圖摧折臺灣的民主幼苗。新生的臺灣民主，彷彿風中之燭，瞬息將滅。

這是最黑暗的時刻，這是最危險的時刻，然而這也是決定臺灣民主前途最關鍵的時刻。臺灣人民並不畏懼，並不灰心，並不動搖。臺灣人民將以最堅定的行動，向全世界宣示我們捍衛民主，保護家園的決心。

我們訴求國際社會的正義規範。民主是和平的基礎，獨裁是和平的天敵，今日的臺海危機，正是民主與獨裁，和平與戰爭的對決。自危機爆發以來，國際輿論一致譴責北京政府破壞東亞和平的恐怖主義行為，臺灣人民對此深感欣慰，也深致謝意。臺灣人民得之不易的民主體制，不但是東亞政治發展的典範，也是值得全人類共同珍惜的資產。國際社會不畏強權，主持正義的作為，體現了哲學家康德在《永久和平論》中殷殷陳述的理想：「儘管原始的政治動機促使人類相互壓迫毀滅，道德政治的力量卻將彰顯於行動之中，並實現永久和平的理念。」我們籲請各國政府、國際組織與民間友人，繼續發揮道德力量，制裁中國戰爭暴行，協助臺灣渡過這道民主化的險峻關卡。讓我們共同體認：保衛臺灣民主，就是保衛世界民主；沒有臺海和平，就沒有世界和平。

我們訴求中國人民的良知。臺灣人民不但長期籲求釋放魏京生、王希哲等民主鬥士，也曾上下捐輸，熱烈聲援六四民運。我們尊敬中國民眾爭取民主的熱望，但我們也期待中國人民將心比心，尊重臺灣人民追求當家作主的神聖意願。我們理解並同情中國人民渴盼民族尊嚴的心情，但我們必須指出，純以血緣神話與歷史虛構為基礎的中國民族主義，由於完全缺乏對個體自由與多元價值的尊重，不但對內已淪為壓迫愚民的種族主義，對外更墮落為擴張侵略的帝國主義。中國當局動輒以民族情緒煽惑民眾，輕啟戰端，已使臺海兩岸與周邊鄰國的人民同受其害。我們呼籲中國人民揚棄這種偏狹傲慢的民族主義，本於人類普遍的良知與道德勇氣，和臺灣人民與全世界愛好民主和平的人士攜手奮鬥，反對中國當局破壞世界和平，侵犯基本人權的惡行。中國人民現在必須以具體行動回報國際社會的長期支持，並向國際社會證明他們追求民主自由的決心與誠意。讓我們不要忘記：在追求民主的道路上，中國人民必須和臺灣人民並肩作戰；有民主的臺灣，才有民主的中國。

民主政治是臺灣人民歷經萬難才獲得的果實，我們絕不會因獨裁政權的恫嚇裹脅就放棄在這塊土地上追求當家作主的意願，我們也堅持臺灣前途必須由兩千一百萬臺灣人民以民主方式來決定。此時此刻，海內外的臺灣人民決心團結一致，發揮智慧與勇氣，使這次歷史性的總統大選得以順利完成。臺灣人民在漫長艱苦的民主化過程中不但學習到理性、寬容與同情，並且培養出對人的自由、尊嚴與基本權利的堅定信仰。臺灣人民願意在此對國際社會鄭重許諾，安渡此次危機，鞏固民主體制之後，我們將繼續遵循聯合國憲章的精神，貢獻民主自由的臺灣於世界永久的和平與普遍的民主。民主臺灣將積極參與協助國際紛爭的和平解決，並堅定支持世界上一切反抗專制獨裁，爭取自由民主人權的努力。臺灣人民將以實際行動向全世界證明：「我們不僅是自由的，而且是無愧於自由的！」

【宣言起草小組。一九九六年三月十三日初稿。一九九六年三月十四日二稿。一九九六年三月十五日上午零時定稿。】

2.「讓野草莓團結我們吧」

（二〇〇八野草莓運動獻詩）

有一種奇妙的想像在蔓延，擁抱我們碎裂的島，受傷的島。

黑色的莓，野生，有刺，悄悄從土地深處長出，蔓生。黑色的莓，白花蔓藤，酸酸甜甜，人們稱它「臺灣懸勾子」，「刺波」，或者野草莓。

黑色的野草莓。黑是質疑，質疑脫韁的國家權力。黑是抵抗，抵抗到底的意志。黑是自由，黑是互助，黑是友愛，黑是一種由下而上的秩序，一種激進的夢想，一種想像，imagine，imagine all the people，living life in peace。

野是野生，野是泥土，野是葉莖上的逆鉤，野是誠實，野是叛逆，野是反諷，野是一種高度文明的自然狀態。

草莓是甜美，草莓是青春，草莓是歡樂，草莓是自嘲，草莓是Kuso，草莓是拒絕成人世界的偽善，草莓是永恆永恆的童年。

黑色的野草莓，自由土地上的自由夢想，帶著一點幽默的，堅定的溫柔。

黑色的野草莓悄悄從土地深處長出，蔓生，以一種歡樂的舞姿，擁抱我們碎裂的島，受傷的島。

有時有點憂傷，有時有點動搖，有時有點恐懼，有時有點憤怒，因為天那麼暗，因為雨那麼大，因為他們不願聆聽我們的夢想，因為風中有惡意的耳語，然而你一回頭，暗夜中有美麗的微笑，有溫暖的眼神，有傳唱的歌聲，於是你會安心，於是你們緊握彼此的手，於是你們又勇敢起來，高興起來，熱烈起來。你們是黑色的野草莓。

黑色的野草莓悄悄從土地深處長出，蔓生，以一種溫柔的堅定，擁抱我們碎裂的島，受傷的島。

讓野草莓團結我們吧！

農人們！拿起鋤頭深耕吧讓野草莓因土地而勇壯
工人們！拿起鐵鎚敲打吧敲打青春與勞動的搖滾樂
鄉民們！揮舞十指傳送越界的訊息吧你們是野草莓偉大的使節
學者們！走出書房吧讓野草莓為你蒼白的理論著色
作家們！拿起筆書寫吧書寫野草莓帶刺的甜美你們失落的青春

歷史家們！睜大眼睛觀察記錄吧記錄野草莓的生長全新的歷史
老師們！帶著同學到廣場上課吧讓知識長大長大成結實的生活
戀人們！牽著手到廣場散步吧讓你的幸福呼吸野草莓喜樂的空氣
市民們！到廣場散散步聊聊天吧讓自己變成一顆顆野草莓滾動滾動
滾動到廣場的每個角落滾動到城市的每個角落滾動到鄉村的每一寸土地
我不認識你，你不認識我，然而我們在一起。
有一種奇妙的想像在蔓延，擁抱我們碎裂的島，受傷的島。
讓野草莓團結我們吧。

（二〇〇八年十一月十四日）

本文原題為〈「Quo Vadis Formosa?」——黃應貴《「文明」之路》的閱讀筆記〉，刊登於《考古人類學刊》第七十八期（二〇一三），頁一九七至二〇六。

*福爾摩沙圍城紀事——兼論臺灣的公民民族主義

本文為《黑色島嶼》推薦序。J. Michael Cole（寇謐將）著，李明、陳雅馨、劉燕玉譯，《黑色島嶼：一個外籍資深記者對臺灣公民運動的調查性報導》（臺北：商周出版，二〇一五）。

附錄一

關於「進步本土主義」的談話

本文為整理自二〇〇八年八月五日比較史讀書會第七次讀書會演講，地點在中研院臺灣史研究所文化史研究群會議室。講稿於二〇〇八年十月二十二日修訂完成。

一 概念的緣起背景

「進步本土主義」是一個進步性思維的想法，當初貿然提出這個概念，現在覺得有點後悔，因為要把這個觀念討論清楚不是一件容易的事。不過這是我自己闖的禍，因為既然我在二〇〇六年七一五行動時公開使用了這個term，就應該要負責任說明它的意涵。其實，這種涉及「大戰略」的思考不能期待個別理論家，而必須靠所有各專業領域的學者相互分工合作，才有可能形成。現在想想，我在「七一五」時犯的兩件大錯，一是提出「進步本土」，一是提出「轉型正義」。前者提出之後缺乏充分的說明，後者則不幸被政治性地挪用，以致我現在必須出面進行收尾，以向臺灣社會表示負責之意。

關於何謂「本土」的問題，我在七一五的發言中，其實主要是在當時臺灣既有的公共論述語彙的脈絡之中，也就是在七〇年代以來黨外民主運動史上習用的「本土／外來」這組軸線上，沿用並再創造既有的詞彙。我無意涉入關於「本土」一詞的語意學上的爭辯，也不特別覺得必須拘泥於「本土」這個名詞。我只不過使用了民進黨最重要的政治語彙，用來和他們對話而已。另外，我當時對「進步」這個詞彙，也沒有進行哲學論述上精確的界定。後來想想，確實應該要有更為清楚的界定。整體來講，我所謂「進步本土」所指涉的意涵，是素樸、單純的。我的思考前提是，臺灣是一個形成中的 nation-state，而我們應該讓這個過程完成（也就是所謂國家「正常化」）。在這個前提預設下，我主張選擇政治光譜中比較左，或者一般被理解為比較進步的道路，來完成這個民族國家形成的歷史工程。

這是我觀察研究臺灣政治史和政治思想史得到的一點心得。我認為臺灣民族國家的形成，是一個持續在發生中的歷史現象。基本上，它是數百年來東北亞地緣政治的產物，臺灣近代政治思想史也反映了這個地緣政治的深刻影響。基於這個臺灣政治史與思想史的認識，我認為促成臺灣民族國家形成的歷史工程之完成，是一個正當、合理而且可欲的目標。在這個預設下，我試圖進行一個關於「進步本土」的系統性思考。

如果臺灣要形成一個民族國家（這是指國際政治上通行的主權國家「形式」，而比較不涉及關於臺灣nation組成要素的討論)，已無可能複製十九世紀民族國家形成那種由上而下，以國家暴力抹除差異的做法，而必須透過由下而上，以非脅迫的方式，透過有效的治理，創造政治正當性，從而鞏固共同體。換句話說，如今nation-state building的方向必須逆轉，臺灣的民族或國民形成(nation-formation)已經沒有國家主義(statism)的選項。或者說，國家強制力在這個過程中扮演的角色必須大幅降低，而「社會」取代國家成為核心。這裡，所謂「政治正當性」指的是「民主」、「進步」的一般性概念，如民主鞏固與深化、自由人權的保障、多元主義、分配正義，以及對環保、文化、教育的重視等。

二〇〇六年的時候，民進黨政府對內沒有建構出具有正當性的治理，對外則找不到外交出路，因此開始偏離當年反對運動時期所擁有的那種開放、進步的精神，逐漸走向保守與封閉。這和先前那個liberal、civic的民進黨不同。當治理失敗，又面臨外部危機，大家逐漸失信心的情形下，「民族」遂被置於「民主」「進步」之前，而民族主義現象的兩面性也就在這裡充分展現出來。換言之，一種典型的民族主義由進步到反動的週期正在發生。我們看到，如果缺乏「民主」的制約與轉化，民族主義發展可能走向歧路。在我成長過程中，臺灣民族主義是具有民主和進步價值的正當性的，但是後來的發展已經逐漸喪失這個正當性。

必須說明的是，我這個思考還不是體系性的。它比較像是在一個長期求學求知的過程中，從不同知識領域的摸索中逐步匯聚、逐步形成的一種政治思考的「傾向」。它和康德或John Rawls那種演繹式的論證推衍方式不同，也不是基於馬克思主義或者某種意識形態的先驗立場的發言，而比較是經驗的、歸納的。或許，我可以暫時將我個人對「進步本土主義」的想法，稱之為一種「經驗的、歸納的、結構的、戰略的進步主義」。

以下我會分兩部分討論自己這種思考「傾向」形成的過程。第一部分涉及個人求知歷程，第二部分涉及對現實政治的觀察。

二 個人學思歷程

1. 求學時的西方知識背景

我的所謂「進步本土」的「傾向」為何是歸納與經驗的呢？我在八〇年代末期進入芝加哥大學政研所當研究生，那時剛好是所謂actually existing socialism大失敗的時期，可以說是西方學界馬克思主義的大瓦解，全球左翼對馬克思主義出現了徬徨與遲疑的時刻。那時我跟著Jon Elster讀馬克思，讀了好一段時間。當時，在西方左翼學界之中有不少人在理論上與知識上談論馬克思主義時，開始有了「存其神去其形」的想法，也就是認為：馬克思問對了問題，可是給錯了答案。我剛好碰到這批人，他們被稱為「分析馬克思主義者」（analytical Marxists）。Jon Elster寫了一本*Making Sense of Marx*（這本書被Michael Burawoy〔結構馬克思主義者〕批評為making nonsense）。

Elster是一個方法論上的個人主義者，認為社會分析必須從個別行動者出發，強調行動者的能動性，並且認為必須跳脫傳統的階級觀念來談這個問題。這個群體的成員，還有美國的John E. Roemer及Adam Przeworski，以及英國的G.A. Cohen（他在八〇年代和Elster有一場關於馬克思主義與功能論的辯論，後來化敵為友）。Roemer試圖用數學來計算何謂「剝削」等概念，而Przeworski則用數學模型討論階級鬥爭，並且證明國家對資本的結構性依賴關係。這個思考路數和傳統的馬克思主義者很不同。當然，儘管我讀了一些馬克思的作品，可是絕對不能說是真正瞭解馬克思。當時我還跟著在芝大校園附近開「士林書店」的林孝信一起讀Paul Sweezy，也和臺獨左翼前輩讀過列寧。老林和獨左的朋友對馬克思的信仰是很真實的，儘管他們政治立場不同。

最終，我同意或者接受了Elster對馬克思的評價：我們必須以嚴謹的社會科學知識檢驗馬克思的主張，他的論證有些依然有效，但有些已經站不住腳；不過，他超人的熱情與關懷是非常可貴的，因此必須保留下來。這個評價，成為我對左翼思考的基礎。對於馬克思以及社會主義的人道與弱勢關懷，我深受感動，對於他對資本主義分析的若干洞見，我也很佩服，但我對於任何教條主義的宣稱都非常反感，也很厭惡大聲吹噓自己是「左派」但卻沒有思想內容，或者根本是「左言右行」的人。相反的，我很重視為實踐尋求堅實的經驗知識基礎。事實上，想要實踐社會主義，人民必須具備某些civic virtues，沒有公共virtues，社會主義不容易實現。換句話說，人性必須被加以改造。我問過老林，有些頹廢主義或個人主義的文學或藝術作品，比如波特萊爾的詩，恐怕會妨礙這些civic virtues的形成吧。他毫不猶豫地回答說：「如果有妨礙，就應該要加以鎮壓。」（！）我也曾聽過老林的臺灣民主運動支援會的理論家提到說，他正在思考佛教對於改造人類自私性格，塑造公民德行的可能性。我親身接觸到社會主義者在知識與實踐上的徬徨，這個經驗，於我而言是一個除魅的過程，使我此後極端厭惡那種其實非常唯心的歷史必然論與教條主義的思考傾向。

在分析馬克思主義者之後，我又接觸到另一種思潮，就是Laclau和Mouffe等人的「後馬克思主義」，也就是日後的「激進民主派」。Laclau在*Hegemony and Socialist Strategy*一書指出，「階級」並不具有先驗的優先地位，每個時代都有屬於那個時代的主要矛盾，這是經驗問題，而且不斷變動。這個思考更加深了我反教條主義的傾向。

另外，後現代主義的解構利刃對任何主體形成的計畫都構成了嚴重的挑戰。在這個思潮下，不要說民族或國家，連個別主體也被瓦解了。這個解構風潮也影響到民族主義研究。從Gellner到Anderson以來對民族主義的解構，對於想要justify臺灣主體性的臺灣人來說，在知識上是一個很大的挑戰，是一個非常困難的事情。臺灣人如何一方面解構壓迫者強加的認同，另一方面又去justify自己的認同？如果想要為這個兩難困境尋求解決方案，就不可能接受簡單的教條主義思考。借用Ernest Mandel的「晚期資本主義」概念，我認為臺灣民族主義是一個「晚期民族主義」（late nationalism），它在一九二〇年代全球反殖民運動浪潮中出現，但是大多數國家到了一九六〇年代就獨立了，但是臺灣一直到今天為止都沒有真正解除殖民，獲得獨立。Anderson講的last wave nationalism還在延續。這種「晚期民族主義」現象的特徵之一，就是它面臨一個對民族主義非常有敵意的當代知識與道德氛圍，已經不再擁有早期反殖民民族主義的那種單純不受質疑的正當性。連帶的，早期民族主義被容許使用的政治行動選項（如透過國家力量塑造認同）也已不再被容許。在這種不利的條件下，只會空講「愛臺灣」而不考慮當代主流的進步政治價值，如平等、多元、差異等，是難以被接受的。不過在另一方面，如果不完成民族國家建構，或者共同體形成，不先界定共同體的成員範圍，根本無法實現分配正義。（這是英國社會主義哲學家David Miller的看法。我很贊成。）所以，我對於一味講「愛臺灣」者，或者只想談「階級」不願意面對民族問題者，都有一點保留。

2. 對「臺灣」的省思歷程

我進行臺灣研究最初的動機，是出於一個古典的民族主義者的立場。我的動機是實踐的，而非純粹知識的。我研究臺灣的目的，在試圖理解世界史中「臺灣」的形成，並且用知識來辯護臺灣認同。借用Anderson的話說，我想「透過臺灣研究，將臺灣送上世界的知識地圖上」。這個具有實踐意涵的政治研究，是我思考上很重要的起點。以下我分四個領域報告自己思考形成的緩慢歷程：政治哲學、西洋和臺灣政治思想史、比較政治和臺灣政治史、後殖民研究。

政治哲學

我比較認真思考臺灣問題，最早是由政治哲學上回應後現代主義的挑戰開始的。如同前面所說的，我們已經不能以十九世紀民族國家形成期那種由上而下的做法，來建立一個臺灣主體了。今天我們的課題是：如何建立臺灣主體，而又不在這個過程中壓迫他人。這也就是盧梭在《民約論》開宗明義所說：尋找一個政治體制，在其中我們既團結在一起，而又不會喪失個人自由。換句話說，這就是「自由與共同體」的問題。九〇年代初期我跟著法國籍的Bernard Manin研究盧梭，並且針對這個問題寫了一篇論文。後來短暫回到臺灣，我又借用漢娜・鄂蘭與托克維爾（「美國的民主」）的說法，寫了一篇論文，重構臺灣民族主義的哲學基礎，幾乎把所謂「臺灣人」的本質性給抽光。換句話說，我在摸索一種非本質主義的，開放的主體建構的理論可能。這個想法的源頭是盧梭的共和主義，然後再沿著托克維爾、鄂蘭的線，還有Carole Pateman的參與民主理論，發展成某種civic nationalism的主體建構路線。再說一次，臺灣無法效法德國、日本，甚至中國民族主義那樣走向文化、血統論述的路子。

西洋／（日本）／臺灣政治思想史

除了政治哲學，另一個促使我思考臺灣的契機是西洋政治思想史。臺灣的四百年政治史到底具有什麼「文明史」的意義或教訓呢?這是芝加哥大學所謂Leo Strauss學派政治思想史給我的啟示,因為Leo Strauss的整個政治思想史計畫,就是一個藉由二十世紀猶太人遭遇來重新檢視西方文明的計畫。長期受Strauss學派師長的薰陶,我開始思考:那麼臺灣數百年來的政治史,臺灣的歷史經驗,又具有什麼可能的文明史意義呢?這是一種高層次的主體建構計畫的想法。我認為臺灣的知識人應該要有這樣的格局。

西洋政治思想史的訓練同時也刺激了我對臺灣思想史的思考。如果Leo Strauss指引了我一條探討文明史的思想史做法,那麼劍橋學派的Quentin Skinner的英國思想史計畫,則鼓舞了我進行經由歷史詮釋建構臺灣政治思想史的努力。文明史和民族史,這是兩個不同層次的臺灣思想史作法,我希望將它們合而為一,從思想上建構臺灣主體,讓這個主體不只是臺灣的,同時也是世界的。

(必須補充的是,丸山真男的日本政治思想史研究也給我很大的啟示,這個啟示主要在他如何透過文本重新詮釋建構日本本土的現代性傳統,或者凸顯本土的進步傳統這個思想計畫之上。不過,關於這點就等將來有機會再說吧。)

當然,我的哲學立場選擇,已經決定了我在思想史的詮釋策略,也就是說,我試圖進行一種非本質主義式的臺灣政治思想史建構。例如，獨派喜歡說「臺灣人四百年來……」，這是一種典型的本質主義宣稱，和「中華民族五千年來」之類的說法是一樣的。問題是四百年前「臺灣人」尚未出現啊。從思想史角度對臺獨歷史論述進行非本質主義的重構，我最早寫的是關於彭明敏的「臺灣自救運動宣言」的分析（後來才知道那是謝聰敏寫的，所以我的文章似乎要重寫了）。在這篇文章中，我給自救運動宣言一個非常進步的詮釋，刻意凸顯本外省人可以一起合作建國這點，並將這篇宣言定位為臺灣公民民族主義之濫觴。剛好彭明敏在京都第三高等學校時也愛讀Ernest Renan的作品（特別是Qu'est-ce qu'une nation?〔什麼是民族〕），因此詮釋起來很順。後來一篇作品是寫戰後臺獨思想之父廖文奎（廖文毅的哥哥，第一個臺灣人的芝加哥大學哲學博士，實用主義大將George Herbert Mead的學生）。在這篇文章中，我分析了一個前「祖國派」在對祖國幻滅後如何情境性地、工具性地使用「祖國」的思想來反抗祖國。由這個角度來看，戰後獨派的立場從一開始就不是很本質主義的，而是有歷史性的。

要補充一點的是，後來回臺任職後，我也開始注意到臺灣民族主義似乎有逐漸保守反動的傾向。我長期受到Frantz Fanon等人的影響，一直在追求超越後殖民民族主義困境的途徑。也就是說，只有民族獨立是不夠的，還需要社會解放，否則只有獨立形式，反而可能出現和新殖民者合作的新買辦階級。當陳水扁旁邊出現了吳禮涪（美國）和辜寬敏（日本）時，我心中忍不住會擔心，如果沒有進步社會力量的出現，臺灣可能出現一個跨國資本主宰的新殖民體制。從這個思考出發，我也在臺灣政治思想史的研究計畫中，加入了「臺灣左翼傳統」的研究，希望從臺灣本土的左翼實踐經驗中，尋找到有用的教訓，做為當代進步本土論述的養分。這個思考，同時也是對當代後殖民批評的一個回應。

至於臺灣的左翼人士，雖然很有正義感，但他們的論述中似乎總是缺少臺灣本土的脈絡，也忽略了人的情感，忽略了人的認同需求，結果在實踐上就缺乏力量。結果，臺灣知識界出現了奇特的結盟，獨派在知識上讓出左翼，放左翼給統派或「不統不獨」派。我進行「臺灣左翼傳統」的研究的一個政治的理由，也是想要打破當代統派對「左」的壟斷。在我看來，他們中國民族主義的成分高過「左」。

比較政治／臺灣政治史

關於臺灣政治史的研究，我在三個階段的摸索當中，逐漸累積出一些對臺灣政治史的思考。必須說明的是，我稱這些研究為「臺灣政治史」的目的，在試圖建構臺灣人的政治史意識，事實上這些研究從學科觀點而言可以說都是比較政治或歷史社會學的勞作。我借用自己的三篇論文說明這些思考的發展。

1. The Formosan Ideology

這篇博士論文的purpose是多重的，前半部是比較殖民主義、比較國家形成，以及比較民族主義的研究，後半部則是對臺灣政治史上出現過的二、三〇年代的臺灣民族主義進行意識形態分析。今天我們不談前半部，只談臺灣政治史。在這裡，我提出一個觀念：Geopolitically，臺灣處在一種「雙重邊陲」的位置——日本明治之後試圖「脫亞入歐」被西方拒絕，只好「脫歐返亞」，因此在地緣政治結構上一直處於西方的邊陲，而臺灣則一直在日本的邊陲。我稱呼這是一種「雙重邊緣性」(double marginality）的狀態：日本被西方壓抑，臺灣則被日本壓抑，所以臺灣民族主義在抵抗策略上選擇支持西方價值，也就是「遠交近攻」，選擇敵人的敵人。這是一個現代性的論述結盟。換言之，我的看法是地緣政治的位置會shape某種意識形態的傾向。臺灣政治運動中這種「做為解放的現代性」的意識形態傾向，一直到今日還是很強，因為臺灣處在雙重邊緣這個地緣政治結構到今天還沒有改變。戰後國民黨六〇年代推動的「中華文化復興運動」和戰前日本天皇制意識形態一樣，都是某種折衷主義的，半學習西方半反對西方的新傳統主義意識形態，因此臺灣的獨派一直可以利用強烈現代性傾向，來批判統治者的封建和不完整的現代性。另外，當代中國崛起後，東北亞的地緣政治結構幾乎與戰前一模一樣：中國位於西方邊陲，臺灣被壓擠在中國邊陲，所以當代中國知識分子都對西方有複雜的resentment，既模仿西方，又反西方，既反霸又想自己稱霸，而臺灣民族主義則沒有這種complex，明快地選擇「脫亞入歐」，與西方現代揭櫫的啟蒙普世價值連結。

因此，對我來說，所謂「進步本土」路線，不來自新馬，也不來自任何教條，而是從臺灣政治史上的這個結構性條件歷史脈絡之中產生的。這是一種結合了政治史、思想史與比較政治的，具有脈絡的思考方式。

2. Fragment of/f Empires

在The Formosan Ideology的基礎上，我寫了一篇臺灣民族主義形成的歷史社會學分析：Fragment of/f Empires（二〇〇四）。這是我之前在日本發表的文章，希望有一天可以發展成一本書。在文章中，我提出一個觀念：臺灣民族國家的雛形是在複數個帝國壓擠的地緣政治結構下產生的，但同樣也受限於這個結構而無法完成民族國家形成。

3. Discontinuous and Cumulative Nation-State Formation

去年（二〇〇七）八月，我借用Charles Tilly的民族國家形成的歷史社會學理論，也就是民主、民族、國家三位一體形成的架構，來分析臺灣這塊土地上所出現的state如何在臺灣進行互相矛盾的國家建構與認同塑造，以及這些不連續的，乃至相互矛盾的統治作為所產生的制度性後果，如何以一種累積的方式慢慢形塑了一個以「臺灣」為邊界的民族國家。這其實是前一篇論文Fragment of/f Empires的續篇，從另一個側面（國家）探討「臺灣」的形成。如果借用盧梭的說法，這些不同的國家統治在制度上的效應，是一種「from man to citizen」的過程。用Tilly的架構分析，臺灣的政治史雖然是斷裂的，但制度累積面來看，卻毫無疑問是一個民族國家形成的過程。事實上，臺灣的民主化也必須presume共同體的出現。因此，我不會像一些臺派的朋友那樣緊張，要是馬做了太冒進的動作，社會一定會有反彈。因為，「臺灣國」或者「中華民國在臺灣」的形成，是長期歷史積累的結果，不是任何一個單一政治人物可以簡單invent或undo。如果馬英九認為他可以個人政治操作解消「臺灣」，那他必然要付出慘痛的政治代價。

後殖民研究

雖然我很關心後殖民批判的問題，我始終沒有很刻意進行後殖民研究，因為我想從經驗面把殖民主義和民族主義這些現象先弄清楚再說。畢竟「後殖民」是一種政治態度，而想在政治上表態，最好在知識上先釐清一些基本事實。我用兩篇相關的文章說明自己關於這個主題的想法。

1.〈臺灣後殖民論綱〉

在臺灣或日本的後殖民研究，大多是文學、修辭學之類的研究，但是我認為必須先對於何謂「殖民」，有清楚的經驗性認識，才能進行關於「後殖民」的理論或概念建構。後殖民研究從頭到尾都是政治性的，因此如果沒有足夠的關於「殖民」「殖民主義」的經驗性、歷史性研究，很有可能變成個人政治立場的表明而沒有任何知識內容。二〇〇五年時剛好臺灣歷史學會主辦一個「終戰六十週年」研究會，討論戰後各國獨立經驗，主辦單位找我寫一篇討論臺獨與後殖民主義關係的論文，所以那時我把這篇論文當一個mental exercise來寫，想要把後殖民邏輯放在臺灣的情境中推演一次。基本上，我從臺灣是「多重殖民」和「連續殖民」這個歷史前提出發，探討如何建立一個開放的臺灣主體的策略。我從漢族裔臺灣人為主體的反殖民運動歷史經驗中抽繹出兩個有用的教訓。第一個是臺灣民眾黨所提出的「臺灣人全體」概念，這是在一九二七年臺灣民族運動左右派交鋒論爭當中產生出來的一個開放性的「臺灣人」概念。我認為這是臺灣左翼傳統留給我們的一個寶貴的legacy，因為當時左派提醒右派「臺灣人」只包括仕紳和地主，卻排除了絕大多數的農民和工人。結果連右翼的陳逢源、蔡培火也被迫同意擴大「臺灣人」概念。換句話說，臺灣左翼的批判糾正了右傾臺灣民族主義的保守傾向。第二個教訓是前面所說的「雙重邊陲性」狀況中孕生的臺灣人抵抗策略：遠交近攻，與「做為解放的現代性」結盟。在現實中這意味著與西方，以及「日本內部的西方」結盟，而這意味著「殖民者」「西方」乃至「日本」「中國」同樣沒有一成不變的本質，同樣可以裂解成「殖民」和「反殖民」的陣營，同樣可以依循某種共享的進步價值結盟。這也是歷史的教訓。這兩個教訓，都是我多年研究臺灣政治史的心得，不是個人感想或者空談。我在寫這篇文章時，第一次真真切切地體會到「後殖民」如何是「反殖民」的延長，也第一次體會到一種「有根據的理論化」工作給人的愉快感覺。

2.〈賤民宣言〉

〈賤民宣言〉是去年（二〇〇七）九月應韓國延世大學歷史學者白永瑞之邀而寫的。當時他們那批韓國學者選擇臺灣、沖繩、越南三地，和在地的學者坐下來談一整天關於「如何在帝國交錯的地帶逃離帝國」這個主題。對這個問題我想了很久，後來判斷我們沒有任何機會逃離帝國，最好也只能像許世楷他們的主張一樣，找一個親近的強國如美國或日本來取得支持。寫作時，我想到「被迫向善」恐怕是處在帝國夾縫中的臺灣人唯一的選擇，否則只能當附庸。當然，經濟一直是一個重要課題。當我六月底在西雅圖與Pheang Cheah（謝平）這個後殖民研究專家對話時，提到臺灣的矛盾處境：經濟上具有殖民鄰近貧窮國家的實力，政治上卻是強權的殖民地。這種矛盾處境使臺灣人處在一種雙重「非人」的情境：一方面工具化鄰國的勞動者，一方面被國際強權當成棋子（工具化）。要怎麼解決這個困境？我當時的說法是，臺灣人在地緣政治與國際政治上，除了持續維持某種對友善強權的現實主義依賴關係之外，恐怕只剩下與global civil society接軌的選擇。和全球公民社會的普世人權價值接軌，使我們可以一面抗拒強權現實主義政治對我們的工具化，一方面可以抗拒自己內在渴望將鄰國勞動者工具化的傾向。這是借用一個尼采道德系譜學觀念，也就是如何將被壓迫者的resentment轉為道德的可能性。不過，這個思考方向是純政治的，缺少了經濟的面向，但是在思考臺灣人如何逃離帝國夾縫時，我們不能忽略搜尋經濟上的出路。無論是大航海時代的trade，還是後來的帝國主義，主導臺灣歷史發展的兩個力量，始終是state與economy。所以，如何能夠在經濟上考量現實提出一個和前面所說的「進步本土」的思考相容的model，這要大家來思考。翻成社會科學語言來說，臺灣有沒有一條「進步的經濟民族主義」的路線之可能？這個問題超出了我個人專業的能力，需要就教於真正的高手。事實上，我自己對於做所謂「大理論」有非常大的懷疑。我認為建構國家願景，是一個需要投入一兩個世代知識分子努力的工程，得大家一起來打拚。

三　對臺灣政治現實的觀察（本段省略）

民主化與臺灣民族主義之間的辯證關係：民主化↓臺灣民族主義的主流化、（工具）理性化與激進化↓墮落或反動化？

四　結論

最後，讓我們模仿列寧說：What is to be done? 簡單說，我們必須有一個進步的經濟戰略，能夠與進步的政治戰略相容並且發揮相乘效果。最重要的，我們需要一個思想運動，結合好幾個世代的努力，共同思考臺灣的出路。我用這句 Hanna Arendt 很喜歡的格言送給各位，並與大家相互勉勵：

"Amor Fati, Amor Mundi"（熱愛命運，熱愛世界）

如果困境是臺灣人的共同命運，那麼讓我們熱愛這個命運，並且更堅定地面對這個世界，因為這也是我們的世界，不管它對我們多麼不公平。

附錄二

「把民主運動從頭做起！」

（二〇〇六年七月十五日，七一五聲明記者會發言稿）

一 要自我反省，不要比爛

做為臺灣民主與獨立運動的長期支持者，我認為本土派此刻必須先痛定思痛，自我反省，這樣對泛藍的批判才會有實質的意義與效果。第一，在道德上，不做自我檢討，沒有立場批評別人。第二，在政治上，自己不改革，不重新獲得人民的支持，不會有力量逼迫對手改革。過去國民黨殺人、關人不道歉，不交還黨產，是因為民進黨實力還不夠。現在他們不只不道歉，不交還黨產，還厚著臉皮編造謊言，把被他們殺掉的臺灣人供在自己的廟裡。為什麼他們還敢這麼囂張？因為民進黨一執政之後，自己也迅速墮落，所以就沒有臉再要求別人了。國民黨現在還這麼囂張，是因為他們有恃無恐，看穿了民進黨不會玩真的，也不敢玩真的。

在臺灣民主化過程中，最令人遺憾的事，就是「轉型正義」的問題沒有處理。威權時代屠殺、鎮壓臺灣人民的國民黨劊子手和幫兇不只全身而退，還在當今政壇上耀武揚威。臺灣人民對國民黨的怨氣，是一種對正義的強烈渴求，因此具有高度的正當性。不過更遺憾的是，靠人民對正義的渴求而取得政權的民進黨執政後，竟然馬上忘卻初衷，完全沒有認真處理轉型正義的問題，不是把它當作選舉動員的議題，就是像現在一樣，在碰到危機時就操作人民對泛藍的怨氣來轉移注意力，迴避自我檢討。

這是一種對人民不誠實、不道德的「比爛」策略。「比爛」只會模糊焦點，加速自身的墮落。我們應該要「比好」：比理想、比能力、比清廉。不要和國民黨比。那會降低了自己的格調。要和自己比，和歷史比。要看一生，不要看一時。讓我們回到臺大研究圖書館旁的草坪上，追憶陳文成博士對祖國臺灣懷抱的夢想。讓我們回到義光教會的地下室，感受林家祖孫對生命，對陽光的深刻眷戀。那麼我們或許終於會體會到，什麼叫作「勿忘初衷」。那麼我們就會有力量，有決心，要把民主運動從頭做起。

只有一個有理想、有能力而且清廉的民進黨，才會重新獲得人民的支持，才會有效逼迫國民黨改革，也才能真正防止舊政權的復辟，鞏固臺灣的民主。這就是民主進步黨的歷史使命。要不負這個使命，請先從自我改革做起吧。

二 追求一個「進步本土」路線

近百年來，臺灣人追尋自我認同的歷史運動一直是以普世的自由、民主、人道與進步價值為其追求目標。用蔣渭水先生的話說，臺灣人解放運動不僅是政治運動，也是追求臺灣人「做為人的人格」的道德與文化運動。對於這個偉大的運動，所有臺灣人都應該感到驕傲。

但是，在內憂外患的壓力下，這個運動在今天面臨了一個重大考驗：我們是要繼續面向世界，勇於接受民主深化的試煉，還是要因恐懼而背對世界，退縮到保守民族主義的甲殼之內？做為一個長期鑽研臺灣政治史與思想史的研究者，做為一個臺灣公民，我認為，為了延續這個運動光榮的進步傳統，我們別無選擇，必須明確抗拒政治人物對臺灣認同和民族主義的惡用，勇敢接受民主深化的挑戰。正因為臺灣認同現在面臨腹背受敵的危機，我們才更應該不斷自我反省，不斷自我提升。強者是不需要說理和道德的。但是在美、中兩個帝國的夾縫之中，在帝國與資本的夾擊之下，臺灣是絕對的弱小者，因此我們只剩下說理和道德可以憑恃。道德不是說教，道德是弱者僅有的武器。臺灣的處境愈是困難，我們就愈應該面向世界，面向人類普遍的價值，而不是躲在「本土」認同背後，坐困愁城，把路愈走愈窄。

當年雷震先生可以在國共對峙的危機情境中勇敢揚棄民族主義情結，要求國民黨獨裁政權進行民主改革，我相信我們今天也同樣有勇氣克服恐懼，以民主的活水來灌溉、豐富我們的臺灣認同。毋免驚，咱對臺灣的民主要有信心，對咱自己要有信心。只要有信心，肯打拚，咱臺灣人有一日一定會得到世界人民的尊敬，真正站起來，親像一個有尊嚴、有人格的人。

今天臺灣認同所面臨的危機處境，使我們沒有選擇，必須走一條更自由、更民主的「進步本土」的道路。今天連署的這篇聲明，就是想要為臺灣的「進步本土」的路線尋找一個可能性。

三 結語

這個連署聲明的目的之一，是要促成本土陣營的自省與改革。有些朋友們覺得我們只是一群不懂政治的蛋頭學者。這或許是真的吧，我們的意見也可能不夠成熟，不夠周延。然而這都沒有關係，這篇聲明只是拋磚引玉，我們期待更多朋友來共同參與討論，為受困的臺灣尋找一條出路。對於精明幹練，嫻熟權力操作的民進黨從政朋友們，我只能說，如果蛋頭們的想法行不通，那麼就請你們拿出精彩漂亮的實際行動，以石破天驚的一擊，重新感動臺灣人民吧。我們都在熱切期盼著。

附錄三

讓思想引導我們脫困

（二〇〇六年七月二十六日記者會發言稿）

一　失之交臂的歷史契機

臺灣，是一個美麗而憂傷的島嶼。複雜的歷史在她體內埋下太多衝突的種子。原本，她就是一個多族群的移民社會，長久以來，不同族群為了爭奪生存資源而相互惡鬥。更不幸的是，歷代的外來統治者為了鞏固權力，不惜以「分而治之」的策略，進一步分化這個社會。清朝分化閩、客，日本區隔原、漢，戰後的國民黨則創造地方派系，以臺治臺，並且以省籍做為權力分配的依據，進一步制度化，乃至政治化了族群關係，使省籍／族群，壓過了階級，成為臺灣最主要的政治與社會矛盾。

戰後臺灣民主運動確實具有族群動員的性質，但是這個族群動員的社會基礎，是國民黨的少數統治、族群操作與文化歧視所造成。換句話說，**有什麼壓迫，就會產生什麼抵抗**。臺灣當代族群政治的始作俑者，是國民黨政權。

臺灣的族群政治當然不是陳總統發明的。然而正因如此，我們今天才更不能複製壓迫者的邏輯。動員受傷的情感是迅速而有效的，偏偏這個憂鬱的島嶼身上烙印著太多歷史傷痕，族群動員於是變成所有政客難以抗拒的誘惑。沒錯，不是只有陳總統這麼做。大家都這麼做。我們不做他們也會做。但是無論如何民主進步黨就是不能這麼做。因為這是臺灣人民的期待。這是臺灣歷史的要求。

我們必須記得：族群衝突是外來統治者對臺灣所施加的魔咒。它阻礙了臺灣命運共同體的形成，也使進步政治遲遲無法出現。做為臺灣史上第一個本土政權，民主進步黨如果真的疼惜這塊傷痕累累的土地，原本應該努力掙脫這個魔咒，以誠意，以耐性，以同情心，以同理心，以溝通，以協商，以良善公正的施政，來修補社會裂痕，驅除歷史幽靈的。想要使臺灣成為一個正常的國家嗎？想要制訂一部所有臺灣人都願意接受，都同感驕傲的，偉大的臺灣國憲法嗎？想要讓「臺灣」這個美麗的名字行遍天下嗎？那麼難道不是應當先修補社會裂痕，說服社會大眾，建立社會共識嗎？這個任務當然是無比艱鉅的，也不是短期間能夠完成的，但是有哪一個新國家的建立是簡單的呢？既然口口聲聲自詡為「本土政權」，難道不應該有一點**開國者**的格局、氣度、見識和勇氣嗎？沒有歷史視野，喪失核心價值，專做短線操作，為獲取選票、為逃避政治責任而不惜玩弄人民對臺灣真摯情感的政客，有可能團結臺灣，有資格做咱臺灣的華盛頓和傑佛遜嗎？

我們臺灣人夢想的，是堂堂正正的出頭天。

民主進步黨的政治菁英們，原本你們掌握了整合臺灣，主導未來臺灣政治發展的先機，如今你們已經做出選擇，放棄了這個機會。臺灣史上第一個本土政權終於拋棄歷史交付的使命，和其他政黨一起沈淪，深陷現實主義的泥沼。偉大的「立憲的時機」（constitutional moment）恐怕在相當長的時間內不會再出現了。所有支持臺灣民主獨立運動的朋友，此刻我們必須要做好長期在野的心理準備。

二　讓思想引導我們脫困

臺灣主要政黨在歷史關鍵時刻集體沈淪，迫使我們必須另尋出路。然而出路在哪裡？在街頭的「人民力量」嗎？我們認為，在臺灣內部族群關係尚未改善之前，群眾路線只會引發下一波更激烈的對立衝突。在「第三勢力」嗎？我們認為，當前的臺灣並沒有足以孕育清新政治力量的文化與政治條件。事實上，臺灣政黨與政治化媒體的沈淪，恰好是政治場域中價值虛無以及思想貧困的表徵。我們當然需要新的政治力量與新的政治行動來引領臺灣，但是新的政治行動，需要新的政治思想：沒有盧梭和伏爾泰，就不會有巴斯底；沒有馬克思和托克維爾，就不會有巴黎公社和第三共和。〈七一五聲明〉的公民行動，雖然無力撼動政治僵局，但卻已經引發公民社會內部廣泛而激烈的辯論，我們期待這些辯論持續開展，經由相互碰撞，誘發出巨大的思想能量。事實上，我們觀察到，一個新政治論述的歷史空間，已經逐漸開啟，一場新的思想運動，正在胎動之中。做為知識與社會運動的工作者，我們選擇投入這場即將來臨的民間思想運動，和全臺灣，以及全世界心懷臺灣的思考者一起，為壯大臺灣公民社會，以及催生來日清新進步的本土政治力量而進行長期的耕耘與努力。這就是我們所認知到的唯一出路。

曾經參與阿爾及利亞反殖民獨立運動的偉大思想家與革命者弗蘭茲．法農說：「**每一個世代都會在渾沌不明之中找到他們的使命，然後去完成這個使命，或者背叛這個使命。**」努力學習，認真思考，相互激盪，共同成長，誘發並凝聚臺灣公民社會所蘊藏的智慧與道德感，培育下一個世代的領導者，並且逼迫墮落的政治社會前進——這就是我們認知到的這整個世代知識人的使命。我們將會完成，還是背叛這個使命？歷史將是我們最後的審判者。

我們美麗的故鄉臺灣是如此混亂、瘋狂，以致她使我們如此困惑，如此心痛，然而全臺灣，以及全世界心懷臺灣的思考者先進們，就讓臺灣的混亂，臺灣的瘋狂刺激我們的想像力，刺激我們的原創力吧；讓臺灣的瘋狂，把我們刺激成詩篇、歌謠、創作、思想以及行動吧！

當我們受困於權力的廢墟，請讓思想的火光引導我們脫困。

島嶼新書

23

受困的思想

臺灣重返世界

Prometheus Unbound: When Formosa Reclaims the World

作者——吳叡人
執行長——陳蕙慧
總編輯——張惠菁
責任編輯——盛浩偉
美術設計——王小美
內頁排版——宸遠彩藝

社長——郭重興
發行人兼出版總監——曾大福
出版——衛城出版／遠足文化事業股份有限公司
發行——遠足文化事業股份有限公司
地址——二三一四一　新北市新店區民權路一〇八－二號九樓
電話——〇二－二二一八一四一七
傳真——〇二－八六六七一〇六五
客服專線——〇八〇〇－二二一〇二九
法律顧問——華洋法律事務所　蘇文生律師
製　版——瑞豐電腦製版印刷股份有限公司
初版一刷——二〇一六年七月
初版六刷——二〇二一年十二月

定價——三八〇元

國家圖書館出版品預行編目資料

受困的思想：臺灣重返世界／吳叡人作.
－初版.－新北市：衛城出版：遠足文化發行，2016.07
面；　公分.－(島嶼新書；23)
ISBN　978-986-92113-6-9（平裝）
1.民族主義　2.臺灣問題
571.11　　105005063

ACRO POLIS 衛城

EMAIL　acropolis@bookrep.com.tw
BLOG　www.acropolis.pixnet.net/blog
FACEBOOK　http://zh-tw.facebook.com/acropolispublish

填寫本書線上回函

● 親愛的讀者你好，非常感謝你購買衛城出版品。
我們非常需要你的意見，請於回函中告訴我們你對此書的意見，
我們會針對你的意見加強改進。

若不方便郵寄回函，歡迎傳真回函給我們。傳真電話── 02-2218-1142

或上網搜尋「衛城出版FACEBOOK」
http://www.facebook.com/acropolispublish

● 讀者資料

你的性別是 □ 男性 □ 女性 □ 其他

你的職業是 ______________ 你的最高學歷是 ______________

年齡 □ 20 歲以下 □ 21-30 歲 □ 31-40 歲 □ 41-50 歲 □ 51-60 歲 □ 61 歲以上

若你願意留下 e-mail，我們將優先寄送 ______________ 衛城出版相關活動訊息與優惠活動

● 購書資料

● 請問你是從哪裡得知本書出版訊息？（可複選）
□ 實體書店 □ 網路書店 □ 報紙 □ 電視 □ 網路 □ 廣播 □ 雜誌 □ 朋友介紹
□ 參加講座活動 □ 其他 ________

● 是在哪裡購買的呢？（單選）
□ 實體連鎖書店 □ 網路書店 □ 獨立書店 □ 傳統書店 □ 團購 □ 其他 ________

● 讓你燃起購買慾的主要原因是？（可複選）
□ 對此類主題感興趣
□ 參加講座後，覺得好像不賴
□ 覺得書籍設計好美，看起來好有質感！
□ 價格優惠吸引我
□ 議題好熱，好像很多人都在看，我也想知道裡面在寫什麼
□ 其實我沒有買書啦！這是送（借）的
□ 其他 ________

● 如果你覺得這本書還不錯，那它的優點是？（可複選）
□ 內容主題具參考價值 □ 文筆流暢 □ 書籍整體設計優美 □ 價格實在 □ 其他 ________

● 如果你覺得這本書讓你好失望，請務必告訴我們它的缺點（可複選）
□ 內容與想像中不符 □ 文筆不流暢 □ 印刷品質差 □ 版面設計影響閱讀 □ 價格偏高 □ 其他 ________

● 大都經由哪些管道得到書籍出版訊息？（可複選）
□ 實體書店 □ 網路書店 □ 報紙 □ 電視 □ 網路 □ 廣播 □ 親友介紹 □ 圖書館 □ 其他 ______

● 習慣購書的地方是？（可複選）
□ 實體連鎖書店 □ 網路書店 □ 獨立書店 □ 傳統書店 □ 學校團購 □ 其他 ________

● 如果你發現書中錯字或是內文有任何需要改進之處，請不吝給我們指教，我們將於再版時更正錯誤

____

____

____

____

____

請沿虛線剪下

廣 告 回 信
臺灣北區郵政管理局登記證
第 1 4 4 3 7 號

請直接投郵‧郵資由本公司支付

23141
新北市新店區民權路108-2號9樓

衛城出版 收

● 請沿虛線對折裝訂後寄回，謝謝！

島嶼新書